复旦卓越

应用型经管核心课系列

市场营销学

主　编 | 张　义

副主编 | 石华瑀　杨　彬

復旦大學出版社

前言 PREFACE

当今的组织和个人正深处乌卡时代，各变量易变、不确定、复杂、模糊。世界经济政治在全球化与反全球化中摇摆；文化在国际化和本土化中对冲；新冠疫情的应对策略在开放与封锁间反复；技术急速数字化，而个人隐私保护滞后；消费者怀旧又创新、冲动又理性、民族主义、世界主义、追求不确定惊喜、规避风险、物质主义、反消费主义、虚拟的线上热闹而现实的线下孤独；传统媒体式微，社交媒体快速崛起；线下渠道、传统电商停滞，社交直播电商流行……深处乌卡时代的组织和个人，亟需利用自身的可控因素，去适应和改造不可控的环境，从而满足服务对象的需求。市场营销学不仅可以帮助企业适应环境参与市场竞争，而且对国家、城市、非营利组织、个人等满足服务对象需求大有裨益。

本教材共分为 4 篇 10 章，第一篇是营销导论，介绍了市场营销的基本概念和营销计划；第二篇是市场分析，介绍了营销环境、消费者和竞争者；第三篇是营销设计，先进行目标市场分析、产品策略、价格策略、渠道策略和促销策略；第四篇是营销创新，介绍了市场营销创新的五个层次。

本教材既有经典的营销理论分析，又有数字时代的营销新探索；既收录了中国古代营销案例，又收集了中国近五年的商业实践。本教材收录的古代和当代商业实践，非常适合开展案例教学，同时也可以作为课程思政的讨论素材。本书既可以作为市场营销相关专业本科、研究生的教材，也可以作为市场营销培训资料，还可以作为营销爱好者的参考书。

感谢石华瑀、杨彬两位副主编的辛勤付出，感谢研究生刘饶、周存固、庄可馨、刘越、韩百玲、赵景怡、陶文霞、周航、张天琪的资料收集和编辑校对工作。在编写过程中，我们参考了大量的教材、著作、期刊论文和公众号文章，这些参考文献中的大部分在书后已列示。但可能也有疏漏，没有详细注明，在此向这些文献的作者表示衷心感谢。

由于编者学识所限，书中难免会有错误和不当之处，恳请不吝赐教和批评指正，我们将在修订中认真吸取，使本书不断完善。

张义

2021 年 10 月于上海

第一篇　营销导论

第二篇　市场分析

第三篇 营销设计

第四篇　营销创新

第一篇

营 销 导 论

第一章

市场营销导论

学习要点

- 了解市场营销的产生与发展；
- 理解市场营销的几个核心概念；
- 理解不同时期的市场营销哲学；
- 掌握市场营销的管理过程；
- 掌握营销计划的主要内容。

市场营销学研究以消费者需求为中心的市场营销活动及其规律性，具体来讲，市场营销学研究作为卖主的企业如何在动态的市场上有效地管理与买主的交换过程和交换关系及相关市场营销活动过程。即在特定的市场营销环境中，企业以市场营销研究为基础，为满足消费者现实和潜在的需要，所实施的以产品、定价、地点、促销为主要内容的市场营销活动过程及其客观规律性；其内容具有综合性、实践性、应用性的特点。

严格来讲，市场营销学应属于管理学的范畴，而经济学是市场营销学的母学科，其核心思想是资源的稀缺性。美国市场营销学权威菲利普·科特勒(Philip Kotler)在《市场营销学原理》序言中指出："市场学是一门建立在经济科学、行为科学、现代管理理论基础之上的应用学科"。他在其《市场营销学的新领域》中指出："营销学的父亲是经济学，其母亲是行为科学；数学乃营销学的祖父，哲学乃营销学的祖母"。

第一节　市场营销的产生与发展

市场营销是商品经济日益发达的产物，市场营销理论于 1900 年代初诞生在美国。1890 年代末 1900 年代初，随着世界经济发展和人民生活水平的提高，市场需求得到迅速扩大，扩大的市场需求给大规模生产带来了机会。此时，世界各主要资本主义国家先后完成了工业革命，实现社会化大生产。科学技术使生产力得到迅速发展，商品变得越来越丰富，市场结构逐渐由卖方市场向买方市场转化。生产的发展也使得市场竞争越来越激烈，竞争从生产领域扩展到流通领域，企业竞争从能生产什么转变到能不能销售。随着中间商、广告、促销活动的出现,正规的专门化分销渠道买卖商品的趋势日益明显,并出现了同第一流生产企业并驾齐驱的百货商店、邮购商店和连锁商店等。如今,数字营销在全球正如火如荼,淘宝、京东等传统电商也面临着抖音、快手等兴趣社交直播电商的挑战。如何使产品/服务适应市场需要、占据最大市场份额以获取最大利润,各企业必须更有效地研究市场,研究消费者,构建品牌核心竞争力。

一、市场营销学的发展历史

(一) 形成阶段

1900 年代到 1930 年代初期,是市场营销学的形成阶段。

市场营销学最早产生于美国,随着商品经济的发展,市场结构逐渐由卖方市场转化为买方市场,商品销售问题日渐突出。美国一些经济学家开始致力于研究市场营销问题,1902 年,美国密执安大学、加州大学、宾夕法尼亚大学、威斯康辛大学等都先后开设了含有 Marketing 这个词的课程。1912 年,哈佛大学赫杰特齐(J. E. Hegertg)编写的第一本以《Marketing》命名的教材问世,这使市场营销从经济学中分离出来,该书的问世,标志着市场营销学的产生。

这一时期,美国的大学教师为市场营销学的发展作出了历史性的贡献。这一时期的市场营销理论大多是以生产观念为导向的,其依据仍然是以供给为中心的传统经济学。这些研究在经济学家所持的生产观念和市场营销学家所持的消费观念之间架起了一座桥梁。这一时期的市场营销学主要研究销售实务和推销技巧等方面的问题,市场营销的原理和方法尚未形成,研究活动只局限于大学校园,因此,还未引起经济界、企业界的广泛关注。

(二) 实践应用阶段

1930 年代到 1940 年代中期,是市场营销学走出校门,与社会实践相结合的阶段。该阶段市场营销的研究范围扩大,社会影响广泛,研究成果被一些企业成功地采用。

1929—1933 年爆发的资本主义世界性大危机,生产大量过剩,产品销售成了一个严重的问题。这要求市场营销学家们帮助企业摆脱困境,市场营销学日益受到欢迎和重视,由学术界人士、企业家和实际工作者组成的各种市场营销研究团体纷纷出现。1937 年,这些团体合并成为美国市场营销协会(AMA),并在全国设立了几十个分会,经常开展市场营销和销售问题的研究,而后又组成了现在的美国市场学会。这一时期的营销研究开始走向世界,并影响到中国,1933 年上海复旦大学丁馨伯教授编译了我国第一本《市场学》。但是,这一时期企业家们最关心的是如何扩大产品销售,以最快的速度将已经生产出来的产品推销出去。

这一时期的研究以市场营销职能研究为最突出的特点,但对于销售这一职能的解释却是耐人寻味的。克拉克和韦尔德认为,销售就是寻找买主;亚历山大则提出,销售应更富有主动性;1942 年,克拉克又提出,销售是创造需求。从销售定义的演变中,我们可以窥见市场营销观念的雏形。所以,这一时期研究的最主要内容还是放在销售组织的建立、推销策略的选择以及如何刺激消费者需求等问题上。

(三) 变革阶段

1950 年代开始到 1960 年代末期,是传统市场营销学转变为现代市场营销学的革命性阶段。

1950 年代以后,随着第三次科技革命的深入发展,劳动成产率空前提高,产品生产量大幅度增加,花色品种不断翻新,商品进一步供过于求,买方市场的趋势更加突出。在此背景下,企业要想在激烈的竞争中求得生存和发展,仅仅注意推销方法和策略已经远远不够了。企业必须在生产之前进行市场调查和市场预测,找准消费者的需求和市场发展趋势,按照消费者的需求组织生产和销售。这就引起了市场营销学的革命,市场营销学从主要概念和主要内容都发生了深刻的变化。主要表现在:其一,现代市场营销学不再把市场作为生产过程的终点,而是将其看作生产过程的起点,即认为企业在决定生产之前,就必须研究市场,研究消费者需求,把满足消费者需求作为自己生产经营活动的出发点和基础。其二,现代市场营销学突破了流通领域,把视野扩展到生产领域和消费领域,它不仅研究如何销售,还研究如何把握消费需求、进行生产决策以及搞好售后服务、销售物流等。市场营销学的这种革命,被西方国家许多人称为营销革命,并把它和工业革命相提并论,称它为企业经营管理中的"哥白尼太阳中心说"。

1952 年,有两部重要著作问世:一部是由范利、格雷瑟和柯克斯合著的《美国经济中的市场营销》;另一部是梅纳德和贝克曼合著的《市场营销原理》。市场营销理论在这一时期开始真正形成,市场营销已被明确为是满足人类需要的行为,市场营销调研也在现实经济生活中受到了越来越广泛的重视,甚至连市场营销的社会效益也开始受到人们的重视。

奥德逊在其《市场营销和经理行动》一书中提出了"职能主义",认为它是发展市场营销理论最有效的途径。每一机构在市场营销活动中都有其独特的职能,其存在的关键就在于能比其他机构更有效地提供某种服务。市场营销的职能就在于促进有利于双方的买卖。霍华德的《市场营销管理:分析和决策》一书主张从市场营销管理的角度论述市场营销理论和应用。他提出,市场营销管理的实质是企业对于动态环境的创造性适应,市场营销经理的任务就是运用这些手段来实现最佳的环境适应。麦卡锡在其《基础市场营销》一书中描述了研究市场营销的三种方法:商品研究法、机构研究法和职能研究法。麦卡锡提出了以消费者为中心,全面考虑企业内、外部条件,以促进企业各项目标实现的市场营销管理体制。乔治·道宁的主要贡献在于他首次提出了系统研究法,1971 年他出版了《基础市场营销:系统研究法》。他提出,市场营销是企业活动的总体系统,即通过定价、促销、分销活动,并通过各种渠道把产品和服务供应给现实顾客和潜在顾客。菲利普·科特勒是当代市场营销学界最有影响的学者之一,他于 1967 年出版的《市场营销管理》,成为最受欢迎的教材,被译成十几国文字,受到各国管理学界和企业界的高度重视。菲利普·科特勒提出,市场营销管理就是通过创造、建立和保持与目标市场之间的有益交换和联系,以实现组织的各种目标而进行的分析、计划、执行和控制过程。

这一阶段,很多学者提出了许多具有重要意义的营销管理概念,如营销观念(John

McKitterick，1957)、4P 理论(E. Jerome McCarthy，1960)、品牌形象(Burleigh Gardner and Sidney Levy，1955)、营销管理(Philp Kotler，1967)以及营销近视(Theodore Levitt，1960)等。

(四) 丰富与扩展阶段

这一阶段市场营销学同许多学科相互渗透，成为一门很接近实际的应用科学，理论更加完善，市场营销的理论与方法向社会各个领域渗透。

1970 年代开始，市场营销学逐渐与消费经济学、心理学、行为科学、社会学、统计学、信息科学等应用学科相结合，市场营销的内容更加充实，并逐步发展成为一门新型的综合性应用科学。1970 年代现代市场营销学走向成熟阶段。

1980 年代，市场营销学在理论研究的深度上和学科体系的完善上得到了极大的发展，市场营销的概念有了新的突破，市场营销这门学科出现了变形和分化的趋势，其应用范围也在不断地扩展。1981 年，克里斯琴·格罗路斯发表了《内部市场营销》的论文，科特勒也提出要在企业内部创造一种市场营销文化的观点。1983 年，西奥多·莱维特提出了全球市场营销的概念。1985 年，巴巴拉·本德·杰克逊提出了关系市场营销、协商推销等新观点。1986 年，菲利普·科特勒在《哈佛商业评论》(3—4 月号)发表了《论大市场营销》的论文，它提出了大市场营销的概念，即在原来的 4Ps 组合的基础上，增加两个 P：政治力量(political power)、公共关系(public relations)。随后，他又提出了 10Ps 的概念：他把营销计划也看成 4P 的过程，即研究(Probing)、划分(Partitioning)、优先(Prioritizing)、定位(Positioning)，加上 Product，Place，Price，Promotion 以及 political power 和 public relations。这一概念是市场营销思想的新发展，是"第四次高潮"(Philp Kotler 语)。1987 年，加拿大工业市场营销学会主席埃恩·戈登又提出了以竞争观念取代市场营销观念的提法，由此产生了营销理论界顾客导向与竞争导向长年争论，至今未休。1987 年，菲利普·科特勒在加拿大蒙特利尔为纪念美国市场营销协会成立 50 周年而举办的世界营销学大会上做了题为《市场营销思想新领域》的学术报告，在报告中他预言，1990 年代以后将会出现一系列新的市场营销观念，如定制营销(customized marketing)、营销网络(marketing network)、纯粹营销公司(pure marketing companies)等。

1990 年代以来到本世纪初的三十多年，市场营销向更宽更广的领域渗透与扩展。市场营销的研究领域从盈利性组织扩展到非盈利性组织，城市营销、区域营销以及一些公益型组织的营销不断出现；营销从产品营销发展到服务营销；在方式上出现数字营销、关系营销、体验营销、定制营销等；在生态上出现绿色营销、可持续性营销；在伦理上出现营销伦理、社会责任营销；在消费者结构上出现婴儿营销、银色营销；在性别上出现女性营销；在行业上出现工业品营销、组织市场营销、消费品营销、金融营销、旅游营销、会展营销、文化营销、图书营销、媒介营销、体育营销等。

二、市场营销的传播

20 世纪五六十年代，市场营销学开始从美国传播到日本、西欧、原苏联和东欧国家。

1950年代，日本大量翻译介绍美国的市场营销学著作，派遣学术界和企业界人士赴美学习，总结日本企业的营销管理经验，编写大中专学校的市场营销学教材，致力于将市场营销原理日本化。营销学者认为，战后日本经济的起飞与市场营销理论的研究和应用不无关系。法国也在战后开始引进美国的市场营销学，在一些公司的市场营销中应用现代美国市场营销的原理和技术，1969年，巴黎高等商业学校最先开设市场营销学课程，1970年代以来，法国其他大学陆续开设了市场营销学课程。东欧的匈牙利在1960年代末期就开始研究市场营销理论，南斯拉夫、原苏联等国也随之先后引进了这一新学科，在学校里开设了这一门课程，并编写了大学、中专教材。目前，许多国家的高等学校的管理学院、管理系都普遍开设了市场营销学课程，工商企业的高级管理人员一般都学过市场营销学。它对于提高企业管理人员的经营管理能力和提高企业经营效益，促进经济发展，起着重要作用。

早在1933年，丁馨伯先生就译编了《市场学》。1970年代末期，随着我国开始实行对外开放、对内搞活的政策，我国同欧美、日本等发达国家的经贸往来日益增多，流通和市场问题在国内也渐渐得到部分学者的关注。此时，我国开始重新引进现代市场营销学。改革开放以来，我国市场结构逐步由卖方经济转变为买方经济，工商企业越来越面临销售难的问题。1980年代以后，我国理论界和工业、商业、外贸、银行等业务部门开始重视引进、学习、研究和应用现代西方市场营销学理论和技术。1984年1月，我国成立了中国高等院校市场学研究会，1991年3月，成立了中国市场学会，市场营销学在我国高校和企业界受到普遍欢迎，一时间中国形成了一股“营销热”。现在，我国几乎所有综合大学、工科大学、高等财经院校都已经开设了市场营销学课程，市场营销学的知识在我国迅速传播，并被广泛运用于我国企业的国内、国际市场营销活动之中。

2018年《Journal of Contemporary Marketing Science(《当代营销科学学报》)和2021年《营销科学学报》的发行，标志着我国市场营销学研究也取得了极为可喜的成果，进入新的发展阶段。当前，我国市场营销研究者和实践者需要讲好中国企业品牌故事，根据我国国情走自己的路，建设具有中国特色的市场营销学。

表1-1　市场营销的重要概念

年代	年份	概念	提出者	核心内容
1950年代	1950	市场营销组合	尼尔·鲍顿	企业为实现预期目标，将营销中的可控因素进行有机组合。
	1950	产品生命周期	齐尔·迪安	产品从进入市场到退出市场的全过程，分为导入期、成长期、成熟期、衰退期。
	1955	品牌形象	西德尼·莱维	通过优良的质量、优质的服务、优秀的广告宣传来建立品牌形象。
	1956	市场细分	温德尔·史密斯	根据消费者的购买行为及购买习惯的差异，将某种特定产品的整体市场划分为若干个消费者群，以确定目标市场的过程。

（续表）

年代	年份	概念	提出者	核心内容
1950年代	1957	市场营销观念	约翰·麦克金特立克	企业把满足消费者需要作为一切活动的中心，通过消费者的广泛购买与重复购买来扩大销售、增加利润的营销哲学。
	1959	营销审计	艾贝·肖克曼	定期进行营销方面的审计，以检查其战略、结构、制度是否与其最佳的市场机会相吻合。
1960年代	1960	4Ps组合	杰罗姆·麦克锡	市场营销的四大组合：产品、价格、渠道和促销。
	1961	营销近视	西奥多·莱维特	指营销的生产导向、产品导向和推销导向，不是真正的市场营销观念。
	1963	生活方式营销	威廉·莱泽	生活方式是洞察形形色色消费方式的切入点。厂商们越来越多地按照某种特定的生活方式来设计产品，锁定一个消费群体。
	1967	买方行为理论	约翰·霍华德 杰克逊·西斯	论述消费者行为和购买过程的一些重要概念。
	1969	扩大营销	西德尼·莱维 菲利普·科特勒	营销学不仅适用于产品和服务，而且也适用于个人、组织、地方和意识形态。
1970年代	1971	社会营销	杰拉尔德·泽尔曼 菲利普·科特勒	营销不仅仅要注重消费者利益、企业利益，而且要注重社会利益。
	1971	低营销	西德尼·莱维	在某种环境中，必须有选择地或全面地减少需求的水平，而不是一味地鼓励和刺激需求。
	1972	定位	杰克·特劳特	通过营销努力去创立产品在顾客心目中的特定形象。
	1976	宏观与微观营销	麦卡西	企业从事市场营销活动，一方面要考虑企业的各种外部环境，另一方面要制订市场营销组合策略，通过策略的实施，适应环境，满足目标市场的需要，实现企业的目标。
	1976	战略营销	波士顿咨询公司	营销并不仅仅意味着增加销售额，而是要通盘考虑战略营销。
	1977	服务营销	林恩·萧斯塔克	将服务产品的营销从一般产品的营销中解脱出来，进行专门的研究。
1980年代	1981	营销战	雷维·辛格 菲利普·科特勒	重视军事理论在营销中的应用。
	1981	内部营销	克里斯顿·格罗斯	培养公司的经理和雇员都树立以顾客为导向的观念，在公司创造一种营销文化。
	1983	全球营销	西奥多·莱维特	将全球看作一个大市场，试图在全球提供统一的产品、以统一的沟通手段进行营销。
	1984	直接营销	乔治·道宁	直接营销是一种互动的营销体系，它运用一种以上的广告媒介，可以在任何地方实现某一可测定回复或(和)交易。

（续表）

年代	年份	概念	提出者	核心内容
1980年代	1984	大市场营销	菲利普·科特勒	在贸易壁垒面前，企业的首要任务是进入市场并在那里从事业务经营，必须运用政治的、经济的、心理的、公共关系的手段，取得当地的理解和支持，以实现预期目标。
	1985	竞争营销	兰·戈登	以竞争为导向的市场营销。
	1985	关系营销	巴巴拉·本德·杰克逊	与关键成员（顾客、供应商、分销商）建立长期满意的关系，以保持长期的业务和绩效的活动过程。
	1986	12Ps 理论	菲利普·科特勒	4p 以及 people，packaging，public relations，politics，probing，partitioning，prioritizing，positioning.
1990年代	1991	定制营销	斯坦莱·戴维斯	企业将每一位顾客都视为一个单独的细分市场，根据个人的特定需求来进行市场营销组合，以满足每位顾客的特定需求。
	1991	营销网络系统	约翰逊	所有与公司利益相关者，包括顾客、员工、供应商、分销商、零售商、广告代理人、大科学家及其他人所形成的网络。
	1992	整体市场营销	菲利普·科特勒	市场营销活动应囊括构成其内、外部环境的所有重要行为者：供应商、分销商、最终顾客、职员、财务公司、政府、同盟者、竞争者、传媒、一般大众。
新世纪	2007	1P 理论	王建国	产品、渠道和促销是企业的成本，价格才是为企业带来利润和收益的关键要素。在企业营销过程中，3P 问题都可以归因于企业的成本问题，而成本问题又是定价策略的一部分，所以，传统的 4P 或多 P 营销战略都可以归结为 1P 战略。
	2004	价值共创理论	普拉哈拉德和拉马斯瓦米；瓦戈和卢施	基于消费者体验，价值网络内成员互动是实现价值共创的根本方式，共创顾客体验是实现顾客与企业间价值共创的根据目标。基于服务主导逻辑，价值共创建立在服务普遍性的基础上。消费者是价值的共同创造者，他们投入自己的知识、技能、经验等操纵性资源，为企业创造竞争优势。
	2013 2019	液态营销	齐格蒙特·鲍曼 特奥·科雷亚	在数字化时代，“液态化”是现代社会的最大特征，流动的消费者具有以下特征：追求使用而不是拥有；对瞬时与快速的追求取代了对连续持久的期待；流动性与速度成为社会分层的决定性因素；品牌忠诚度在消退，品牌转换更随意。
	2014	场景化营销	罗伯特·斯考伯、谢尔·伊斯雷尔	是指企业利用移动设备，根据消费者所处的时间、地点、环境的不同，针对输入场景、搜索场景和浏览场景，即时提供信息、产品或服务来满足不同消费者的具体需求。人、货、场是场景化营销的三要素。

第二节　市场营销的核心概念

市场营销学是一门应用性学科，准确把握市场营销的内涵和相关的核心概念，对于搞好市场营销、加强经营管理、提高经济效益具有重要意义。

一、市场营销的含义

尽管市场营销这个词在1900年代就已出现，但迄今为止，市场营销尚无统一的概念。国内外市场营销界对市场营销作过多种不同的解释和表达，这些论述反映了不同时期的人们对市场营销的认识和发展过程。下面对主要的定义加以分析。

早期对市场营销的认识是比较肤浅的，很难形成较为完整的定义。正如美国市场营销学者史丹顿所指出的："一个推销员或销售经理谈到市场营销，他真正讲到的可能是销售；一个广告客户业务员所说的市场营销，可能就是广告活动；百货公司部门经理谈到的可能是零售商品计划……"

1960年，美国市场营销协会（AMA）对市场营销定义为："市场营销是引导产品及劳务从生产者到达消费者或使用者手中的一切企业经营活动。"这一定义以产品制成后作为市场营销的起点，以送达消费者手中为终点，把市场营销仅仅看作沟通生产环节和消费环节的商业活动过程，因而也存在明显的局限性。

1985年，美国市场营销协会对市场营销的定义重新修订为："市场营销是计划和执行关于商品、服务和创意的观念、定价、促销和分销，以创造符合个人和组织目标的交换的一种过程。"这个定义得到世界各国的广泛认同，直到2004年8月，美国市场营销协会对它作出修订。

2004年8月，在美国市场营销协会夏季营销教学者研讨会上，又对市场营销的定义进行了修订。这次公布的市场营销新定义是在整合了来自全球的理论界和实践界众多营销者的贡献基础之上而修订出来的。中国人民大学商学院郭国庆教授建议将这次的新定义完整地表述为："市场营销既是一种组织职能，也是为了组织自身及利益相关者的利益而创造、传播、传递客户价值，管理客户关系的一系列过程。"

2007年，美国市场营销协会再次修订了市场营销的定义："市场营销既是一种组织职能，也是为了组织自身及利益相关者的利益而创造、传播、传递客户价值，管理客户关系的一系列过程，市场营销既需满足组织自身的利益，同时也需满足利益相关者的利益。"

本书认为，市场营销是一种组织职能，其本质是客户价值链的管理，是组织为了自身及利益相关者的利益而分析、选择、设计和实现客户价值的一系列过程。

简单来讲，市场营销＝市场＋营＋销。市场是企业的顾客，企业需要分析消费者行为，剖析顾客需求；营是计划、策划，企业需要分析机会，设计定位，计划营销资源；销是销售管理，企业需要对销售中的人、财、物、信息等资源进行管理。

二、市场营销的核心概念

市场营销的含义里包含以下一些核心概念：需求、市场、产品、价值、关系等。图 1-1 是市场营销核心概念图，这些核心概念也组成了市场营销管理的逻辑链条，企业有需求才会有市场，有市场才会向该细分市场提供产品，产品需要顾客承认才有价值，企业营销的目的就是最大化顾客价值，而要维持、扩大顾客价值，就得进行关系营销。

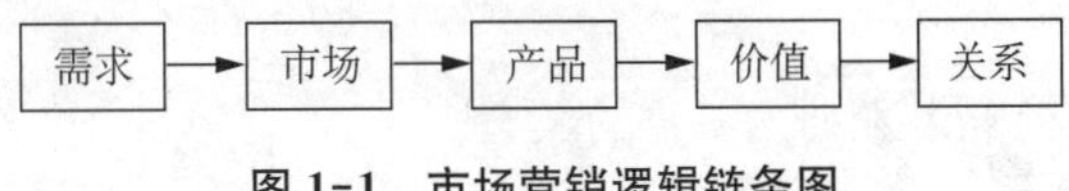

图 1-1　市场营销逻辑链条图

（一）需求

人类的需要和欲望是市场营销活动的出发点。所谓需要（Needs），是指没有得到某些基本满足的感受状态。人们为了生存，需要食品、衣服、住所、安全、归属、受人尊重等，这些需要不是社会和营销者所能创造的，它们存在于人的生理要求和其存在的条件中。所谓欲望（Wants），是指想得到基本需要的具体满足物的愿望。不同的人对于同一种欲望会产生不同的欲望，人类的需要并不多，但是他们的欲望却有很多。所谓需求（Demands），是指对于有能力购买并且愿意购买的某个具体产品的欲望。当有购买能力时，欲望就转化为需求。在这个意义上，需求＝购买能力＋购买欲望。

名人名言

没有商品这样的东西。顾客真正购买的不是商品，而是解决问题的办法。

——特德·莱维特

市场营销者并不创造需要，需要早就存在于市场营销活动之前；市场营销人员连同社会上的其他因素，只是影响了人们的欲望。企业可以通过生产适当的产品，创造独特的卖点，使消费者容易得到，从而影响需求。

根据需求水平、时间和性质的不同，可归纳出八种不同的需求状况。在不同的需求状况下，市场营销管理的任务和目标有所不同，具体见表 1-2。

表 1-2　企业在不同的需求状况下相应的营销任务和营销目标

需求状况	具体表现	任务	目标
负需求	对产品感到厌恶，甚至愿意出钱回避它	扭转	将负需求转变为正需求
无需求	对产品无兴趣或漠不关心	刺激	将产品利益和顾客需要联系起来
潜在需求	顾客有需求，而企业尚未提供	开发	将潜在需求转变为现实需求
下降需求	需求呈下降趋势	重振	扭转需求下降的趋势
不规则需求	在某一时段波动大的市场需求	协调	使供求在时间上协调一致
充分需求	需求水平与企业预期的一样	维持	维持目前的需求水平

（续表）

需求状况	具体表现	任务	目标
过量需求	需求超过企业提供的水平	减缓	抑制需求水平
有害需求	对有害物品或服务的需求	抵制	否定、消灭需求

（二）市场

名人名言

市场是所有现实的和潜在的购买者的集合。

——菲利普·科特勒

经济学的市场概念有两种：其一，市场是指买卖双方交换商品和劳务的场所或领域；其二，市场是指一切商品交换的总和。市场营销学所指的市场不同于经济学的市场。1967 年，菲利普·科特勒在《市场营销管理》一书中指出："市场是购买或可能购买某种货物或劳务的所有人或所有企业单位。"市场营销学的市场（Markets）是指某种产品的现实购买者与潜在购买者需求的总和，具体来说就是有特定需要和欲望，而且愿意并能够通过交换来满足这种需要或欲望的全部潜在顾客。销售者构成行业，购买者构成市场。市场包含三个主要因素：有某种需要的人、为满足这种需要的购买能力和购买欲望。用公式来表示就是：市场＝人口＋购买力＋购买欲望。

名人名言

（市场）现在是零，将来就是无限。

——松下幸之助

构成市场的这三个要素是相互制约、缺一不可的，只有三者结合起来，才能构成现实的市场，才能决定市场的规模和容量。只有人口多、购买力高，才能构成潜在的大市场。具有潜在市场，再加上大的购买欲望，就构成了大的现有市场。购买者、购买力和购买欲望三要素与市场容量的关系如表 1-3 所示。

表 1-3　购买者、购买力和购买欲望三者与市场容量的关系

购买者	购买力	购买欲望	市场容量
多	低	有	小
少	高	无	有限
多	高	无	有限
多	高	有	大

（三）产品

产品是能够用以满足人类某种需要或欲望的任何东西。一个产品由三个因素组成：实体商品、服务和创意。例如，麦当劳提供的产品包括实体商品(汉堡包、饮料)、服务(销售过程、安排座位)、创意(节约时间、氛围)。实体商品只是营销者向顾客提供服务的载体与工具，而创意是为了更好地提供服务。当前，服务和服务组织已经迅猛发展，服务营销在理论界、企业界都非常流行。市场营销者的任务，是向顾客展示实体商品中所包含的利益或服务，而不能仅限于实体商品本身，如果企业关心实体商品本身甚于服务，那就会陷入困境。

(四) 顾客价值

产品是否有价值，要由顾客来衡量，这就涉及顾客价值的含义。

名人名言

顾客是企业得以生存的基础，企业的目的是创造顾客。

——德鲁克

市场营销学讲的价值和传统政治经济学、西方经济学中讲的价值是不一样的。市场营销所讲的价值，是指消费者对产品满足各种需要的能力的评价，一个产品是否有价值以及其价值的大小是由消费者来判断的。企业生产的产品，消费者不需要或者没有达到消费需要的满足程度，这样的产品是没有价值的。市场营销学上的价值是和顾客满意(Customer Satisfaction)联系在一起的，企业必须通过质量、服务来创造顾客满意。这里涉及一个概念——顾客让渡价值(Customer Delivered Value)，也就是企业让渡给顾客的价值，其含义是指顾客总价值(Total Customer Value)与顾客总成本(Total Customer Cost)的差额。顾客总价值是指顾客购买某一产品和劳务所期望获得的一组利益，包括产品价值、服务价值、人员价值和形象价值等。顾客总成本是指顾客为购买某一产品和劳务所耗费的时间、精力、体力和所付出的货币资金等，包括时间成本、精力成本和货币成本等。市场营销就是创造、传播、传递顾客价值，并管理客户关系的过程，市场营销最有效的竞争手段就是提供比竞争者更优的顾客价值，市场营销的目标是最大化顾客价值。

(五) 关系营销

顾客价值的最终实现必须经过交换的过程。所谓交换，就是通过提供某种东西作为回报，从某人那儿取得所要的东西的行为。交换是一个过程，而不是一个事件，交换的双方一旦达成协议，就发生了交易行为。交易是交换活动的基本单元，交易是由交换双方的价值交换所构成的。交易营销是诱发交换另一方的某种反应。交易营销是关系营销大观念的一部分。

关系营销是企业与其顾客、分销商、经销商、供应商等建立、保持并加强长期满意关系的实践，通过互利交换及共同履行诺言，使有关各方实现各自目的。企业与顾客之间的长期关系是关系市场营销的核心概念。建立关系是指企业向顾客作出各种许诺，保持关系的前提是企业履行诺言。发展或加强关系是指企业履行从前的诺言后，向顾客作出一系列新的许诺。精明的营销者会努力同有价值的客户、分销商和供应商建立长期的、相互信任的双赢或多赢关系。关系市场营销的最终结果，将为企业带来一种独特的资产，即市场营销网络。所谓市场营销网络，是指企业和其利益相关者(包括顾客、员工、供应商、分销商、零售商、广告代理人、科学家及政府、媒体等机构)建立的牢固的互相信赖的商业关系网络。

名人名言

真正的营销并不在于销售公司所创造的产品，而在于知道该创造些什么产品。……在没有生产出任何产品之前，市场营销就已经开始，在生产和销售过程中以及在销售之后，还要确定顾客需要是否已得到满足。……营销是企业的一项重要功能活动，其任务是确认顾客的需求和欲望，决定组织最能满足其需求的目标市场，设计适当的产品、服务和方案来满足这些市场的需求，并动员组织内的每一个人都要为顾客着想，为顾客服务。……推销不是营销的最重要部分，推销仅仅是“市场营销冰山”的尖端。推销是企业营销人员的职能之一，但往往不是其最重要的职能。这是因为，如果企业的营销人员搞好营销研究，了解购买者的需要，按照购买者需要来设计、生产适销对路的产品，同时合理定价，搞好分销、促销等市场营销工作，那么这些产品就能轻而易举地销售出去。

——菲利普·科特勒

第三节　市场营销哲学

市场营销学是一门经营哲学，了解市场营销哲学的演变，对一个企业来说具有重大的意义。所谓市场营销哲学，就是企业在开展市场营销活动的过程中，处理企业、顾客和社会三者利益时所持有的态度、思想和观念。菲利普·科特勒在《营销管理》序言中这样提到市场营销哲学：“毫不奇怪，今天能取得胜利的公司必定是那些最能使它们的目标顾客得到满足并感到愉悦的公司。这些公司把市场营销看成公司整体的哲学，而不仅仅是某一部门的个别职能。”

企业市场营销哲学可分为传统营销观念和现代营销观念。传统营销观念主要是指生产观念、产品观念、推销观念，现代营销观念主要有市场营销观念、客户观念、社会市场营销观念、整体营销观念和关系营销观念等。

一、传统营销观念

（一）生产观念

生产观念(Production Concept)是指导销售者行为的最古老的观念之一。生产观念认为，企业不是根据市场需求，而是根据自身已有条件决定生产产品的品种，把增加产量、降低成本作为企业一切活动的中心，以此扩大销售、取得盈利。有人把生产观念的主要特点概括为“三不主义”：注重企业自身条件而不注重市场需求；注重产品生产而不注重产品销售；注重产品数量而不注重产品质量。显然，生产观念是一种重生产、轻市场营销的商业哲学。

生产观念是在卖方市场条件下产生的。资本主义工业化初期，第二次世界大战末期以及第二次世界大战战后一段时期内，物资紧缺，商品供不应求，产品只要能生产出来，销售便不成问题。1920 年代，美国福特汽车公司总裁亨利·福特说："不管顾客需要什么颜色的汽车，我只有一种黑色的。"此时，生产观念在企业中颇为流行。我国在计划经济体制下，由于商品短缺，企业不愁其产品没有销路，工商企业在经营管理中也奉行生产观念。大部分企业轻视市场营销，以产定销，企业管理的重点在生产和采购环节。

（二）产品观念

产品观念（Product Concept）也是一种古老的企业经营哲学。它指企业不是根据市场需求而是根据自身已有条件决定产品品种，把提高质量、降低成本、生产物美价廉的产品作为企业一切活动的中心，以此扩大销售、取得利润的一种经营指导思想。产品观念认为，消费者最喜欢高质量、多功能和具有某种特色的产品。企业应致力于生产高质产品，并不断加以改进。企业应该致力于提高产品质量，只要物美价廉，顾客自然会找上门来，无需大力推销。这是一种以质取胜、以廉取胜、酒好不怕巷子深、等客上门的思想。

这种观念在产品不太紧张或稍有宽裕的情况下，较为流行。如果企业片面坚持产品观念，必然导致"营销近视"（Marketing Myopia），在市场营销中缺乏远见，只看到本企业产品质量好，看不到市场需求的变化，结果必然陷入困境。

（三）推销观念

推销观念（Selling Concept）是指企业在维持其产品生产的基础上强行推销，把引诱消费者购买产品作为企业一切活动的中心，以此扩大销售、增加盈利的一种经营指导思想。这种指导思想认为，消费者通常表现出一种购买惰性或抗衡心理，如果听其自然的话，消费者一般不会足量购买某一企业的产品，因此，企业必须积极推销和大力促销，千方百计地使消费者对企业的产品产生兴趣，以扩大销售，提高市场占有率，取得更多的利润。这种观念仍是从既有产品出发，本质上依然是生产什么就销售什么。

推销观念是从卖方市场向买方市场转变的产物。1980—1990 年代，我国商品逐渐供过于求，企业销售成了问题，必须加强销售工作。这个阶段，等客上门变为送货上门、企业加强了商情调研，销售人员热情地为客户服务、大力开展广告宣传。

名人名言

没有管理技巧（艺术）的管理知识（科学）既危险又无用；没有管理知识（科学）的管理技巧（艺术）代表故步自封，不知长进。

——罗斯·韦伯

二、现代营销观念

（一）市场营销观念

市场营销观念（Marketing Concept）是指企业把满足消费者需要作为一切活动的中心，通过消费者的广泛购买与重复购买来扩大销售、增加利润的经营指导思想。20 世纪 50 年代以来，随着第三次科技革命的深入，生产力获得极大发展。第二次世界大战战后大批军工企业转向民用品生产，社会产品供给增加，花色品种日新月异。同时，垄断资本及其政府执行高物价、高工资、高消费的政策。1990 年代后期，我国不少行业出现供大于求，买方市场形成。进入 21 世纪，随着科技进步和人民收入、文化水平的提高，消费者需求多样化，瞬息万变。市场营销观念的主要内容是：企业以市场为导向，以满足消费者和用户的需要为出发点和归宿点，通过整体营销活动获得最大利润。市场营销观念的理论基础是消费者主权论(Consumer sovereignty)，即决定生产什么产品的主权不在生产者的手中，也不在政府的手中，而是在消费者的手中。总之，一切营销活动都要围绕消费者需求这个中心来进行。市场营销观念同推销观念有根本性的区别，它刚好把推销观念的逻辑颠倒过来。

美国著名管理学家彼得·德鲁克说："一个企业的成功，主要不在于内部的组织力量，因为它不能给你利润，只能给你工作。只有通过外部顾客的需求，内部的工作和成本才能变成利润"。"任何企业只有两个，仅仅是两个基本职能，这就是贯彻市场营销观念和创新。"中外企业市场营销的实践经验表明，在买方市场的形势下，凡是全心全意接受和奉行市场营销观念的企业，其市场营销面貌就会焕然一新，企业就能取得较好的经济效益。

日本丰田公司认为，它的成功诀窍是由于执行了"用户第一，销售第二，制造第三"的原则。它在国内外设立一万多个销售技术服务网点，其中，国内 4 000 多个，国外 6 400 多个。

表 1-4 销售导向与市场导向的区别

	企业工作重心	企业业务	产品的对象	主要目标	如何实现目标
销售导向	内在的，以企业需求为基础	销售商品和服务	所有人	通过扩大销售量来获利	主要通过大力促销
市场导向	外在的，以客户的需求和偏好为基础	满足客户需求并传递一流的价值	特定群体	通过满足客户来获利	通过整合营销和跨部门合作

(二) 客户观念

随着市场营销的纵深发展，客户需求和客户满意度逐渐成为市场营销成功的关键。在不同的细分市场，客户存在着不同的需求，甚至在同一个细分市场，客户的需求也瞬息万变，企业必须针对变化的客户需求，及时调整营销战略和策略。在这样的环境之下，越来越多的企业开始由奉行市场营销观念转变到客户观念(Customer Concept)。

客户观念是指企业通过各种渠道收集每一位客户以往的人口统计信息、交易信息、心理活动信息、媒体习惯信息、渠道偏好信息等等，根据这些信息标来计算客户的终身价值，分别为每一位客户定制营销：提供不同的产品、价格、传播信息、渠道等。企业通过增加顾客让渡价值来提高每一位顾客的客户满意度，从而提高客户的忠诚度，增加客户的终身购买量，确保企业长期的、持续的利润增长。市场营销观念强调满足每一个细分市场的需求，客户观念则强调满足每一位顾客的差异化需求。

当然，客户观念并不是每一个企业都必须遵从的铁规则，一对一营销需要以工厂定制化、运营电脑化和沟通网络化为前提条件。从这个意义上来说，要全面推广客户观念，企业首先必须在信息建设、数据库建设方面加大力度，不仅仅要购进设备，还要给企业员工灌输客户观念、传授信息化运营的方法。当然，客户信息不仅要收集，还必须动态经营，要不然，客户观念就会成为死观念。这些企业所经营的产品通过客户数据库的运用实现交叉销售，或产品需要周期性地重购或升级，客户观念往往会给这类企业带来异乎寻常的经济效益。

（三）社会营销观念

社会营销观念（Society Marketing Concept）是对市场营销观念的修改和补充。社会营销观念是指企业以兼顾消费者眼前利益和长远利益，兼顾消费者个人利益和社会整体利益为中心而开展的一切经营活动，企业的任务是确定各个目标市场的需要、欲望和利益，并以保护或提高消费者和社会福利的方式，比竞争者更有效、更有利地向目标市场提供能够满足其需要、欲望和利益的物品或服务。

随着市场经济竞争的加剧，一些企业开始以非正当手段牟利，如假广告骗人、以次充好、份量不足、冒牌产品、不卫生、不安全等，严重损害消费者的利益。另一方面，物质主义的流行导致物资浪费，环境污染。

在此背景下，消费者主权运动兴起，其目的在于从法律、道德和经济方面形成对商业的压力，以保护消费者。彼得·德鲁克说："市场营销的漂亮话讲了二十年之后，消费者主义竟会变成一个有力的流行的社会运动，这就证明没有多少公司奉行市场营销观念。消费者主义是市场营销的耻辱。"。

另外，人性观念（The Human Concept）、明智的消费观念（The Intelligent Consumption Concept）、生态强制观念（Ecological Imperative Concept）等也成为社会营销观念的表现形式。

社会营销观念是对市场营销观念的修正与补充，其基本内含是：企业提供产品，不仅要满足消费者的需要与欲望，而且要符合消费者和社会的长远利益，企业要关心与增进社会福利。它强调要将企业利润、消费需要、社会利益三方面统一起来。

阅读助手

"黑店观念"是一种目前在发展中国家普遍存在的、现有市场营销观念从未论及的观念。"黑店观念"是指企业在经营活动中无视法律法规、社会道德以及顾客和社会利益，甚至无视公众的生命和财产安全，把经营假冒伪劣商品和采用强迫、欺骗等不正当手段作为一切经营活动的中心，以此牟取暴利的一种经营指导思想。其主要特点可以归纳为：损人利己，见空就钻，短期行为。在市场经济秩序没有建立起来的条件下，"黑店观念"是一种客观存在，也是一种最反科学、反道德、反法制的观念。扼制这种经营观念的唯一办法是强化市场经济法律制度，规范企业市场行为，创造公平、有效的竞争环境。

综上所述，将1950年代以前的生产观念、产品观念、推销观念作为旧观念，50年代以后的市场营销观念、客户观念、社会营销观念等等作为市场营销新观念。新旧市场营销观念的对比如表1-5所示。

表1-5 市场营销新旧观念对照表

营销观念	营销起点	营销重点	营销手段	营销目标
生产观念	工厂	产品数量	无	从销售中获利
产品观念	工厂	产品质量	无	从销售中获利
推销观念	工厂	产品	推销和促销	通过增加销售量，实现利润增长
营销观念	目标市场	客户需要	整合营销	通过提高客户满意度，实现利润增长
客户观念	单个客户	客户需要和顾客价值	一对一营销 整合和价值链	通过提升市场占有率、客户忠诚度和客户终生价值，实现利润增长
社会营销观念	社会和谐	利益相关者的长远利益	整体市场营销	通过满足顾客、利益相关者目前和长远需要，增进社会福利，获得利润

4P、4C、4R到4V的核心理念嬗变

一、以满足市场需求为目标的4P理论

美国营销学学者麦卡锡教授在1960年代提出了著名的4P营销组合策略，即产品(Product)、价格(Price)、渠道(Place)和促销(Promotion)。他认为，一次成功和完整的市场营销活动指以适当的产品、适当的价格、适当的渠道和适当的促销手段，将适当的产品和服务投放到特定市场的行为。1960年代的市场正处于卖方市场向买方市场转变的过程中，4P理论主要是从供方出发来研究市场的需求及变化，探讨如何在竞争在取胜。4P理论重视产品导向而非消费者导向，以满足市场需求为目标。4P理论是营销学的基本理论，它最早将复杂的市场营销活动简单化、抽象化和体系化，构建了营销学的基本框架，促进了市场营销理论的发展与普及。

然而，4P理论有如下不足之处：一是营销活动着重企业内部，对营销过程中的外部不可控变量考虑较少，难以适应市场变化。二是随着产品、价格和促销等手段在企业间相互模仿，在实际运用中很难起到出奇制胜的作用。

二、以追求顾客满意为目标的4C理论

4C理论是由美国营销专家劳特朋教授在1990年提出的，它以消费者需求为导向，重新设定了市场营销组合的四个基本要素：消费者(Consumer)、成本(Cost)、便利(Convenience)和沟通(Communication)。它强调企业首先应该把追求顾客满意放在第一位，其次是努力降低顾客的购买成本，然后要充分注意到顾客购买过程中的便利性，最后还应以消费者为中心实施有效的营销沟通。4C理论重视顾客导向，

以追求顾客满意为目标,这实际上是当今消费者在营销中越来越居于主动地位的市场对企业的必然要求。

4C理论的不足之处主要有如下几个方面:首先,4C理论以消费者为导向,着重寻找消费者需求,满足消费者需求,而市场经济还存在竞争导向,企业不仅要看到需求,而且还需要更多地注意到竞争对手;其次,在4C理论的引导下,企业往往失去了自己的方向,为被动地满足消费者需求付出更大的成本。

三、以建立顾客忠诚为目标的4R理论

21世纪初,《4R营销》的作者艾略特·艾登伯格提出4R营销理论。4R理论以关系营销为核心,重在建立顾客忠诚。它阐述了四个全新的营销组合要素:关联(Relativity)、反应(Reaction)、关系(Relation)和回报(Retribution)。4R理论强调企业与顾客在市场变化的动态中应建立长久互动的关系,以防止顾客流失,赢得长期而稳定的市场;其次,面对迅速变化的顾客需求,企业应学会倾听顾客的意见,及时寻找、发现和挖掘顾客的渴望与不满及其可能发生的演变,同时建立快速反应机制以对市场变化快速作出反应;企业与顾客之间应建立长期而稳定的朋友关系,从实现销售转变为实现对顾客的责任与承诺,以维持顾客再次购买和顾客忠诚;企业应追求市场回报,并将市场回报当作企业进一步发展和保持与市场建立关系的动力与源泉。

4R理论根据市场不断成熟和竞争日趋激烈的形势,着眼于企业与顾客互动与双赢,不仅积极地适应顾客的需求,而且主动地创造需求,通过关联、关系、反应等形式与客户形成独特的关系,把企业与客户联系在一起,形成竞争优势。

四、以满足顾客情感需求为目标的4V理论

进入20世纪80年代之后,随着高科技产业的迅速崛起,高科技企业、高技术产品与服务不断涌现,营销观念、方式也不断丰富与发展,并形成独具风格的新型理念,在此基础上,国内的学者(吴金明等)综合性地提出了4V的营销哲学观。所谓4V,是指差异化(Variation)、功能化(Versatility)、附加价值(Value)、共鸣(Vibration)的营销组合理论。4V营销理论首先强调企业要实施差异化营销,一方面使自己与竞争对手区别开来,树立自己的独特形象;另一方面也使消费者相互区别,满足消费者个性化的需求。其次,4V营销理论要求产品或服务有更大的柔性,能够针对消费者的具体需求进行组合。最后,4V营销理论更加重视产品或服务中的无形要素,通过品牌、文化等满足消费者的情感需求。

4P、4C、4R到4V的理念嬗变并不是简单的取代关系,而是不断深入、不断整合、不断发展的过程。在相当长的一个时期内,4P还是营销的基础要素框,4C也是企业很有价值的理论和思路,4P、4R不能割断4P、4C而单独存在,根据企业的实际,有效的把几者结合起来指导营销实践,才是最佳策略。

第四节 市场营销管理

市场营销管理是企业为了实现营销目标而分析市场机会、选择目标市场、设计营销组合的动态过程。具体来说，企业的市场营销管理的逻辑过程可以用图 1-2 所示。

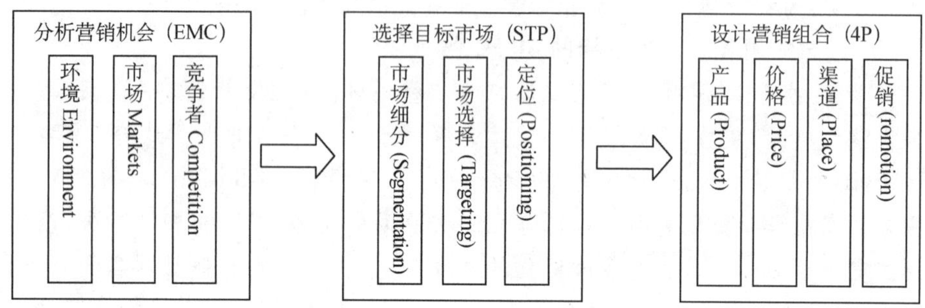

图 1-2　市场营销管理逻辑过程图

名人名言

营销是如此基本，以致不能把它看成一个单独的功能。从它的最终结果来看，也就是从顾客的观点来看，市场营销是整个企业活动。……人们总是认为某种推销还是必要的，但营销的目的却是使推销成为多余的。……营销的目的在于深刻认识、理解顾客，使产品或服务完全适合顾客的需要，从而形成产品的"自我销售"。理想的营销会产生一个已经准备来购买的顾客，剩下的事就是如何便于顾客得到产品或服务。

——彼得·德鲁克

一、分析营销机会

分析营销机会主要是指市场营销管理起始于对市场需求、顾客价值的分析，营销机会的分析主要包括对宏观环境、微观环境、竞争者和顾客消费行为的分析，对以上与顾客价值相关的各项内容的分析有一个基本工具，那就是市场调查与预测。

分析宏观环境，主要是分析各种环境因素的变化可能引起的需求及其变化。企业所处的市场环境，一般由各种具体环境因素构成，这些因素包括人文、经济、自然、技术、政治法律和社会文化等，每一个因素的变化都可能创造某种需求或带来原来需求的变化。当环境因素的变化向创造需求或增大原来需求的方向发展，这些都会带来营销机会，企业必须牢牢把握这样的机会。环境机会总是经常存在，关键是企业是否善于观察、发现看起来微不足道的变化，如近年出现的"银色营销"，就是针对中国社会老龄化的大环境，企业敏感地抓住这个机会，分析"银色"市场顾客的价值特点，创造、传递传播顾客价值，从而实现企业盈利的一种营销创新。

企业除了分析宏观环境外，还要密切关注顾客价值的本质特点，也就是顾客购买行为特点，要通过市场调查与预测，分析顾客的购买行为特点，以及影响顾客购买行为的主要因素，并对顾客的购买过程做到准确把握。只有这样，企业才能真正知道顾客需求的本质，市场营销管理后续的产品、价格、渠道、传播才有实际意义。

最后，企业需要对行业及竞争者进行分析，企业需要识别公司的主要竞争者，辨别他们的竞争战略和目标，评估他们的竞争优势与劣势，并根据对竞争者的分析，作出相应的进攻或者回避。

二、选择目标市场

对市场机会进行分析后，企业需要对市场进行细分、需要对最适合进入的细分领域进行选择并作出符合企业实际的定位，从而确定企业的营销战略。

任何一种产品的市场都是由不同类型的顾客需求组成，顾客细分是指根据顾客需求的差异将一个整体市场划分为若干个细分市场的过程。顾客细分对于企业发觉机会、扩大市场需求、提高营销效率都是至关重要的。顾客细分的标准有很多，如地理、人口统计、心理和行为等。人口统计标准又包括性别、年龄、收入、职业、民族等因素。在进行顾客细分时，往往使用多标准或多因素，例如，我国家纺市场可以按照性别、年龄、家庭人均收入三个因素进行细分，如年龄分为老、中、青、少、儿童，收入分高、中、低三档。

每个市场都可以细分，但并不是每一个细分市场企业都值得去经营。在进行顾客细分后，企业要从中选择适合自己进入的细分市场作为目标市场。选择目标市场的标准是：企业能够最大限度地创造顾客价值，通过传递、传播顾客价值从而实现顾客满意。在选择细分市场之前，企业首先要对各细分市场进行评估，评估的内容包括细分市场规模、潜力、吸引力等。企业可以采取如下模式进入细分市场：单一市场集中化、选择性专业化、产品专业化、市场专业化和全面进入。

选择细分市场后，企业还需要进行营销定位，从而确定企业的营销战略。营销定位是指企业对其提供的商品或服务在目标市场顾客心目中占据的位置进行定位，把企业提供物定位到顾客最想要的或超乎顾客想要的地方。作出营销定位后，企业的营销战略就有了一个指南，而具体的产品、价格、渠道、促销策略也赋予了顾客需求的使命。

三、设计营销组合

设计营销组合主要是指企业对其营销资源进行计划，通过产品开发、服务开发、定价、产品制造、分销来提供价值，通过人员推销、营业推广、广告、公关、直接销售等来传播价值，从而在真正意义上实现顾客价值，使顾客、企业以及企业的其他利益相关者各得其所。

在实现顾客价值的过程中，企业需要对营销资源进行设计，4P、4C 或者 4R 都是企业对营销资源的设计与分配，其本质都是企业为了实现顾客价值而做的各项资源投资，而投资回报是顾客忠诚、顾客终身价值和企业长久持续的竞争能力。

第五节　市场营销计划

一、企业战略和市场营销战略的关系

企业战略与市场营销战略密不可分,如图 1-3 所示。

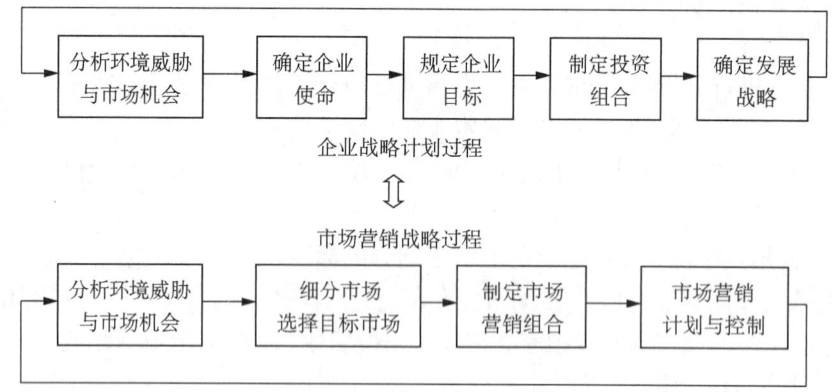

图 1-3　企业战略计划过程与市场营销战略过程

企业战略和市场营销战略的相同点表现为:两者都必须分析、评价外部环境变化所带来的威胁和机会,从而利用有利的市场机会使企业得到发展。不同点表现为:企业战略计划是在总体评价环境状况和企业资源状况的基础上,确定企业总的发展方向、预期目标、发展途径、资源调配和新增业务。企业的市场营销战略则是在已经确定的业务范围之内,由企业的市场营销部门(含有组织、控制、信息、计划等系统),按照企业战略中已经规定的任务目标、投资组合、发展战略,从外部环境中去分析、评价各种产品业务发展的市场机会,结合企业的资源状况,综合考虑各项因素,制定出各种产品的市场营销战略。

二、市场营销计划

一个完整的市场营销战略必须落实到具体的营销策略上,一般来说,市场营销计划应该包括以下内容。

(一) 内容摘要

内容摘要是对市场营销目标和相关建议作简短阐述,是计划的精华部分,是咨询公司呈现给客户高层管理人员或者市场部人员呈现给公司最高主管的计划方案的最主要部分。摘要提交的时候最好附列整个计划的目录检索。

(二) 市场营销现状

这是营销计划主体内容的第一部分,主要是市场分析,它提供与行业、市场、产品、竞争、分销和宏观环境有关的背景数据。

(1) 宏观环境。分析影响产品市场营销的宏观环境因素,如人口、经济、技术、政治法律和社会文化等。

(2) 市场扫描。主要阐述市场规模与趋势,分析过去几年的销售总额及细分市场销售情况,提供消费者行为的动态变化趋势资料。

(3) 产品情况。阐述公司现有各产品及行业内相关产品的销售额、价格、利润以及变动趋势。

(4) 竞争情况。分析行业竞争格局、竞争特点和竞争趋势。

(5) 分销情况。分析公司各销售渠道的销售情况各销售渠道相对重要性的变化趋势、各经销商的经营动态变化情况。

(三) SWOT 分析

该部分主要是通过对市场现状的把握,分析企业外部的主要机会与威胁、企业内部的优势与劣势以及营销中需要注意的问题。机会与威胁主要阐述影响企业未来的外部因素,以便考虑可以采取的应变行动。优势是企业成功利用机会和对付威胁所具备的有力的内部因素,劣势是企业必须加以改进的方面。

(四) 营销目标

营销目标主要是确定公司希望获得的投资利润及若干数额的纯利润或销售收入。以及相关的销售利润率、市场占有率、销售量、价格水平、销售网点的规模、产品知名度等指标。

(五) 市场营销战略

市场营销战略是指为了实现计划目标而采用的主要市场营销方法,包括市场的选择和市场定位战略、营销组合策略和费用水平估计等。

市场选择和定位主要分析不同细分市场的顾客偏好、消费行为特点以及企业对细分市场的选择,并为所选细分市场提供差异化的、具有企业个性特点的顾客价值定位。

营销组合是指企业对自身的营销资源进行合理分配,通过产品、价格、渠道和分销等营销手段,最终实现所定位的顾客价值。

费用预算是指实施市场营销战略计划所需费用的预算。

(六) 行动方案

这是具体的执行性方案,具体回答做什么、何时做、谁来做、需要多少成本等具体的问题。

(七) 预计的利润表

概述计划所预期的财务收益情况。

(八) 控制

说明如何监控该计划。

本章小结

市场营销学是一门建立在经济学、行为科学、管理学和现代科学基础上的综合性应用学科。市场营销经历了形成、实践应用、变革、丰富扩展四个阶段。

随着社会经济的发展和人类认识的深化，市场营销的内涵和外延已经极大地丰富和扩展。不同时期、不同流派的学者，对市场营销有不同的定义。我们认为，市场营销是一种组织职能，其本质是客户价值链的管理，是组织为了自身及利益相关者的利益而分析、选择、设计(包括创造、传播、传递)和实现客户价值的一系列过程。

企业市场营销管理哲学可分为传统营销观念和现代营销观念。传统营销观念主要是指生产观念、产品观念、推销观念，现代营销观念主要有市场营销观念、客户观念和社会市场营销观念、整体营销观念和关系营销观念等。

市场营销管理是企业为了实现战略目标而分析营销机会、选择目标市场、设计营销组合、管理营销活动的动态过程。

战略计划过程明确了企业重点经营的业务，而市场营销战略流程则用系统的方法寻找市场机会，进而把市场机会变为有利可图的企业机会。战略计划界定了公司的整体使命和目标。在各个业务单位内，营销在帮助实现整体战略目标方面起着重要作用。战略计划一般包括八个方面的内容。

思考题

1. 简述市场营销的产生、发展与传播?
2. 市场营销学的核心概念有哪些?
3. 市场营销哲学有哪些，举例说明它们之间的区别。
4. 简要谈谈市场营销管理的逻辑过程。
5. 有人说:“市场营销工作是把社会需要转化为有盈利的机会”。应当如何理解这句话? 医疗行业是否应当把旨在提高营业利润的市场营销活动放在工作首位?
6. 如何理解企业战略与市场营销战略的关系?
7. 一个完整的营销计划包括哪些方面?

古代营销故事

范蠡的市场营销思想

范蠡的经济思想占有十分重要的历史地位，他提出的“待乏”学说，即“水则资车，汉则资舟。”也就是说，市场营销的产品不仅要考虑到满足目前的市场需要，更重要的是应从市场需求的未来发展趋势出发，制定市场营销计划，安排适应未来需要的商品供应上市，当水在盛行时，不必以船作为主要的产品项目，而应预先做车的市场营销计划与方案，因为在水灾结束后，车将成为特别需要或缺乏的商品，其价格必将上涨。天旱时要做好船的市场营销准备。

蔡莫卖纸

在中国传统文化中，清明是祭奠先人的节日。在许多地方清明扫墓要烧纸钱。相传古时候蔡伦创造了中国四大发明之一的造纸术之后，那是生意兴隆、财源广进，小日子过得越来越好。蔡伦的哥哥蔡莫看见弟弟整天造纸、卖纸这个买卖不错，于是开始学起造纸。但蔡莫未得要领就背着弟弟造起纸来，结果造出的纸和蔡伦造的纸完全是两回事，纸张又厚又不光滑。家里堆着厚厚的纸卖不出去，生意当然就做不下去了，蔡莫愁得够呛，但也没什么办法。

蔡伦的嫂子深感内疚，急火攻心突然死亡，蔡莫一气之下，就在妻子灵前烧起纸来，烧着烧着听见妻子在棺材里喊："开门，开开门！"人们打开棺盖，蔡莫妻子坐了起来，嘴里还叨咕说："阳间有钱通四海，阴间用纸做买卖。不是丈夫把纸烧，谁还肯放我回来。"后来逢人便说，我死了，小鬼把我送到阎王殿，阎王让我去受罪，在途中我丈夫烧了纸，送了钱，小鬼们就争抢起来，他们拿到了钱，就把我从地狱中放回来了。蔡莫知道是妻子为了卖纸特意装死，也没深怪于她。这样，蔡莫造的纸能在阴间当钱使的消息很快传开。村民们一听还有这样的事呢，于是以后有办丧事的都到蔡莫家来买他的那种粗糙的毛边纸来烧。就这样一传十、十传百，原来堆积如山的纸就被抢购一空。由此，丧家烧纸的习俗就流传下来，至今民间丧祭烧的还是较黄的粗糙纸，俗称"斗底纸"、"升底纸"。

理发时 TONY 喋喋不休你烦吗？
——理发行业的快剪模式思考

一、快剪的消费者需求

我有理发恐惧症，除非是头发长得不得了，非常难看了，我才愿意去理发店理发。

进理发店后，洗发小工们热情地邀请我洗个发，洗就洗吧。但是开始洗的时候就让我选洗发水，推荐的洗发水名字我从来没有听过，只能说随便，然后他们会挑最贵的给我洗。

洗的时候我希望尽快洗完，因为在洗的过程中，他们老和我聊天，问这问那，实际上我啥也不想聊，就想一个人静静。

好不容易洗完了，他们会拿出看起来很干净，但是不知道多少人用过的毛巾给我不断地擦啊擦的，这让我觉得很不舒服，真想每次都带自己的毛巾去，但是又怕别人说自己老土。

洗完了还不能马上理发，还要给我按摩，按摩又不太专业，我有时候都怕他们给我按错位了。

不管如何，好不容易洗完了，终于可以开始理发了。

但是最恐怖的事情发生了。

理发师从来不会认真地理发，他们在理的过程中，开始先会和我套近乎，然后会非常热情地推销各种产品。例如，他会花言巧语地劝说你购买；又如，他们店的年卡。看你有点白头发，他马上推销他们的天上有，地下无的染发剂。用了他们这些染发剂，你不但白头发变黑了，简直包治百病了。

理这么一个憋憋屈屈的发，运气好的时候可能半个小时能够搞定；运气不好，如果人多的时候，一个小时就这样过去了。

这样又浪费时间又不是很爽的理发经历，我几乎每次都会碰到，所以很不愿意去理发。

可能很多朋友看到这里，会觉得我矫情，不就是理个发吗，哪那么多事情？

给大家看一个案例，看看是不是只有少部分像我这样的，觉得去传统的理发店理发是很痛苦的事情，然后别人是如何把痛苦看成商机，最后收获大成功的故事。

二、日本 QB HOUSE 的营销运营

QB HOUSE 是日本一家的 10 分钟 1 000 日元的短时间、低价格的理发服务连锁店。

他们只提供剪发和基本造型服务，而不提供洗发、吹发、剃须等服务，也不在店里推销任何美发产品。

就是这样一个简单到极致的单剪生意，从 1996 年创立第一家店面之后，QB House 在十几年间已经开设近 550 家分店，除在日本本土外，已经将分店开到了中国香港、中国台湾、新加坡、马来西亚等地区和城市，平均每月有超过 125 万人次接受服务。

没有高利润的烫染和美发产品销售，只靠着一个客人 1 000 日元左右的客单价格，QB House 在成立几年中就实现了年收入 40 亿日元(约 2.9 亿元人民币)。

为了满足十分钟快捷剪发的效率需求，QB house 做了以下几点创新：

1. 专门开发一套不同于传统美发店的美发“系统”——剪发组合柜

柜子正面是操作台和安放消毒柜、毛巾、梳子、镜子、发剪等所有剪发必须用品的隔断，各种物件都有自己的卡槽，各安其位，整洁干净。柜子背面则被用来放置客人的衣物。每个柜子就是一个美发师的工位，配以尺码明显小于传统理发店的椅子，用以整洁收纳和节省空间。

图 1-4 QBHouse 的剪发组合柜

2. 开发清洁碎头发用的小型吸尘器

这种碎头发用小型吸尘器，顶端附有软毛，用以吸附和清理顾客理发后留在头上和颈部的碎发。这也是“免洗”的核心所在，不用洗头，理完发后却能够让你的所有的碎头发都被清理得干干净净。

3. 一客一消毒

尽管使用一次性用品，如给客人使用的一次性围巾、用后可以给客人拿走留作纪念的梳子等。所有非一次性用具，甚至理发师的手，都是必须一客一消毒。

这个创新对很多害怕去理发店被传染各种疾病的人来说，简直是秒杀痛点。

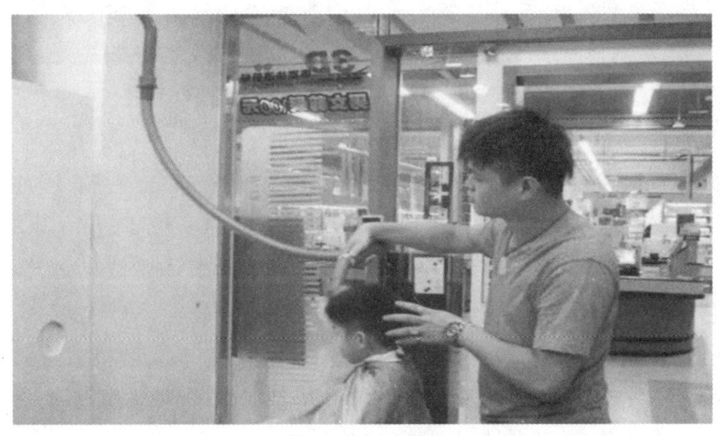

图 1-5　QB House 理发示意图

4. 用户先付费，提供叫号服务

为了节约成本，同时也为了让理发师更专注于理发服务，QB House 的所有店面都可以不收现金，而是设置了不设找零的刷卡机，这种设计便捷顾客，也可以避免工作人员收银找零的麻烦，使店面的服务全部聚焦于剪发服务上。

QB House 在店面的等位处设置了一个由红黄绿三种颜色组成的信号灯，用来向客人指示店铺的繁忙程度。绿色表示立刻可以提供服务，黄色表示需要等候 5—10 分钟，红色表示需要等候 15 分钟以上。客人可以依据自己的时间，选择要不要继续等待。更智能的是，理发座椅下都有传感器，可以自动将顾客数据传输到后台的系统中，总部可以对各家店铺的客流情况了然于胸。

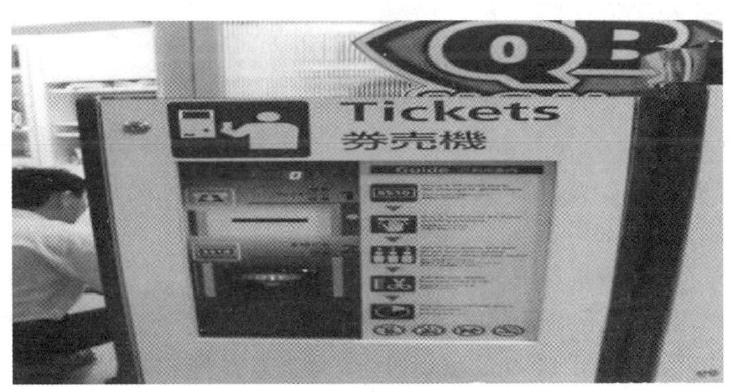

图 1-6　QB House 的叫号系统

QB House 的诞生其实也非常有意思：

1995 年的一天，QB House 的创始人小西国义在一家理发店等待了很久以后，终于坐到理发师的椅子上。但是理发并没有立即开始，洗发小工们先是给他递上一条又一条热毛巾、然后是没完没了地按摩肩头和手臂，然后开始推销各类美发产品。

大量不需要的服务浪费了大量的时间，最后还要收取他几千日元的费用，而他想要的只不过是快点把头发剪短一些。

小西国义突然觉得传统的理发店繁琐冗长的服务程序对消费者是一种痛苦。

他认为，一定有人像他一样讨厌这样过于“殷勤”的服务，他的想法是：如果有位置方便、收费合理的单剪发店铺，自己就能够更有效地安排时间及节省金钱。

如果有一间发廊，1 分钟，1 000 日元，感兴趣吗？

小西国义带着这样的问题进行了一次市场调查，在他看来：只要有 10%的人愿意，就可以着手干。而市场调查结果显示，像他一样想法的人的比例竟然高达 43%。

于是，QB House 诞生了，经过十几年的时间，已经成为日本最成功的连锁理发店。

而这其实是由一个从来没有开过理发店的外行创办的公司。

三、快剪模式在中国

国内快剪模式的兴起，也就是这两年的事情，从早期的不太理解到如今的欣然接受，这不单单要归功于互联网，主要还是个人对剪发的需求发生变化。目前运营较为成功的有星客多、靓发、人人剪、快发、优剪。

星客多目前在北京、上海、杭州三地都有自己的门店，重庆也即将开店。星客多有不洗头、不烫染、不推销的特色，基于移动端的线上预约剪发服务+线上支付+云端排队叫号使得该品牌的互联网属性比较强，所有都是线上完成，看不到现金流。店面装修、员工穿着都比较统一，单次剪发的价格是 28.8 元，是一家体验感很强的店。靓发主打 10 分钟 15 元剪发，人人剪和快发主打 10 分钟 10 元剪发，它们有一个共同点：10 分钟剪发+店门口的售票机；快发在成都、杭州、上海等地已有众多门店，宣称有 3 000 个店铺储备；人人剪主要布局在湖北，其他地方少许分布，但品牌知名度比较低且闭店数量比较多，在“洗剪吹”上去掉了“洗”，但“洗剪吹”的风格还在；靓发目前在上海有近 30 家，简单的店面布局，环境稍显杂乱，只能算是超市标配产品，服务人群为年长的叔叔和阿姨。优剪从开店就只放加盟店没有直营店，目前深圳 85 家，广州 19 家，全国开放加盟。优剪的用户定位和以上几家都很相似，值得一提的是，优剪目前可以找指定发型师剪发，也可以预约排号。

在传统行业中，这类通过做减法而成功的案例还有很多。比如快捷酒店，就是把五星级酒店里面的大堂、桑拿、游泳池等各类和睡觉不相关的东西都减掉，只保留了五星级的床，让你花上三星级酒店的价钱，可以舒服睡上五星级的床。在中国这样的酒店减法，诞生了如家，汉庭等快捷酒店上市公司。

资料来源：http://www.qiyeku.com/weixin/237228.html

讨论：有人说，营销就是在核心利益的基础上不断“包装”，进而增加品牌溢价；有人却说，营销就是去除“包装”，回归产品的核心利益。请根据案例提炼你的观点，并加以论证。

第二篇

市 场 分 析

第二章

市场环境分析

学习要点

- 理解企业面临的市场宏观环境；
- 理解企业面临的市场微观环境；
- 掌握 SWOT 分析方法。

企业总是在一定的外界环境下开展市场营销活动。这些外界环境在不断变化，它们既给企业提供了新的市场机会，又给企业带来某种威胁。因此，企业必须重视对市场营销环境的分析和研究，扬长避短，趋利弊害，适应变化，抓住机会，从而实现企业的市场营销目标。

市场营销环境是指影响企业市场营销活动的不可控制的各种参与者和影响力，包括宏观市场营销环境和微观市场营销环境，如图 2-1 所示。

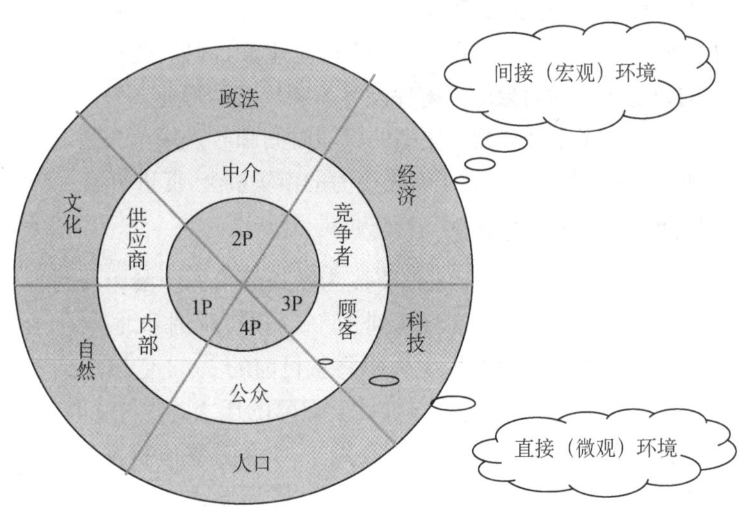

图 2-1　营销环境综合图

第一节 市场宏观环境

一、人口环境分析

目前，世界范围内的人口环境主要有以下六个方面的特征：

(一) 世界人口迅速增长

世界人口正呈现出“爆炸性”的增长。根据联合国经济和社会事务部发布的 2019 年《世界人口展望》报告，全球人口预计在未来 30 年将再增加 20 亿人，到本世纪末，全球人口将增长至 110 亿左右。世界人口迅速增长的主要原因是：随着世界科学技术进步、生产力发展和人民生活条件的改善，世界人民的平均寿命大大延长，死亡率大大下降，发展中国家的人口出生率上升，人口迅速增加。然而，世界人口疏密分布不均，其中，人口数量超过 1 亿的国家主要位于亚洲。同时，世界人口尤其是发展中国家的人口将继续增长，意味着世界市场将继续增长。同样，我国的市场潜量也是很大的。

(二) 发达国家的人口出生率下降

自 2010 年以来，由于生育率较低，27 个国家或地区的人口规模至少减少了 1%。全球妇女的平均生育率已经由 1990 年的 3.2%降至 2021 年的 2.5%。到 2050 年，全球妇女的平均生育率将继续下降到 2.2%。发达国家人口出生率下降的主要原因是：越来越多的妇女参加工作，避孕知识和技术提高。这种人口动向对儿童食品、儿童用品、儿童服装、儿童玩具等行业是一种威胁。因此，近几年来，美国等国家某些经营儿童食品和用品的公司，或者到人口出生率高的国家去寻找市场，或者改行经营其他业务，例如，美国吉宝公司过去经营儿童食品，现在已转向以老年人为对象的人寿保险等盈利较多的行业。另一方面，这种人口动向对某些行业有利。例如，许多年轻夫妇有更多的闲暇时间和收入用于旅游、在外用餐、娱乐，因而给旅游业、旅馆业、体育娱乐业等提供了有吸引力的市场机会，促进了第三产业的发展。

(三) 许多国家的人口趋于老龄化

世界人口老龄化加剧，65 岁及以上人口将成为增长最快的年龄组。目前，全世界约 9%的人口超过 65 岁，到 2050 年，这一比例将达到 16%，届时，欧洲和北美地区 65 岁及以上人口将占总人口的 25%，全世界 80 岁及以上人口将从目前的 1.43 亿增加到 4.26 亿。人口老龄化导致工作年龄段人口比例下降，这将增加社会保障的压力。其中，北非、亚洲、拉美地区未来 30 年老年人人口将翻倍。到 2050 年，人类平均预期寿命将从目前的 72.6 岁增至 77.1 岁。预期寿命地区不均衡状况有所改善，目前，最不发达国家人口的平均预期寿命仍然比世界平均水平短 7.4 岁。

许多国家尤其是发达国家的人口死亡率普遍下降，平均寿命延长。这种人口动向，无论对社会还是对企业的市场营销的影响都将是深刻的。由于人口老龄化，一方面，市场对摩托车、体育用品等青少年用品的需要日益减少；有些国家的老年人一般不再愿意添置住宅、汽车等高档商品，所以，这种人口动向对经营青少年用品、某些高档商品的行业是一种威胁。另一方面，老年人的医疗和保健用品、助听器、眼镜、旅游、娱乐等的市场需要会迅速增加，这样就给经营老年人用品的行业（如旅游业、旅馆业、娱乐业）提供了市场机会，因而今后这些行业将得到迅速发展。

（四）家庭结构发生变化

第二次世界大战结束后的一段时间内，拥有“两个孩子、两辆汽车、郊区家庭”的思想逐渐流行。现在，中国人的离婚率越来越高，而且普遍晚婚，婚后一般都少生孩子，妇女婚后参加工作的人数也在增加。中国家庭的这种变化，引起了市场需求的相应变化。例如，由于普遍晚婚，致使市场对结婚用品的需要减少；由于离婚率很高，很多人离婚后不愿再婚，致使市场对住房、汽车、日托服务等物品或服务的需要增加；SSWD（独身、分居、丧偶、离婚者）群体需要较小的公寓、便宜和小型的器具、家具和设备以及小包装食品。近几十年来，有些东方国家的家庭规模趋于小型化，给经营这些家庭用品的行业提供了市场机会。

（五）非家庭住户迅速增加

这种非家庭住户以美国最具代表性。美国的非家庭住户有三种：

（1）单身成年人住户。包括未婚、分居、丧偶、离婚。美国单身成年人数近 1 800 万人，约占住户总数的 23%。这种住户需要较小的公寓房间、较小的食品包装和较便宜的家具、日用品、陈设品等。

（2）两人同居者住户。这种住户是暂时同居，需要较便宜的租赁的家具和陈设品。

（3）集体住户。即若干大学生住在一起共同生活。

在我国，非家庭住户正在迅速增加，企业应注意和考虑这种住户的特殊需要和购买习惯。

（六）许多国家的人口流动性大

许多国家的人口流动有两个主要特点：

（1）人口从农村流向城市。随着社会分工和商品经济发展，以及工业化和城市化的发展，人口必然不断地从农村流向城市。这对零售商业结构的影响很大，人口环境的发展变化是影响零售商业结构发展变化的一个重要因素。

（2）人口从城市流向郊区。第二次世界大战结束以后，随着城市建设事业的发展，美国等发达国家的大城市人口不断流向郊区。日本的大城市人口比重自 1970 年以后开始下降，同时，东京、大阪、名古屋三大城市 50 公里以内人口逐渐向郊区迁移，而且人口有从“大城市—中等城市—小城市”迁移的趋势。这种人口动向对发达国家企业市场营销的一个重要影响是在郊区住宅区出现了现代化的购物中心，城市商业中心区百货商店为了生存和发展，纷纷在郊区开设分店。这种人口动向无疑也将影响我国企业的市场营销。

二、经济环境分析

企业的市场营销不仅受其人口环境影响，而且受其经济环境影响。进行经济环境分析时，要着重分析以下主要经济因素。

(一) 消费者收入的变化

消费者收入包括消费者个人工资、红利、租金、退休金、馈赠等收入。消费者的购买力来自消费者收入，所以，消费者收入是影响社会购买力、市场规模大小以及消费者支出多少和支出模式的一个重要因素。

(二) 消费者支出模式的变化

消费者支出模式主要受消费者收入的影响。随着消费者收入的变化，消费者支出模式就会发生相应变化。这个问题涉及恩格尔定律。

1857年，德国统计学家恩斯特·恩格尔根据他对英国、法国、德国、比利时许多工人家庭收支预算的调查研究，发现了工人家庭收入变化与各方面支出变化之间比例关系的规律性，称为恩格尔定律。后来，恩格尔的追随者们对恩格尔定律的表述加以修改。目前，西方经济学对恩格尔定律的表述如下：

(1) 随着家庭收入的增加，用于购买食品的支出占家庭收入的比重(恩格尔系数)就会下降。

(2) 随着家庭收入的增加，用于住宅建筑和家务经营的支出占家庭收入的比重大体不变(燃料、照明、冷藏等支出占家庭收入的比重会下降)。

(3) 随着家庭收入的增加，用于其他方面的支出(如服装、交通、娱乐、卫生保健、教育的支出)和储蓄占家庭收入的比重就会上升。

消费者支出模式除了主要受消费者收入影响外，还受以下因素影响：

(1) 家庭生命周期的阶段。有孩子与没有孩子的年轻人家庭的支出情况有所不同。没有孩子的年轻人家庭负担较轻，往往把更多的收入用于购买电冰箱、家具、陈设品等耐用消费品。而有孩子的家庭收支预算会发生变化。十几岁的孩子不仅吃得多，而且爱漂亮，用于娱乐、运动、教育方面的支出也较多，所以，在家庭生命周期的这个阶段，家庭用于购买耐用消费品的支出会减少，而用于食品、服装、文娱、教育等方面的支出会增加。等到孩子独立生活以后，父母就有大量可随意支配的收入，有可能把更多的收入用于医疗保健、旅游、购置奢侈品或储蓄，因此，这个阶段的家庭收支预算又会发生变化。

(2) 消费者家庭所在地点。所在地点不同的家庭用于住宅建筑、交通、食品等方面的支出情况也有所不同。例如，住在中心城市的消费者和住在农村的消费者相比，前者用于交通方面的支出较少，用于住宅建筑方面的支出较多；后者用于食品方面的支出较多。

(三) 消费者储蓄和信贷情况的变化

社会购买力、消费者支出不仅直接受消费者收入的影响，而且直接受消费者储蓄和信贷情况的影响。大多数家庭都有一些流动资产，即货币及其他能迅速变现的资产，包括银行储蓄存款、债券、股票等。储蓄来源于消费者的货币收入，其最终目的还是消费。但是在一定的时期内，储蓄多少会影响消费者的购买力和消费支出。在一定时期内货币收入不变的情况下，如果储蓄增加，购买力和消费支出便减少；如果储蓄减少，购买力和消费支出便增加。

在现代市场经济国家，消费者不仅以其货币收入购买他们需要的商品，而且可以用贷款来购买商品。所谓消费者信贷，就是消费者凭借信用先取得商品的使用权，然后按期归还贷款。消费者信贷的历史由来已久。我国建国以前有些商店平日赊销，逢年过节收账，这也是消费者信贷。第二次世界大战结束以后，由于生产迅速发展，许多商品供过于求，西方各国盛行消费者信贷。消费者信贷主要有四种：

（1）短期赊销。例如，消费者在某家零售商店购买商品，这家商店规定无需立即付清货款，有一定的赊销期限，如果顾客在期限内付清货款，可不付利息；如果超过期限，就要计利息。又如，消费者在某家医院看病，可以先治疗，后付医疗费。

（2）购买住宅时分期付款。消费者购买住宅时，仅需支付一部分房款，但须以所购买的住宅作为抵押，向银行借款购买，以后按照借款合同的规定在若干年内分期偿还银行贷款和利息。买主用这种方式购买房屋，有装修、改造和出售权，而且房屋的价值不受货币贬值的影响。分期付款购买住宅，实质上是一种长期储蓄。

（3）购买昂贵的消费品时分期付款。消费者在某商店购买电冰箱、昂贵家具等耐用消费品时，通常签订一个分期付款合同，先支付一部分货款，其余货款按计划逐月加利息分期偿还。

（4）信用卡信贷。信用卡信贷是指银行根据信用卡持卡人的资信状况给予一定的额度，持卡人可以利用信用卡进行刷卡消费。信用卡贷款偿还方式分为一次性还本和分期偿还两种方式。信用卡购买模式大大地方便了消费者的购买。

三、自然环境分析

企业的自然环境（或物质环境）的发展变化也会给企业造成一些环境威胁和市场机会，所以，企业的最高管理层还要分析其自然环境方面的动向，这个方面的主要动向是：

（一）某些自然资源短缺或即将短缺。

我们可以从以下三种自然资源来加以分析：

（1）取之不尽、用之不竭的资源，如空气、水等。近几十年来，世界各国尤其是现代化城市用水量增加很快（估计世界用水量每20年增加1倍），与此同时，世界各地水资源分布不均，而且每年和各个季节的情况各不相同，所以，目前世界上许多国家面临缺水。这种情况不仅会影响人民生活，而且对工农业企业是一种环境威胁。

（2）有限但可以更新的资源，如森林、粮食等。我国森林覆盖率低，仅占国土面积的12%，人均森林面积只有1.8亩，大大低于世界人均森林面积13.5亩。我国耕地少，而且由于城市和建设事业发展快，耕地迅速减少，近30年间我国耕地平均每年减少810万亩。由于粮食价格低，农民不愿种粮食，转向种植收益较高的其他农作物，这种情况如果长此发展下去，我国的粮食和其他食物（如猪肉等）供应将会成为严重问题。

（3）有限但不能更新的资源，如石油和煤、铀、锡、锌等矿物。近十几年来，由于这类资源供不应求或在一段时期内供不应求，有些国家需要这类资源的企业正面临着或曾面临过威胁，必须寻找代用品。在这种情况下，就需要研究与开发新的资源和原料，这样又给某些企业造成了新的市场机会。

（二）环境污染日益严重

在许多国家，随着工业化和城市化的发展，环境污染程度日益增加，公众对这个问题越来越关心。这种动向对那些造成污染的企业是一种环境威胁，它们在社会舆论的压力和政府的干预下，不得不采取措施控制污染；另一方面，这种动向也给控制污染、研究与开发不致污染环境的包装的企业造成了新的市场机会。3M 公司开展防治污染计划，结果在实际上减少了污染和成本。美国电话电报公司使用一个特殊的软件包来挑选最少的有害原材料，提出有害的废物，减少对能源的使用和改进在产品操作中的循环，麦当劳和汉堡王限制塑料盒和纸巾的使用，用再生纸做包装。

（三）政府对自然资源管理的干预日益加强

2020 年我国首次提出："中国将提高国家自主贡献力度，采取更加有力的政策和措施，二氧化碳排放力争于 2030 年前达到峰值，努力争取 2060 年前实现碳中和。"碳达峰是指我国承诺 2030 年前，二氧化碳的排放不再增长，达到峰值之后逐步降低。碳中和是指企业、团体或个人测算在一定时间内直接或间接产生的温室气体排放总量，然后通过植树造林、节能减排等形式，抵消自身产生的二氧化碳排放量，实现二氧化碳"零排放"。

随着经济发展和科学进步，许多国家的政府都对自然资源管理加强干预。但是，政府为了社会利益和长远利益而对自然资源加强干预，往往与企业的经营战略和经营效益相矛盾。例如，为了控制污染，政府要求企业购置昂贵的控制污染设备，这样就可能影响企业的经营效益。又如，目前我国最大的污染制造者是工厂，如果严格控制污染，有些工厂就要关、停、转，这样就可能影响工业的发展。因此，企业的最高管理层要统筹兼顾地解决这种矛盾，力争做到既能减少环境污染，又能保证企业发展，提高经营效益。

四、科技环境分析

企业的最高管理层要密切注意技术环境的发展变化，了解技术环境和知识经济的发展变化对企业市场营销的影响，以便及时采取适当的对策。

（一）新技术是一种"创造性的毁灭力量"

每一种新技术都会给某些企业造成新的市场机会，因而会产生新的行业，同时，还会给某个行业的企业造成环境威胁，使这个旧行业受到冲击甚至被淘汰。例如，激光唱盘技术的出现，无疑夺走了磁带的市场，给磁带制造商以"毁灭性的打击"。如果企业的最高管理层较有远见，及时采用新技术，从旧行业转入新行业，就能求得生存和发展。

（二）新技术革命有利于企业改善经营管理

第二次世界大战结束以来，现代科学技术发展迅速，一场以微电子为中心的新技术革命正在蓬勃兴起。目前，发达国家的许多企业在经营管理中都使用电脑、传真机等设备，这对于改善企业经营管理、提高经营效益起了很大作用。现在，零售商店已普遍使用小型 POS 机，这大大提高了工作效率。

21 世纪以来，全球进入大数据时代，通过大数据来细分、挖掘和满足需求，结合相应的效果反馈机制、综合评估分析，结合大数据的精准化、智能化的营销，在企业经营管理改进方面发挥着越来越重要的作用。例如，通过大数据可以从市场中获取较以往更加全面和完整的消费者数据，企业通过分析这些数据，可以更真实地掌握消费者的信息，更准确地发现消费者的需求，根据数据来制定适合消费者需求的营销模式和营销组合。另外，大数据可以分析用户特征、消费行为、需求特点，同时，平台、载体、人群的选择让营销更精准，从而促进营销行为的精准性，改变行业内原本的营销战略和手段，提高企业的营销效率。

（三）新技术革命会影响零售商业结构和消费者购物习惯

随着网络的发展，越来越多的商家开始注重网络渠道的开发，越来越多的消费者习惯于网上购物，新技术大大地影响了零售商业结构和消费者购物习惯。大数据技术能够通过分析海量的相关数据，发现并总结出消费者的消费习惯，根据消费者的习惯来进行预测，设置特定的场景来激发消费者的购买行为。

五、政治法律环境分析

名人名言

企业除了必须有正确的经营观念以及诚实而努力地经营外，还需要政治上有适当的政策支持以及其他各种措施相配合，企业的努力才会产生效果。反之，如果政治措施不得当，经营努力很可能会成为泡影。所以，身为经营者也还要关心政治，向执政者提出适当的建议或要求，使政府政策能与正常的企业经营努力相配合，这是极为重要的。

——松下幸之助

企业的市场营销决策还要受其政治和法律环境的影响。政治和法律环境是那些影响社会上各种组织和个人的法律、政府机构和压力集团。这里着重阐述以下三个方面。

（一）与企业市场营销有关的经济立法

企业必须懂得本国和有关国家的法律和法规，才能做好国内和国际市场营销管理工作，否则，就会受到法律制裁。美国等发达国家的经济相关法律，有些是为了保护竞争，有些是为了保护广大消费者的利益，还有些是为了防止环境污染，保护社会利益。近几年来，为了健全法制，加强法制建设，适应经济体制改革和对外开放的需要，我国陆续制定和颁布了一些经济法律和法规，如《中华人民共和国产品质量法》《中华人民共和国食品卫生法》《中华人民共和国商标法》《中华人民共和国价格法》《中华人民共和国反不正当竞争法》《中华人民共和国广告法》《中华人民共和国消费者权益保护法》《中华人民共和国专利法》等。

（二）群众利益团体发展情况

群众利益团体是一种压力集团。在发达国家，影响企业市场营销决策的群众利益团体主要是保护消费者利益的群众团体以及保护环境的群众利益团体等。这些群众利益团体疏通政府官员，给企业施加压力，使消费者利益和社会利益等得到保护。因此，这些国家许多公司都设立法律和公共关系部门来负责研究和处理与这些群众利益团体的关系问题。

世界各国都陆续成立了消费者联盟，它们监视企业的活动，发动群众与企业主的欺骗行为作斗争，给企业施加压力，以保护消费者利益。目前，消费者运动已经成为一种强大的社会力量，企业的最高管理层作市场营销决策时必须认真考虑这种政治动向。

经国务院批准，中国消费者协会于 1985 年 1 月在北京成立。其任务是：宣传国家的经济（特别是有关消费方面的）方针政策；协助政府主管部门研究和制定保护消费者权益的立法；调查消费者对商品和服务的意见与要求；接受消费者对商品和服务的质量、价格、卫生、安全、规格、计量、说明、包装、商标、广告等方面的投诉。中国消费者协会及相继成立的地方协会认真受理广大消费者的投诉，积极开展对商品和服务质量、价格的监督检查，并采取多种形式指导消费，尽可能地保护消费者利益，受到广大消费者的好评。

（三）全球化与“反全球化”

全球化为世界各国提供了巨大的机遇、潜力与可能，是人类社会发展的趋势，它已成为当今时代的主题之一。全球化将庞大的地球变成一个“地球村”，并深刻影响着其中的每个国家、社会乃至个人。首先，全球化促进了自由贸易和劳动力自由流动，让世界资源实现最优配置成为可能。企业家可以利用世界上任一地方的资金、技术、信息以及劳动力，在任一地方进行生产，然后将产品销往任一有需求的地方。其次，全球化带来了文化的全球交流与发展。如今，人们生活的文化环境已超越国家和民族的界限，全球化慢慢改变着人们原有的思维方式，融入并接受新的人生观、世界观、价值观。

虽然全球化已成为一种不可抗拒的客观现实，但人们对其认识和态度还存在巨大分歧。全球化浪潮给人类带来了许多新的挑战，以经济全球化为例，其加剧了发达国家间和发达国家内部经济利益的冲突，加剧了发达国家与发展中国家之间的矛盾，同时也加剧了全球范围内文明和价值观的冲突。对很多人来说，教育、就业、收入、健康、文化、环境等切身问题都变得更加不确定、不安全。这导致了“反全球化”运动的兴起。

总的来看，“反全球化”已经对世界经济与政治的发展产生了重要影响。首先，“反全球化”对经济全球化的发展方向和利益分配产生了一定的影响。其次，“反全球化”为发展中国家加强南南合作奠定了新的基础。再次，“反全球化”使发达国家国内政府、企业和劳动者之间的关系出现调整。最后，“反全球化”更易被发达国家利用，成为其实施贸易保护主义，对发展中国家经济发展施加限制的新借口。

面对全球化与“反全球化”的博弈，中国应积极推动并广泛参与全球化，利用全球化机遇，加速工业化、现代化、法治化进程，并尽可能地分享全球化利益、降低全球化游戏规则中不平等因素带来的负面影响，同时努力探寻可持续的发展模式，积极构建创新、活力、联动、包容的世界经济，为全球化赋予新的生命与活力，开创有益于建立全人类利益共同体和命运共同体的全球化新格局。

六、社会文化环境分析

随着人类文明的发展，各种文化也逐渐产生，包括一定的态度和看法、价值观念、道德规范以及世代相传的风俗习惯等。文化是影响人们欲望和行为（包括企业顾客的欲望和购买行为）的一个很重要的因素。例如，我国人民（包括侨居异国的华人）每逢农历新年都要进行大扫除，购买年货，有些人家门口贴上春联，有些地区举行庙会，人们互相拜年，欢度春节；西方人每逢 12 月 25 日就大量购买节日用品和各种食品、日用品、圣诞树、礼品，互送圣诞贺卡,欢度圣诞节。人们的这种欲望和行为是受其传统文化影响。企业的最高管理层作市场营销决策时必须研究这种文化动向。

(一) 必须了解和考虑各国的文化差异

不同国家的人民对事物有着各自不同的态度和看法,他们有着各自的风俗习惯,企业的最高管理层作国际市场营销决策、和外商洽谈生意时必须了解和考虑各国的文化差异。

由于东方人和西方人对事物的态度和看法、风俗习惯有很大差异,因此,东方国家企业和西方国家企业的促销方法有所不同。日本的文化是把和谐放在首位,所以日本企业的广告宣传往往突出人们对产品的共性,而常常忽视个性;相反,西方人喜欢看到的恰恰是个性,所以西方广告公司往往充分利用产品的个性。企业的最高管理层在国际市场营销工作中作产品促销决策时如果不了解和考虑东西方的文化差异,就不能实现潜在交换并取得成功。

市场营销人员与外商洽谈生意时也必须熟悉对方的风俗习惯和商业习惯。例如,日本人有其独特的礼节,最忌讳在洽谈生意时在这方面造次,更不能拿礼节开玩笑,并且最好是送点礼物表示情谊;和沙特阿拉伯的买主谈判时,绝不可问及对方的妻子;和墨西哥人洽谈生意时,问候对方的夫人则是必需的礼貌。如果不了解对方的风俗习惯,就会造成双方误会,影响成交。

(二) 着重调查研究亚文化群的动向

每一种社会或文化内部都包含着若干亚文化群,它由有着共同的价值观念体系所产生的共同生活经验或生活环境的人类群体所构成,如青少年、知识分子等。这些不同的人群虽然有一些世代相传的相同信念、价值观念和风俗习惯,但是,由于他们各有不同的生活经验和环境,又有一些不同的信念、价值观念、风俗习惯、兴趣等,因而他们的欲望和行为也有所不同。

民风习俗是社会发展中长期沿袭下来的礼节、习惯的总和。纵观国际市场,不同地域、民族都有其不同的文化背景、习俗和宗教信仰。习俗的需求影响消费行为,如果迎合习俗,可给企业带来许多营销机会。前几年,河南杜康酒厂成功地开拓日本市场就是很好的例证。日本人有喜欢龟的习俗,该厂把酒瓶做成龟的模样,突出长寿吉祥的象征,从而在日本市场掀起了杜康热,一时间人们纷纷急购。一般而言,我国以左为尊,日本以右为尊,日本汽车方的向盘在右边,我国则在左边。日本汽车企业为了使产品打入中国市场,将出口中国的汽车方向盘一律改在左边,适应了中国人的习惯。在国际商务活动中,讲话时不恰当使用手势以示强调也容易破坏商业上的关系,导致合作失败。在一些国家,任何快速动作均被视为异乎寻常和不友好。同样,把握手和拍打他人肩膀视为商界正常举动的习惯也可能与不喜欢随便碰触他人的风俗不相协调。

(三) 图腾文化与市场营销禁忌

图腾是一种极其古老的东西。“图腾(totem)”一词从北美奥日贝人的土语转化而来,原意为“种族”、“家庭”,代表原始社会中的一种社会体制。简单地说,图腾是原始社会作为民族或氏族血统的标志并当作祖先来崇拜的动物或植物等。当时,处于野蛮和蒙昧时期的原始人还无法解释人类起源的奥秘,但却凭借新奇、大胆的想象创造了璀璨绚丽的图腾传说。他们笃信人类群体与某一物种之间存在着特殊的超自然关系,视某种动物或植物为自己部落的祖先并加以崇拜。这种万物有灵的思想创造出人类最早的文化和精神文明。

图腾文化是民族文化的主要源头，它渗入到市场营销工作的全过程，往往决定着市场营销活动的成败。人们认为现在世界上有三大文化体系：东方文化、西方文化和伊斯兰文化。每种文化中都闪耀着图腾文化的光辉。图腾文化影响着一个社会的各个方面，包括影响工商企业的行为，并构成企业文化的基础。图腾文化能够渗透到企业市场营销的全过程中，例如，从产品设计、包装、商标、渠道选择、定价直到促销手段的筛选和售后服务的配套，都要考虑能否被特定消费者群（图腾文化群）所接受，任何一个成功的市场营销活动必须首先能够适应特定的图腾文化环境。

第二节　市场微观环境

微观环境是指对企业服务其顾客的能力构成直接影响的各种力量，包括企业本身及其市场营销渠道企业、市场、竞争者和各种公众，这些都会影响企业为其目标市场服务的能力。另外，微观环境各因素不可避免地会受到宏观环境的影响。

企业市场营销微观环境构成因素如图 2-2 所示。

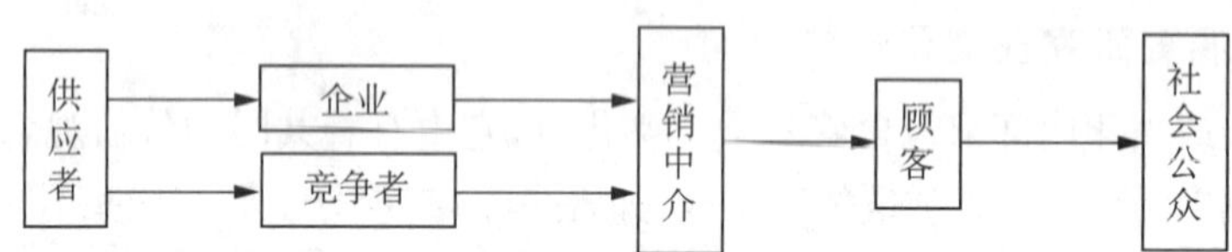

图 2-2　企业市场营销微观环境构成因素

一、企业内部环境分析

企业本身包括市场营销管理部门、其他职能部门和最高管理层。企业为实现其目标，各个部门分别进行着不同的业务活动，如制造、采购、研究与开发、财务管理、市场营销等。对于市场营销部门而言，不仅要考虑其他各部门（如制造部门、采购部门、研究与开发部门、财务部门）的情况，妥善处理好同各部门之间的关系，同时要与这些部门密切协作，共同制定年度及长期计划，而且要为最高管理层的决策及时提供相关的市场信息，并以最高管理层制定的企业任务、目标、战略和政策为依据，制定市场营销计划。

企业的内部环境对企业的营销活动有着十分重要的影响。

（一）营销计划目标必须服从企业的整体战略目标

一般来说，企业的高层管理部门负责制定企业的使命、目标、总体战略和政策。营销部门必须依据高层管理部门的规划来作决策，而且营销计划必须经由高层管理部门的同意方可实施。

（二）营销决策与执行必须有各部门的密切合作

单靠营销部门是无法进行营销决策和执行活动的。营销部门需要其他职能部门的通力合作:财务部门负责寻找和使用实施营销计划所需的资金;研究与开发部门研制安全而吸引人的产品;采购部门负责供给原材料;生产部门生产品质和数量都合格的产品;会计部门核算收入与成本,以便管理部门了解是否实现预期目标。可见,这些部门都对营销部门的计划和行动产生影响。

企业对营销内涵与作用的认识是随着市场竞争状况不断加剧而逐步提高的。在卖方市场的年代里,营销功能最多只是被看作几个具有同等重要性的商业功能之一。企业的其他部门,特别是制造部门和研究开发部门往往不愿看到营销有什么建树,因为这会威胁到它们在组织中的地位。在当前的买方的市场中,许多企业都意识到市场营销不能只看作营销部门的事。企业不仅要协调好营销部门与其他职能部门的关系,更需要将营销文化深入到每一个员工的心中,全体动员起来,随时有效地对顾客需要的各种变化作出反应。这种整合营销、全员营销的理念为营销活动的开展创造了极佳的内部环境。

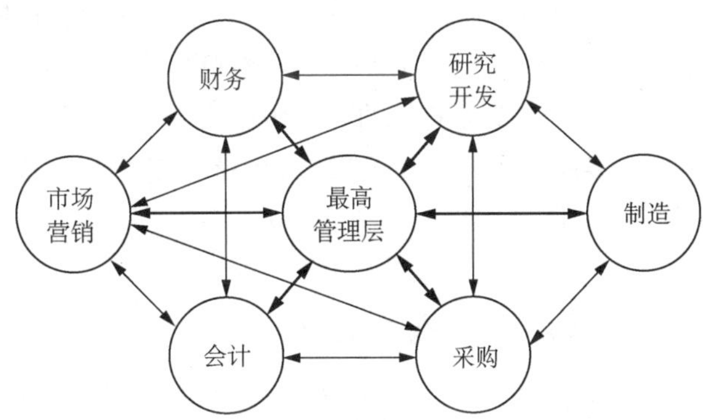

图 2-3　市场营销微观环境中的企业

二、企业外部环境分析

(一) 供应商

供应商是影响企业营销微观环境的重要因素之一。供应商是指向企业及其竞争者提供生产经营活动所需资源的企业或个人。供应商所提供的资源主要包括原材料、设备、劳务、资金等。如果没有这些资源作为保障,企业就无法正常运转,也就无法提供给市场所需要的产品。因此,社会生产活动的需要形成了企业与供应商之间的紧密联系,这种联系使得企业的所有供货单位构成了对企业营销活动最直接的营销和制约力量。供应商对企业营销活动的影响主要表现在以下三个方面。

(1) 供货的稳定性与及时性。原材料、零部件、能源及其设备等货源的保证,是企业营销活动顺利进行的前提。例如,粮食加工厂不仅需要谷物进行粮食加工,还需要具备人力、设备、能源等其他生产要素,才能使企业的生产活动正常开展。如果供应量不足或供应短缺,都可能影响企业按期完成交货任务。这从短期来看,损失了销售额;从长期来看,则损害企业在顾客中的信誉。因此,企业必须和供货人保持密切的联系,及时了解和掌握供货人的变化和动态,使货源的供应在数量上、时间上和连续性上能得到切实的保证。

(2) 供货的价格变动。毫无疑问,供货的价格直接影响企业的成本。如果供应商提高原材料价格,生产企业将被迫提高其产品价格,由此可能影响到企业的销售量和利润。企业要注意价格变化趋势,特别是对原材料和主要零部件的价格现状及趋势更要做到心中有数,这样才能使企业应变自如,不至于面对突然情况而措手不及。

(3) 供货的质量水平。供货的质量包括两个方面:一方面是指供应商所提供的商品的质量,如果提供的商品质量不高,或有这样那样的问题,企业生产出来的产品就不可能是高质量的产品;另一方面是指各种售前和售后服务水平,有的机器设备需要有优良的维修服务保障,才能维持机器设备的质量水平。例如,机器设备中的易耗部件的货源保证与有效更换就非常必要。所以,供应货物的质量也直接影响企业产品的质量。

针对上述影响,企业在寻找和选择供应商时,应特别注意两点:第一,企业必须充分考虑供应商的资信状况。要选择那些能够提供品质优良、价格合理的资源,交货及时,有良好信用,在质量和效率方面都信得过的供应商,并且要与主要供应商建立长期稳定的合作关系,保证企业生产资源供应的稳定性。第二,企业必须使自己的供应商多样化。企业过分依赖一家或少数几家供货人,受到供应变化的影响和打击的可能性就大。为了减少对企业的影响和制约,企业就要尽可能多地向多个供应商采购,尽量避免过于依靠单一的供应商,以免当与供应商的关系发生变化时陷入困境。

(二) 营销中介

营销中介是指协助企业促销、销售和配销其产品给最终购买者的企业或个人,包括中间商、实体分配机构、营销服务机构和财务中间机构。这些都是市场营销不可缺少的环节,大多数企业的营销活动,都必须通过它们的协助才能顺利进行。例如,生产集中与消费分散的矛盾,就必须通过中间商的分销来解决;资金周转不灵,则须求助于银行或信托机构等。正因为有了营销中介所提供的服务,才使得企业的产品能够顺利地到达目标顾客的手中。随着市场经济的发展,社会分工愈来愈细,这些中介机构的影响和作用就会愈来愈大。因此,企业在市场营销过程中,必须重视中介组织对企业营销活动的影响,并要处理好同它们的合作关系。

(1) 中间商。中间商是协助企业寻找客户或直接与顾客进行交易的企业,包括商人中间商和代理中间商。其中,商人中间商是从事商品购销活动,并对所经营的商品拥有所有权的中间商,如批发商和零售商等;代理中间商是协助买卖成交,推销产品,但对所经营的商品没有所有权的中间商,如经纪人和制造商代表等。

(2) 实体分配公司。实体分配公司是协助企业储存产品和把产品从原产地运往销售目的地,为商品交换和物流提供便利,但不直接经营商品的企业和机构,包括仓储公司和运输公司。其中,仓储公司是在货物运往下一个目的地前专门储存和保管商品的机构;运输公司是指从事铁路、公路、航空、海运等运输,负责把商品从一地运往另一地的机构。在现代市场经济条件下,生产企业一般都通过实体分配公司来进行储存产品、运输产品等工作,因为这样分工比较经济,且效率较高。

(3) 市场营销服务机构。市场营销服务机构是指市场营销调研公司、市场营销咨询公司和广告公司等,它们协助企业选择最恰当的市场,并帮助企业向目标市场推销产品。

(4) 金融机构。金融机构包括银行、信贷公司、信用社和保险公司以及其他对货物购销提供融资和保险的各种公司。

(三) 市场

(1) 消费者市场。即那些为了满足个人与家庭的消费需求而购买商品和服务的消费者群体。

(2) 生产者市场。即那些为了增加赢利或达到其他目的而购买产品或服务,然后再进一步加工生产的组织。

(3) 中间商市场。是指通过转售和服务以期获得利润的市场。

(4) 非盈利组织市场。是指为提供公共服务或将商品与服务转给需要的人而购买商品和服务的政府和非盈利机构。

(5) 国际市场。指国外买主,包括国外的消费者、生产者、中间商和政府等。

上述每一种市场都有其独特的顾客及不同的需求,这些市场上的顾客的不同需求必定要求企业以不同的服务方式提供不同的产品(包括劳务),从而制约着企业营销决策的制定和服务能力的形成。因此,企业要认真研究为之服务的不同顾客群,主要研究其类别、需求特点、购买动机及购买行为等,使企业的营销活动能针对顾客的需要,符合顾客的愿望。

(四) 竞争者

竞争是商品经济的基本特性,只要存在着商品生产和商品交换,就必然存在着竞争。企业在目标市场进行营销活动的过程中,不可避免地会遇到竞争者或竞争对手的挑战。只有一个企业垄断整个目标市场的情况是很少出现的,即使一个企业已经垄断了整个目标市场,竞争对手仍然有可能参与进来。因为只要存在着需求向替代品转换的可能性,潜在的竞争对手就会出现。

从消费需求的角度划分,企业的竞争者可划分为愿望竞争者、属类竞争者、形式竞争者和品牌竞争者。

(1) 愿望竞争者(也称欲望竞争者)。是指提供不同产品以满足不同需求的竞争者。假如某企业是电视机制造商。生产冰箱、洗衣机、地毯等不同产品的厂家就是愿望竞争者。因为如何促使消费者更多地购买电视机而不是其他产品,就是一种竞争关系。

(2) 一般竞争者(也称平行竞争者)。指以各种不同产品来满足消费者某种愿望的竞争者。例如,满足消费者对交通工具需求的自行车生产者、摩托车生产者和汽车生产者之间的竞争,就是一般竞争。

(3) 产品形式竞争者。指以某种产品的不同款式或型号来满足消费者某种愿望的竞争者。例如,自行车商中普通自行车生产者和山地车生产者之间的竞争,就是产品形式的竞争。

(4) 品牌竞争者。指以某一产品的不同品牌来满足消费者同种愿望的竞争者。例如,手机厂商中华为手机和苹果手机之间的竞争,就是品牌竞争。

(五) 社会公众

社会公众是指对企业实现其市场营销目标构成实际或潜在影响的团体。每个企业的周围均有七类社会公众。

(1) 金融公众。指那些关心和可能影响企业取得资金能力的组织或机构,如银行、投资公司、财务公司、证券公司等。

(2) 媒体公众。主要指具有广泛影响的大众媒体，如报纸、杂志、广播、电视等。这些媒体对企业的声誉具有举足轻重的作用。

(3) 政府公众。指与企业业务经营活动有关的政府机构。如行政主管部门、财政、税收、工商、物价、商检等部门。

(4) 团体公众。指消费者权益保护组织、环境保护组织、少数民族组织及其他群众组织。这是企业不可忽视的力量。

(5) 地方公众(也称当地公众)。指企业所在地附近的居民群众、地方官员和社区组织。企业要协调好与当地公众的关系，避免与周围公众发生利益冲突，同时还应该对公益事业作出贡献。

(6) 一般公众。指社会上的社会民众和消费者。企业需要了解一般公众对企业、企业活动及企业产品的印象和态度，力争在一般公众中建立起良好的形象，这对企业的长远发展有着重要的影响。

(7) 企业内部公众。指企业内部的人员，包括董事会、经理、员工等。企业要经常对员工进行沟通和激励，因为企业内部公众的态度会影响企业与外部公众的关系。

以上社会公众都与企业的市场营销活动有着直接的关系，企业的营销活动会影响周围各种公众的利益，公众也能便利或妨碍企业实现其经营目标。所以，企业的市场营销活动不仅要针对目标市场的顾客，而且要考虑社会公众，采取适当的措施，与周围的公众保持互利互惠的良好关系。

第三节 SWOT 分析

企业开展环境分析的直接目的在于判断与企业发展相关的机会和威胁，以作为企业进行营销战略规划的依据之一。营销规划的一个重要原则是：充分发挥企业自身具备的优势，以捕捉环境中出现的有利企业生存与发展的机会，对抗环境中出现的不利企业生存与发展的威胁。扬长抑短、避实就虚是营销成功的要义。

名人名言

虽然我们生活在一个充满机遇的年代，但机遇只留给有准备的人。

——杨利伟

一、SWOT 分析

SWOT 分析是营销分析中经常采用的一种方法，它把环境分析和企业分析结合一起，形成对企业营销战略地位的综合判断，作为企业制定营销战略的基础。S 指优势(Strength)，W 指劣势(Weaknesses)，O 指机会(Opportunities)，T 指威胁(Threats)，SWOT 分析即是对企业面临的机会、威胁和企业具备的优势、劣势的分析。机会与威胁是企业外部的，优势与劣势是企业内部的，内外部结合起来分析，考虑问题就全面了。把企业内部分析结合到本节来讨论是出于这样的考虑：环境分析必须与企业分析相结合，既强调从企业角度对环境进行分析，又强调从环境角度对企业进行思考。

二、SWOT 战略

SWOT 通过对企业自身具备的优势(S)和劣势(W)的分析来判断企业的实力，通过对环境中的机会(O)和威胁(T)分析来判断企业环境的吸引力，通过企业实力和环境吸引力来判断企业营销战略。这里的优势是指企业的能力与资源较竞争对手强的地方，劣势是指企业的能力与资源不如他人的地方，这里的优势或劣势，劣势是具有相对的含义，敌我共有的优势或劣势不能算为优势或劣势。机会与威胁是指企业面临环境中已经出现、正在出现或即将出现的一种变动趋势或事件，如果这种趋势或事件对企业营销活动有利，它则是一种机会；如果不利对企业的营销活动不利，则是一种威胁。有利是指，企业如果抓住它，则营销战略地位会得到改善；不利是指，企业如果无法回避或应对它，则企业营销战略地会遭受损害。优势、劣势、机会、威胁形成对企业营销战略地位的判断，著名的波士顿矩阵或 GE 九方图都是基于这样一个出发点的。因此，优势、劣势、机会、威胁对企业营销战略选择起着重大的制约作用，对应于 SWOT 的营销战略原则如表 2-1 所示。

表 2-1 优势、劣势、机会、威胁的营销战略原则

SWOT 的判断	应遵循的营销战略原则
优势+机会(SO 战略)	开拓原则(Aggressive)
优势+威胁(ST 战略)	抗争原则(Striking)
劣势+机会(WO 战略)	争取原则(Move-over)
劣势+威胁(WT 战略)	保守原则(Conservative)

(一) SO 战略

如果企业面临着很好的发展机会，又具备很强的实力，企业就要坚定不移地实施开拓型的营销战略，充分发挥优势来捕捉机会，绝不能犹豫不决而坐失战机。开拓型的营销战略可以用产品/市场矩阵的不同战略原则来选择不同的途径，具体包括：充分发挥自己产品优势的市场发展战略(现有产品在新市场中推进)；充分发挥自己品牌优势的产品发展战略(现有市场中推出新产品)；充分发挥自己差异化优势的市场渗透战略(现有产品在现有市场上渗透)；充分发挥自己优势的多角化发展战略(新市场推出新产品，迈进全新业界和全新市场中去)，如图 2-4。

	老市场	新市场
老产品	市场渗透（差异化优势）	市场发展（产品优势）
新产品	产品发展（品牌优势）	多角化（实力优势）

图 2-4 产品/市场发展战略原则

（二）ST 战略

如果企业面临这很大的威胁，而又具备较强的实力，企业就要充分发挥自己的优势，以对抗环境中的威胁，争取竞争中的主动权。抗争的成功在于对威胁的准确判断和对实力的充分发挥。寻找时间差、区位差、层次差，使企业的资源和能力得到最充分地发挥，使得威胁削弱、转化或分散，其负面影响降低到最低程度。

（三）WO 战略

如果企业面临着很好的机会，但缺乏相应的实力，企业就应最大限度地调动各方面的积极性，对实力充分利用和对外力有效借助，争取尽可能多地捕捉住出现的机会，取得最大的发展。

（四）WT 战略

如果企业面临着极大的威胁，而自身的实力又非常薄弱，处于极其被动的境地，企业别无选择，只能采取低态势，保守过关。保守型营销战略又有维持、局部收缩、全面收缩和战略转移之分。

本章小结

市场营销环境由能影响企业运作及其绩效的所有行动者和力量组成。成功的企业总能认识到在营销环境中存在着永无止境的机会和威胁。

市场营销环境是一个多因素、多层次而且不断变化的综合体。它具有客观性、差异性、相关性、动态性、不可控性等特点。企业营销活动既要适应环境，又要设法改变环境。

一般来说，市场营销环境主要包括微观环境和宏观环境两方面的构成要素，前者又可称为直接营销环境，后者也可称为间接营销环境。微观环境直接影响和制约企业的市场营销活动，宏观环境主要以微观营销环境为媒介间接影响和制约企业的市场营销活动。两者之间并非并列关系，而是主从关系，是直接营销环境受制于间接营销环境。

企业的微观环境要素，是指与企业联系紧密，直接影响其营销能力的各种参与者，这些参与者包括企业的供应商、营销中间商、顾客、竞争者以及社会公众和影响营销管理决策的企业内部各个部门。

企业的宏观环境要素，是指影响企业微观环境的巨大社会力量，包括人口、经济、政治、法律、科学技术、社会文化及自然地理等多方面的因素。

思考题

1. 市场营销环境具有哪些特点？
2. 微观营销环境与宏观营销环境之间存在什么关系？
3. 怎样分析市场营销环境对市场营销活动的影响？
4. 什么是市场机会？什么是环境威胁？简述企业对市场机会和环境威胁可能选择的对策。
5. 请结合你身边感受最深的环境变化，说出它对企业营销活动的启示。
6. 请你结合实际说明，在市场环境快速变化的今天，企业如何应对自如？

古代营销故事

流放富豪卓氏的致富史

《史记·货殖列传》记载了这样的一则故事：富商卓氏，原为赵国邯郸(今河北邯郸)人。其祖父辈经营冶炼铁矿致富，后来秦国打败赵国，流放富豪，卓氏也在其中。赵国被掳获的人中，稍有钱财者，都争相贿赂秦国负责迁徙的官吏，要求迁到经济较为发达且与赵国较近的葭萌。但卓氏目光远大，他说："葭萌这个地方狭小瘠薄，我听说汶(岷)山之下有肥沃的原野，有铁矿，长有如蹲鸱形的大芋头，到了凶年仍不饥荒，人们照常在街市做工经商"。于是，他请求迁徙到以产铁矿著名而尚未开发的临邛(今四川邛崃)地区。到达该地后，他利用当地有丰富铁矿资源这个有利条件，结合自己鼓铸世家的专长，加之邻近地区又是急需铁工具的少数民族聚居之处，于是大量招雇廉价劳动力，开采铁矿，熔铸生铁，重操旧业。因当地原来的生产工具十分落后，先进的铁制工具十分畅销，往往供不应求。再加上当地土地肥沃，可作替代粮食的野生植物丰富，有利于降低成本，故获利十分丰厚。由于他善于发现和利用有利条件，终于成为滇蜀一带的首富，拥有家僮达千人之多，司马迁说他："田池射猎之乐，拟于人君"，可见其富有的程度了。

善于发现和利用有利条件，发挥自己的优势，抓住机遇，最终成功。

清代名医

清代名医叶天士，不仅会医病，还会医穷。乾隆皇帝赐给叶天士一块匾：天下第一名医。有一天，叶天士正在给人看病，来了个穷人，大言不惭地说："叶大夫，听说你包治百病，看看我这穷病能不能治啊?"看病的人都很生气，认为这人是来砸场子的。叶天士却不慌不忙地给了穷汉一个橄榄核，让他回家把橄榄核埋在院子里，不到一年穷病就能治好。穷汉半信半疑，又不好说什么，只好拿着橄榄核走了，其他患者也莫名其妙。

第二年，穷汉家的橄榄发芽抽枝，长了一树的叶子，可是根本不到结橄榄的时候，即使结橄榄，一树橄榄也卖不了几个钱。没想到这年瘟病流行，需要橄榄叶子才能治，人们纷纷到穷汉家买橄榄叶子，叶子摘完还能长，一年挣了不少钱。原来叶天士根据天气情况，早就料到第二年会发瘟病，提前让穷汉种橄榄，做了预防措施。穷汉很高兴，提了重礼来感谢叶天士。

叶天士靠对医学的精通，料定第二年人们都需要橄榄叶，才敢开这味"药方"，在自己专业领域做强是很有必要的。

案例分析

宁德时代，锂电顺势而为

作为国内动力电池行业龙头的宁德时代，在前段时间市值成功突破万亿元大关，成为创业板首家市值破万亿元的企业。2021 年 6 月 4 日午盘后，宁德时代股价直线拉升，股价上涨

5.35%至436.99元，总市值达10 179.8亿元。

仅从市值来看，宁德时代已经成为中国汽车及零部件行业之中市值最高的企业。当国内的新能源造车“三剑客”蔚来、理想、小鹏在美股市场上股价反复起伏之时，形成对比的是，宁德时代的股价近期几乎是一路向上。

自宁德时代2018年6月登陆创业板后，不到三年的时间里市值暴涨超十倍，加入到中国仅有贵州茅台、五粮液、工商银行、农业银行、建设银行、招商银行、中国平安、中国人寿八家的万亿元市值俱乐部。

从这其中似乎可以发现，白酒、银行、保险是当前中国股市格局中最具代表性的三个行业，而宁德时代作为汽车零部件企业，其突破万亿元市值意味着万亿元科技股时代终于来临。但是，宁德时代为什么能做这第一名？

一、时代：生活电子化时代来临

宁德时代成立于2011年，公司的前身是消费锂电龙头ATL动力团队，宁德时代创始人曾毓群便是创立ATL的合伙人之一。

ATL所积累的锂电经验是支撑曾毓群踏入动力电池行业的一大支柱。ATL全称Amperex Technology Limited（新能源科技有限公司），是由曾毓群与朋友共同合伙于1999年创立，主要涉足聚合物锂电池。

从2000年开始，全球MP3、移动手机等电子设备产品数量迅速提升，因此，主攻小体积聚合物锂电池的ATL追赶上了这波红利，迅速发展成为一流的消费锂电代工厂，迅速实现了盈利。2004年，ATL开始为苹果供应MP3电池。随着ATL为苹果供货，名气逐渐在国际市场上打响。2005年，日本TDK公司（东京电气化学工业株式会社）全资收购了ATL，为宁德时代的诞生埋下了一个种子。

当乔布斯在台上正式发布初代iPhone后，苹果在智能手机行业上势如破竹，ATL也伴随着iPhone在全球市场攻城略地。头顶iPhone电池供应商的光环，ATL成为各大手机厂商的选择，华为、三星等手机企业均是ATL的客户。有说法称，在消费电子领域，ATL已经是电池行业的全球第一，虽然这种说法并没有数据支撑，但ATL在全球消费锂电行业的地位无可动摇。

ATL在锂电领域的积累，为后来CATL（宁德时代）的起到极重要的作用。但对于曾毓群来说，也许并不会想到自己会从消费电子领域跨入到动力电池赛道。2011年，宝马找到已经成为全球聚合物锂电龙头的ATL，寻求生产车用动力电池。在当时，全球专用于乘用车的动力电池产品寥寥无几，在这个机遇的推动下，曾毓群决定加入到动力电池行业之中。

在由国家发改委、商务部联合发布的《外商投资产业指导目录》2011年修订版中，对外资在国内生产动力电池进行限制，因此，受TDK全资控制的ATL没有直接生产动力电池的资格。就这样，曾毓群带着ATL的动力团队独立出来，在宁德成立了时代新能源科技有限公司（Contemporary Amperex Technology Ltd，简称CATL）。

经过与宝马合作之后，曾毓群带领着宁德时代迅速累积了大量动力电池制造经验，并成为宝马集团在大中华地区唯一的电池供应商。为后来宁德时代踏上万亿元之路打下了基础。

二、政策：新能源政策利好

宁德时代似乎是被时代眷顾的宠儿。

2012年，国务院发布了《节能与新能源汽车产业发展规划》，其中，以推动电动汽车与插电混合动力汽车产业化作为重点工作对象。2015年，工信部发布《汽车动力蓄电池行业规范条件》，在其中推出了动力电池企业“白名单”，这份名单就如同国内电池厂商的保护伞，在国际上占据领先地位的松下、LG都被排除在名单外，失去在国内的竞争资格，宁德时代作为本土动力电池厂商，成为首批入选的企业之一。

在政策的保护之下，宁德时代是发展迅速，快速地攀爬至国内领先地位。2016年，宁德时代动力电池的出货量为6.72 GWh，在全球排名居于松下、比亚迪之后。2017年，宁德时代动力电池的出货量增至11.8 GWh，同比增长73%，爬升至全球第一的位置。

席卷全球的新冠疫情贯穿了整个2020年，一股新能源汽车的浪潮让整个造车行业陷入沸腾，作为生产电动汽车动力心脏的宁德时代，自然伴随着这场浪潮一路高歌。

2020年2月初，宁德时代发布公告称将从7月开始向特斯拉供应锂离子电池。除了与电动汽车头部企业的特斯拉形成合作，宁德时代更是国内造车新势力的首选。仅在2020年，蔚来、小鹏、理想三家的电池装机量中，宁德时代分别占到100%、83.1%、70.07%。

事实上，宁德时代在国内并非没有竞争对手。作为国内汽车产业链上的一环重要存在，比亚迪早在2003年便开始涉足汽车产业链，覆盖了整个汽车制造的多个环节，其中自然包括动力电池。但是由于比亚迪自身有制造整车的需求，且当时比亚迪更多地关注新能源客车，因而比亚迪的动力电池仅供应给自己旗下生产的汽车使用，没有对外商用。

正是因为如此，2017年国内新能源乘用车产量大幅增长约72%，突破47万辆，这波快速增长的红利几乎被宁德时代吃尽，帮助宁德时代2017年动力电池出货量登顶了全球第一的位置。

三、行业：到有鱼的地方钓鱼

诚然，无论是政策红利还是行业风向，运气也是实力的一部分。无法否认的是，宁德时代在动力电池上有着很强的竞争力。在宁德时代万亿元市值的背后，是什么在支撑起这么高的市值？

其一是整个行业的高速发展，未来前景广阔。

根据前瞻产业研究院的统计数据显示，当前全球动力锂电池行业市场规模约在586亿美元，而国际市场研究机构Adroit Market Research在报告中认为，全球锂电池市场将以14.3%的复合年增长率增长，预计到2025年规模将超过1 000亿美元。两位数的复合年增长率，意味着动力锂电池行业是一个极具发展前景的蓝海市场。这就给了宁德时代万亿元市值提供了充足的发展空间。

其二是锂电行业的高入局门槛，壁垒较高。

动力电池的研发需要长期的技术积累，对于材料、电芯、模组、电池包、电池管理系统的研发和生产均有较高的技术要求，同时还需要经过大量的电动汽车搭载试点运行来对产品进行测试与经验的积累。因此，对于后入局企业而言，想要通过自主研发对关键技术实现突破与成熟的应用，均需要较长的时间。

此外，当前动力电池行业以磷酸铁锂、高镍三元电池为主要技术方向，在相关材料技术还未实现突破以前，整个行业将维持双路并行的态势；电池作为一种高技术产业，持续的研发投入将是维持技术领先的唯一办法，这对于中小企业而言，在技术、资金上均存在较大压力。在这种情况下,行业马太效应将会愈发显著,处于头部地位的宁德时代的先发优势将长期维持。

其三是已经开始布局产业链上下游,构建产业壁垒。

如今,宁德时代广泛地布局以动力电池为核心的相关产业,通过投资、收购等方式积极布局产业链上下游,目前已经布局了动力电池上游的矿产、电池材料和下游的新能源汽车、电池回收以及交换电运营业务。

通过布局上下游产业链,一方面有助于宁德时代降低原材料成本,提升动力电池产品毛利率,另一方面有助宁德时代进一步扩大其业务增长空间。

在多方面因素的作用下,宁德时代登上国内动力电池行业的龙头地位。同时,凭借着中国企业规模化制造的优秀基因,在政策对新能源的扶持下,宁德时代逐渐成长到当前的万亿元企业。

动力电池的规模化制造带来的成本优势以及在当前的技术迭代中获取的专利门槛,让宁德时代已经在国内处于领跑阶段。未来,这一头部效应仍将迅速放大,电池企业形成寡头局面或许将成定局。作为头部的宁德时代,未来仍然有极大的想象空间。

四、企业:竞争无处不在

虽然已经处于龙头地位,但宁德时代并非高枕无忧。

1. 竞争加剧,市场份额或被蚕食

从整体行业来看,虽然锂电池行业前景广阔,但是国内动力电池市场已经出现增量减价的状况。增量不增值的原因主要是由于电池以及系统价格的下降速度远远超过电池出货量的增速,反映出来即是宁德时代利润空间面临持续压缩的险峻形势。

在宁德时代 2020 年年报中能够看到,2020 年宁德时代动力电池系统营收额为 394.25 亿元,营业利润为 104.53 亿元,较上年减少 5.25 亿元;毛利率为 26.51%,同比下滑 2.6%,连续三年出现下滑。

利润下滑源于国内动力电池行业的激烈竞争。整车厂商开始自研动力电池并对外销售,其中比亚迪 2020 年动力电池装机量已达 10 GWh,而特斯拉、吉利、大众等汽车厂商都纷纷布局电池行业。

与此同时,政策面上,国家放开了对外资电池厂商的限制,并欢迎外资企业进入到国内电池市场,因此,LG、松下等外国电池厂商纷纷加速进入中国市场。虽然短期内影响尚未显现,但长期来看,将对宁德时代的动力电池业务带来较大影响。

2. 增长减缓,海外市场举步维艰

整体而言,全球新能源汽车市场仍将具备较高的发展速度,但是全球经济遭受疫情打击,叠加半导体产能上限导致车辆生产停工。

生产节奏被打破的直接影响是全球新能源汽车市场销量将出现大幅下滑,用户无车可买。这将影响到宁德时代动力电池的装机量。

在国际市场上,宁德时代还将面临着市场环境影响,各国之间的政治因素都将给宁德时代在国际市场上的发展形成阻碍。

无疑,当前的宁德时代已经到达一个阶段的顶点,想要继续向上攀爬,仍将面临着较大的阻碍。对于宁德时代而言,机遇又在哪?

其一，海外市场无疑是宁德时代未来的必争之地。

当前，国内市场仍然是宁德时代的主要市场，但随着海外新能源市场的快速增长，新能源汽车销量逐步攀升，宁德时代需要靠着海外市场来支撑其龙头地位。同时，加深对海外市场的发展，将有利于宁德时代改善自身的市场结构，减少国内市场对自身营收的影响。

与此同时，基于在国内市场上累积的口碑，宁德时代能够快速地与外资汽车品牌形成合作。目前，宁德时代已经与包括宝马、特斯拉、奔驰等在内的国际知名汽车品牌合作，这对于宁德时代开阔海外市场将有着非凡的意义。

其二，持续加深对全产业链的布局。

随着新能源汽车产业的快速发展，未来宁德时代不能仅仅局限于动力电池的生产。当前，基于宁德时代在锂电产业上下游的布局，一方面，应当继续加强对锂电产品的技术研发，保证自身产品位列领先水平；另一方面，应当进一步深入到对下游产业的布局，除了各类能源类产业，在其他储能系统行业、电池回收服务、换电、充电站等相关产业上，将能够优化宁德时代的营收结构，减少电池类产品占营收大头的局面，实现抗风险能力强的多元化业务布局。

资料来源：微信公众号“36氪”。

讨论：结合本章内容，分析宁德时代面临的PEST、消费行为、竞争行为和SWOT。

第三章

消费者购买行为分析

学习要点

- 了解消费者市场的概念与特点；
- 理解消费者购买行为的影响因素；
- 掌握消费者的购买过程。

消费者市场是现代市场营销理论研究的主要对象。准确了解和把握消费者的本质需求，将顾客需求转化为产品或服务，并将之有效地传递给消费者，这便构成了一个经典的营销管理。显然，研究和分析消费者市场、消费者购买行为以及消费者购买过程，成为市场营销管理的起点和归宿。

第一节 消费者市场

消费者市场是由为满足个人生活需要而购买商品的所有个人和家庭组成，是最终消费市场，即为个人提供最后直接消费品的市场，没有营利性动机。例如，购买面粉是为了吃，购买衣服是为了穿，购买电脑是为了学习。对消费者市场的研究，也是对整个市场研究的基础，它不仅影响消费者的需要和满足，同时也制约着其他市场的发展。所以，消费者市场是现代市场营销理论研究的主要对象。

一、消费者市场商品的分类

根据消费者的购买频率和价格高低，消费者市场的商品大致可分为日用品、选购品和高档耐用品。

1. 日用品

日用品也称便利品，如肥皂、牙膏、毛巾等。日用品消费的特点有：①价格低，购买频率高。②很多属于冲动性购买。③消费者对品牌、商标的忠实性不强，容易接受日用消费品的新产品。根据以上特点，在营销中企业要敢于开发新产品；名牌产品要多做提示性广告；日用消费品的售货网点应尽可能接近居民点，以便利群众购买，扩大销售。

2. 选购品

如服装、皮鞋、布料、家具等。选购品消费的特点有：①价格较高，购买频率低，使用时间较长。②消费者经过比较选择后才决定购买。③选购品的品牌更为重要。④消费者重视购买产品的信誉和服务质量。这要求企业必须注重产品花色、品种、价格，并提高服务质量，杜绝假冒伪劣。

3. 高档耐用品

高档耐用品也称特殊品，如电冰箱、彩电、录相机、高级音响设备、高档服装等。高档耐用品消费的特点有：①经久耐用，价格高。②消费者购买时会慎重选择。③消费者特别注重品牌、企业声誉。④消费者对商品的售后服务要求高。在这类市场上经营的企业，需要在树立品牌上进行投资，做好售后服务工作。

二、消费者市场的特点

消费者市场的特点是指消费者在购买消费品的过程中体现出的独特之处。消费者市场有以下特点：

1. 范围广、顾客多

消费者人数众多，构成复杂，任何一种产品都有购买者，因此，构成的消费者市场范围大，分布广泛，特别是我国幅员广阔，人口众多，需求范围极为广泛，包括吃、穿、住、用、行等各个方面；需求范围之大，购买人数之多，是任何其他市场都无法与之相比的。

2. 交易额小、频率高

消费者购买消费品是为了满足个人和家庭的生活需要，往往缺乏长时间的储存手段。因此，消费者的购买经常是零星、分散的，购买额度小，但购买频率高。

3. 需求差异明显

消费者的购买行为受到年龄、性别、职业、收入、教育程度、民族、宗教、心理等多种因素的影响和制约，消费需求、欲望、兴趣、爱好、习惯等都存在着明显的个性差别，消费者对商品的品种、规格、质量、外观、服务、价格等有多种多样的需求。

4. 需求弹性大

消费者对商品的价格极为敏感。当某种商品价格上升时，消费者会转而购买替代品，该商品的需求量会明显下降；当某种商品价格下降时，该商品的需求量又会明显升高。这是消费者普遍存在的求廉的心理需求。

5. 地域分散

我国消费者从其居住的地区上可以分为内地消费者、沿海地区消费者、边远地区消费者等。由于消费者的居住地区分散，各地区的人口密度又不同，消费需求呈现出分散性。

6. 感情色彩浓厚

消费者对购买的商品带有极强的感情色彩。喜欢的商品，愿意多次重复购买；不喜欢的商品，很少购买。这与对所购商品的满意度有直接关系：对满意的商品，就会产生感情；而不满意的商品，则会产生厌恶感，从而不愿再买。

7. 商品需求的多变性

消费者的购买动机由于受到多种因素的影响而不断变化。例如，收入水平的提高引起购买力的提高，使消费需求不断变化；现代科技创造出新产品，很容易引起消费者的重视；消费时尚的变化和流行新潮引导消费者的购买动机。一般趋势是，随着人民生活水平的提高，生存消费品的需求比例将下降，享受消费品和发展消费品的比例将提高。

8. 非理性购买较重

由于多数消费者对所购商品往往缺乏专门知识，对商品的性能和使用、保管、维修方法比较陌生，因而，消费者易受广告、各种营业推广手段和他人购买行为的影响。所以，消费者市场上的购买大都是非专家、非理性购买。

消费者市场的以上特点，决定了消费者市场的营销活动比生产者市场要复杂得多，企业必须有针对性地研究市场、开发市场、占领市场、巩固市场，才能赢得消费者市场。

第二节　消费者购买行为

一、消费者购买行为模式

行为主义心理学提出的人类行为的基本原则，用符号表示是 S—O—R。其中，S 是刺激；O 是中间变量，指人的主观因素，如意图、愿望、行为、目的等；R 是反应。也就是说，人在受到外部刺激后，必然产生某种反应，这种反应的结果受到人的主观因素的影响。行为主义者认为，这一公式是人类行为普遍适用的一个原则。

将行为主义心理学的理论应用到市场营销学中，研究消费者的购买行为模式，可以勾画出市场营销刺激与消费者反应之间的模式(如图 3-1)。

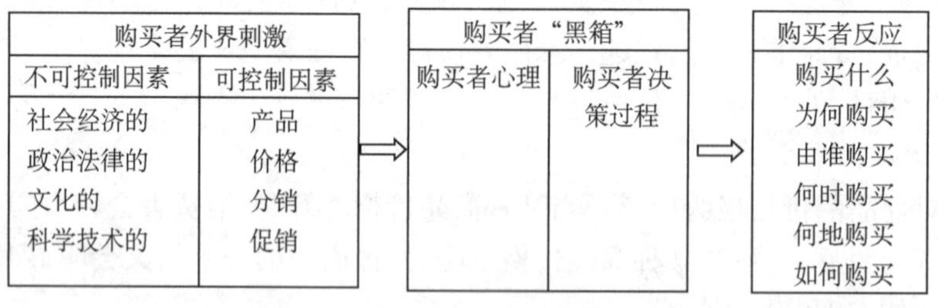

图 3-1　消费者购买行为模式

消费者的购买行为是一个刺激—反应过程。一方面，消费者接受各种外部刺激；另一方面，消费者作出各种反应。刺激和反应都是显而易见的，而消费者如何消化各种外部刺激，从而形成特色各异的种种反应，则常常难以揣摩。它成为消费者行为中的一个“黑箱”。

1. 刺激

消费者购买行为中的刺激来自两个方面：一是各种不可控制因素形成的总体环境刺激，

包括社会经济的、政治法律的、文化的和科学技术的；二是企业可以控制的因素组成的市场营销刺激，如产品、价格、分销、促销等。

2. “黑箱”

研究消费者的“黑箱”，是把握购买行为规律的钥匙。消费者的“黑箱”至少包括两个方面的内容：其一，消费者购买心理；其二，消费者购买决策过程。外界刺激经过它们的“过滤”才会形成购买反应。因而，这两个问题分别安排为本章的两节内容来研究。

3. 反应

在外界刺激和消费者心理、消费者购买决策过程的共同作用下，消费者最终将作出一定的反应，消费需求由观念形态进入现实之中。有一种被称为“7O”的研究方法，包括：

(1) 购买什么？即购买对象(Objects)。它涉及产品和品牌的选择。

(2) 为何购买？即购买目的(Objectives)。它取决于消费者的实际需要。

(3) 由谁购买？即购买组织(Organization)。它涉及购买的发起者、影响者、决定者、购买者、使用者。

(4) 何时购买？即购买时机(Occasions)。

(5) 何地购买？即购买地点(Outlets)。

(6) 如何购买？即购买方式(Operations)。

二、影响消费者购买行为的主要因素

消费者购买行为的形成是一个复杂的过程，受到许多因素的影响。本书将这些因素归纳为个人因素、社会文化因素和企业营销因素。在个人因素中，心理因素是极为重要的内容。企业营销因素在本书后面的产品策略、价格策略、分销策略、促销策略中将重点论述。所以，这里主要讨论个人因素(经济状况、年龄、性别、教育程度、职业、生活方式等)和社会文化因素(文化和亚文化、相关群体、社会阶层、家庭)对消费者购买行为的影响(如图 3-2)。

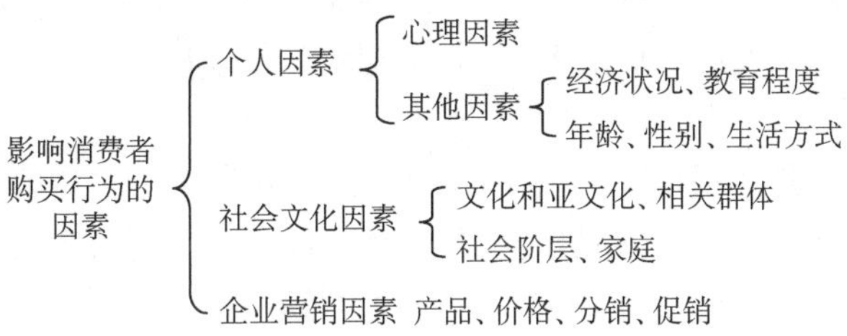

图 3-2　影响消费者购买行为的主要因素

(一) 个人因素

1. 经济状况

在影响购买行为的各种因素中，经济因素特别是消费者的购买力无疑是最为重要的，因为消费者的收入是消费活动的前提。所以，消费者收入的变化和收入分配制度的变化，必然影响购买行为的各个方面。一般而言，消费者收入与购买行为的联系是：收入增加，消费者支付能力提高，消费量随之增加，消费范围扩大，消费者自主选择的余地也越大。消费者实际收入和名义收入的变化会对消费者购买行为有影响。简而言之,名义收入就是用货币表现的收入;实际收入就是消费者的绝对收入可以实际购买到的消费资料和劳务的数量。名义收入和实际收入提高的幅度是否一致,取决于物价上涨幅度。如果名义收入提高,实际收入也提高,消费水平自然也会提高;如果名义收入提高而实际收入下降(这种情况多出现在恶性通货膨胀中),消费水平自然下降,甚至会在广大消费者中引起恐慌,掀起抢购风潮。处于同一收入水平的消费者,并不一定具有完全雷同的购买行为。例如,在中国,一个卡车司机和一位教师的年收入都可能是10几万元,但他们的消费方式完全不同,这主要是受到其他因素(如价值观等)的影响。

2. 年龄

不同年龄的消费者购买商品的种类和行为是不同的,如表3-1所示。

表3-1　不同年龄消费者的购买行为

年龄段	商品种类	购买方式
儿童	糖果、玩具等	情绪购买
青少年	文教体育用品、时装等	冲动性购买
成年人	家具、用具等	习惯经常性
老年人	保健品、助听器等	习惯经常性

3. 性别

一般而言,男性在选择商品时较为果断、迅速,女性则仔细挑选。

4. 教育程度

一般说来,教育程度较高的消费者对书籍、报刊等文化用品的需求量较大,购买商品的理性程度较高,审美能力较强,购买决策过程较全面,更善于利用非商业性信息的来源。

5. 职业

不同职业的人的购买行为存在差异。在国外,蓝领工人需要午饭盒、烈性酒、从事体力劳动的服装等;白领职员、教师一般需要图书、报刊杂志等文化用品。

6. 生活方式

一个人的生活方式是他根据个人的中心目标和价值观安排生活的模式,并通过他的活动、兴趣、意见表现出来。生活方式是影响个人行为的心理、社会、文化、经济等各种因素的综合反映。说明了一个人的生活方式,就勾画出了他完整的行为方式。阿尔波特根据人们所特有的价值观把消费者分为以下六种类型。这种分类方式是根据德国心理学家斯普兰格提倡的生活方式理论而来的。

(1) 理论型的消费者(Theoretical Man)。这种人追求真理、面对事实、关心变化、胸怀开阔。

(2) 经济型的消费者(Economic Man)。这种人对效用(U-utility)和最高值表示关注,追求物美价廉的东西。

(3) 审美型的消费者(Aesthetic Man)。这种人注意商品的色彩、造型、包装,对美的东西较关心。

(4) 社会型的消费者(Social Man)。这种人是按社会的标准(如伦理道德等)引起购买动机的消费者。

(5) 政治型的消费者(Political Man)。这种人对权力极为关心,有在自己周围置备能够满足权力要求的商品的趋向。

(6) 宗教型的消费者(Religious Man)。这种人是神秘的,他们按照自己的信仰行事。

在实际生活中,很难找到持有某一类价值观的消费者。每一个消费者都或多或少地有这六种价值观。

(二) 社会文化因素

1. *文化和亚文化*

文化是影响人们欲望和行为的基本因素。大部分人尊重他们的文化,接受他们文化中共同的价值观和态度,遵循他们文化的道德规范和风俗习惯。例如,标有"老年人专用"字样的商品在美国等西方国家并不受老人欢迎,因为这些宣传违背了这些国家中人们忌讳衰老的价值观。美国一家厂商开发出一种不需打蜡的塑料地板,这种地板只要用水洗刷一下,就可以保持清洁光亮。按常理说,这与要打蜡的地板相比,无疑更会刺激消费的需求。可是习惯于给地板打蜡的美国顾客,不仅依然要给塑料地板打蜡,还要一再抱怨这种地板黯然无光。于是,厂商竭力用美国人喜爱的谚语:"试试,你会喜欢它的",通过各种媒介劝说消费者,但调查结果表明,收效甚微。这说明了消费习惯对人们购买行为的影响,改变人们的习惯比改变产品设计更难。

在每一种文化中,往往存在着许多在一定范围内具有文化同一性的群体,称为亚文化群。我国有三种亚文化群:①民族亚文化。不同民族的宗教信仰、语言、风俗、习惯和爱好等方面都有独到之处,会对该民族的购买行为产生深刻影响。②宗教亚文化。我国有信教和不信教的自由。佛教、伊斯兰教和天主教,有不同的文化偏好和禁忌。③地理区域亚文化。不同地区会有不同的风俗习惯和爱好,使消费者在吃、穿、住、用、行方面带有明显的地方色彩。如我国南甜北咸、东酸西辣的饮食习惯。

2. *相关群体*

群体是指在追求共同目标或兴趣中相互依赖的两个或两个以上的人的有机集合体。

个人的相关群体是指对他的态度和行为具有直接或间接影响的群体,相关群体有两种基本的形式:一是个人具有成员资格并且面对面地受到直接影响的群体,它又可分为首要群体和次要群体:首要群体是个人经常地受到影响的非正式群体,如家庭、朋友、邻居和同事等,次要群体是个人并不经常受到影响的比较正式的群体,如工会、职业协会、学生会等。二是个人并不具有成员资格,但间接地受到影响的群体。例如,追星族的行为会受到某些歌星、影星、球星的影响。

人们往往愿意同相关群体保持某种相似的购买态度和行为。群体越紧密,对人们的影响越大。特别是对购买使用时十分显眼的摩托车、服装、香烟、小孩玩具等商品影响较大。相关群体不但对购买相关产品有影响,而且对品牌选择有影响,新产品介绍期的购买以及成熟期产品品牌的选择都极易受到相关群体的影响。

在相关群体对购买行为有较强影响的情况下,企业应设法通过宣传、广告、赠送等来影响有关的相关群体，特别是意见领导者，即所谓的“意见领袖”。例如，在中国，有大批的明星代言产品，刺激了消费者的购物欲，这就是意见领导者推销产品的方式。

3. 社会阶层

社会阶层是由具有相似的社会经济地位、利益、价值观倾向和兴趣的人形成的群体或集团。

陆学艺教授以职业分类为基础，以组织资源（具有决定性意义）、经济资源、文化资源的占有状况作为划分社会阶层的标准，把当今中国的社会群体划分为五个等级、十个阶层。

根据家庭收入，我国社会群体可以分为五个等级：①社会上层：包括高层领导干部、大企业经理人员、高级专业人员及大私营企业主；②中上层：包括中层领导干部、大企业中层管理人员、中小企业经理人员、中级专业技术人员及中等企业主；③中中层：包括初级专业技术人员、小企业主、办事人员、个体工商户、中高级技工、农业经营大户；④中下层：包括个体服务者、工人、农民；⑤底层：包括生活处于贫困状况并缺乏就业保障的工人、农民和无业、失业、半失业人员。

根据资源占有数量，我国社会群体可以分为十个阶层：①国家与社会管理者阶层（拥有组织资源），约占 2.1%；②经理人员阶层（拥有文化资源或组织资源），约占 1.5%；③私营企业主阶层（拥有经济资源），约占 0.6%；④专业技术人员阶层（拥有文化资源），约占 5.1%；⑤办事人员阶层（拥有少量的文化资源和组织资源），约占 4.8%；⑥个体工商户（拥有少量经济资源），约占 4.2%；⑦商业服务业员工阶层（拥有少量的三种资源），约占 12%；⑧产业工人阶层（拥有少量的三种资源），约占 22.6%（其中，农民工占 30%）；⑨农民阶层（拥有少量的三种资源），约占 44%；⑩城乡无业、失业、半失业者阶层（基本上没有三种资源），约占 3.1%。

表 3-2　中阶层与低阶层消费者的心理差异

中阶层消费者	低阶层消费者
决策时较为理智	决策时较重感情
思路较宽	思路较窄
风险承受能力强	风险承受能力弱
兼顾当前和长远利益	只顾当前利益
强调主观判断和分析	强调个人经验和感觉
重视相关因素的影响	忽视相关因素的影响
着重体面	着重实惠

4. 家庭

(1) 家庭成员在购买中的角色。消费品的购买一般是以家庭为单位进行的。在购买决策中，家庭成员总是扮演下列中的某一角色或同时兼几种角色。

① 发起者。首先想到或提议购买的人。

② 影响者。对最终购买有直接或间接影响的人。

③ 决定者。能够最终决定全部或部分购买决策的人。比如买不买、买什么、买多少、怎么买、何时买、何地买等问题。

例如，儿童高档玩具，一般是由儿童首先发起，家庭成员共同决定，母亲和孩子本人购买，孩子使用。

有学者曾对家庭购买新轿车的情况进行了研究。发现在买和不买的问题上，主要是夫妻双方共同决定的。但在不同的决策阶段，角色扮演有所变化。关于何时买车的决策，68%的家庭是男主人决定，只有3%是由女主人决定的，共同决定的占29%。关于买什么颜色的车的决策，由夫妻一方单独决定的各占25%，50%的家庭共同决定。企业应当根据各种商品可能的决策者、购买者、使用者等，针对性地采取不同的包装、广告和推销手段。

(2) 家庭购买决策类型。家庭购买决策类型有四种：

① 各自作主型。男女主人可以相对独立地作出同样多的不同购买决定。

② 丈夫作主型。家庭的购买决策多由丈夫作出。该家庭的男主人是“权威中心点”。

③ 妻子支配型。家庭的购买决策多由妻子作出。该家庭的女主人是“权威中心点”。

④ 共同作主型。购买决策由男女主人协商作出。

不同的购买决策类型的形式，受一个家庭的社会地位、文化背景、主要成员的教育程度和职业等影响。随着经济和教育水平的提高，妇女的作用在不断提高。企业在设计和宣传产品时，要注意这一趋势。

国外有学者将产品区分为男主人决定购买为主的产品、女主人决定购买为主的产品，以及夫妻共同决定购买的产品等。这种以购买决定者为促销目标的思路对企业的营销是有启发的。

(3) 家庭消费寿命周期。是指消费者从年轻时离开父母家庭独立生活，到年老后并入子女家庭或独居进而死亡的家庭生活全过程。有人把家庭寿命分为六个阶段。

第一个阶段，未婚阶段：独立生活的单身青年。他们穿戴时髦，参加许多娱乐活动。

第二个阶段，新婚阶段：没有孩子的年轻夫妇。他们需要购买家具、彩电、电冰箱等耐用消费品。

第三个阶段，子女幼年阶段(“满巢Ⅰ”)：有6岁以下幼儿的年轻夫妇。他们主要购买婴儿食品、玩具、服装等。在我国的独生子女家庭，孩子被视为家庭的“小皇帝”“小太阳”，许多孩子的花销远远超过大人。

第四个阶段，子女未成年阶段(“满巢Ⅱ”)：有6岁以上的孩子。家庭为小孩购买学习用具，缴纳学费等。望子成龙是家长们的普遍心理。

第五个阶段，子女成年阶段(“满巢Ⅲ”)：中年夫妇，孩子参加了工作。外国家庭消费重点转向中年夫妇，开始购买高档服装、高级补品及有助健康和娱乐的其他用品。在我国，中年夫妇还要负担子女购房结婚等费用。

第六个阶段，老年阶段(“空巢”)：中老年夫妇，与孩子分居。主要消费于老年补品、保健品、旅游等。

处于不同生命周期阶段的家庭，消费行为不同，企业应加以研究，对症下“药”。

三、消费者购买行为的类型

关于消费者购买行为的类型有多种分法，这里主要介绍两种。

(一) 按个性心理划分

依据消费者个性心理因素划分，消费者购买行为可以分成以下几种：

(1) 习惯型。消费者根据过去已形成的习惯而购买，大多为购买生活日用品。他们习惯于购买一定商店和一定品牌的产品。对这类顾客，企业应提供诚实、方便、迅速的服务，否则，将迫使他们改变习惯。

(2) 理智型。指消费者在经过认真的比较、考虑后才进行购买的行为。主要是对耐用消费品的购买。对这类顾客，企业要耐心介绍产品性能和特点，并与同类产品进行比较，增强顾客的信任度。

(3) 经济型。这类消费者对价格特别敏感，喜欢便宜商品和减价商品。这是低收入阶层和有节俭习惯的人的典型购买行为。

(4) 冲动型。消费者在商品外观、售货员的推荐、其他顾客的态度(从众)等周围环境的影响下临时作出购买决策的行为。临时减价、热情服务等，常能促使顾客的冲动购买。

(5) 想象型。这类消费者易受情感支配，喜欢赶时髦，注意商品的外表、色彩、品牌等，但他们的注意力极易转移。

(6) 不定型。指某些消费者的尝试性购买、奉命购买、顺便购买。

一个消费者的购买行为往往不只属于一种，而是一种以上购买行为的综合。

(二) 按购买投入-品牌差异划分

这种划分主要考虑到两项指标。第一，消费者投入购买的程度。指消费者购买该商品时投入的货币、时间、精力、人数的多少。一般而言，单位价格高的商品，如耐用消费品、高档商品等，消费者需花较多的钱，因而其购买较为谨慎，投入更多的时间和精力进行选择和思考，参与购买决策的人也较多。而购买日用品，花钱少，消费者所投入的精力和时间少，往往是一个人作出购买决策。根据消费者投入购买的程度，可以把消费者的购买行为分为高投入的行为和低投入的行为。第二，所购商品不同品牌之间的差异程度。品牌差别小的商品大多是同质或相似的商品，而品牌差别大的商品大多是在花色、品种、式样、型号等方面差异较大的异质商品。

依据投入程度的高低和品牌之间差异程度的大小，可以将消费者的购买行为划分为四种类型如图 3-3 所示。

(1) 复杂型购买行为。消费者购买比较贵重、不常购买、有一定风险或意义重大的产品时，需要全身心地投入到购买行为当中，并且这类商品品牌较多，有明显差别。此时，消费者就要经历一种复杂的购买行为。一般说来，复杂型购买中，消费者都需要一个“学习”过程。首先要熟悉产品的性能、特点，再建立对各种品牌的看法，最后谨慎地作出购买决定。对这种类型的购买，企业必须了解消费者“学习”过程的规律，帮助消费者掌握与该产品有关的知识。还要设法让消费者知晓本企业产品的品牌特征及优势，使他们逐步建立对产品的信任感。

(2) 和谐型购买行为。所购商品价值大,需要高投入行为,但商品品牌之间的差异不大,没有多少比较选择的余地。一般来讲,购买决策形成迅速。价格较低,购买地点方便,都可能成为决定其很快购买的因素。但由于购买较为迅速,在购买以后,消费者在使用中可能会感到某些不满意。对这种类型的购买,企业要注意应用各种营销策略,影响消费者迅速作出购买决定。还要多和消费者沟通,减轻他们的不满意感。

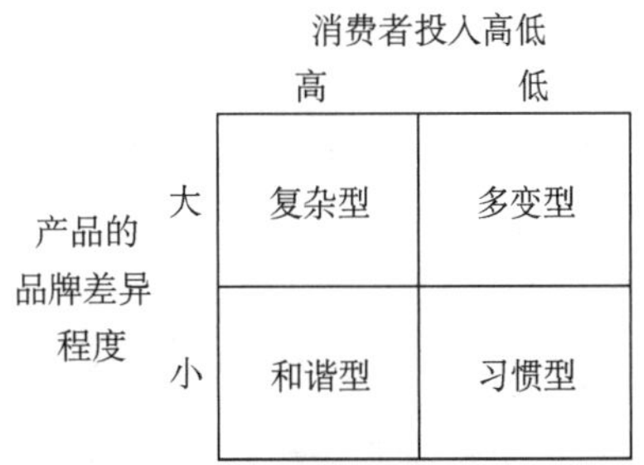

图 3-3　消费者购买行为分类

(3) 多变型购买行为。所购商品价值小,属低投入行为,但商品品牌之间的差异大,因而消费者可以经常变换所购品牌。对这种类型的购买,名牌产品企业要多用提醒性广告,配合分销策略,鼓励消费者建立品牌偏好。其他品牌的企业则可利用低价格、试用、折扣等营业推广的办法吸引消费者。

(4) 习惯型购买行为。所购商品价值小,属低投入行为,且商品品牌之间的差异很小,消费者多为习惯型购买,顺便购买,对品牌不太关心。对这种类型的购买,企业要突出产品差异化,吸引更多消费者。有些糖果、牙膏、茶叶甚至醋和面粉这类便利性商品,也通过产品差异化策略,在消费者中间建立起品牌偏好。如唐老鸭泡泡糖、两面针牙膏、兰州市场上风行的"雪花"面粉等。针对习惯型购买,商业企业要注意布点销售,及时供货,方便购买。

以上四种类型可以用表 3-3 加以归纳。

表 3-3　消费者购买行为类型、购买行为特征以及企业营销对策归纳表

购买行为类型	购买行为特征	企业营销对策
复杂型购买行为	是消费者在初次购买品牌差别很大的耐用消费品时的典型行为,如电视、冰箱、录相机等,需慎重选择,理智购买。	企业应通过各种媒体向购买参与人特别是决定者宣传产品特性,突出品牌优点,并在售货现场介绍商品性能、使用和保养方法。
和谐型购买行为	发生在购买品牌差别不大的高档商品的场合。消费者主要关心价格、服务、购买时间和地点是否便利等。如地毯、独家销售的用品等,购买决策迅速。	企业一方面要通过调整价格、选择合适的售货地点和干练的销售员,促进销售。另一方面以各种方式与消费者取得沟通,及时提供信息,使他们对自己的购买选择感到满意。
多变型购买行为	是消费者购买价值低但品牌差异大的商品的购买行为。如饼干、糕点、糖果、茶叶、一般服装等,经常变换所购品牌。	企业应通过提醒性广告,突出品牌特征,运用营业推广吸引消费者建立品牌偏好。
习惯型购买行为	是价值低、品牌差别小的商品,如食盐、面粉、大米等,多为便利购买、习惯购买。	企业应注意布点销售,方便顾客。也可用产品差异化建立品牌偏好。

第三节　消费者的购买决策过程

消费者的购买决策过程大致可以包括以下五个过程：引起需要和动机、收集信息、选择评价、决定购买和买后感受及行为，如图 3-4 所示。

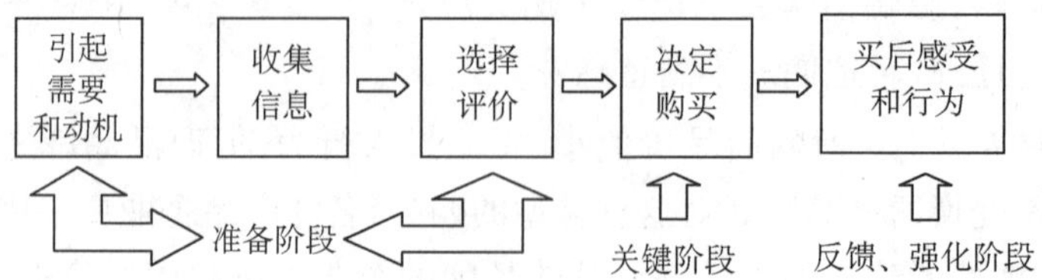

图 3-4　消费者的购买决策过程

一、引起需要和动机

当消费者觉察到一种需要，而且准备购买某商品满足它时，对这种商品的购买决策过程就开始了。

消费者的需要由两种刺激引起：一种是内部刺激，如口渴、饥饿、寒冷、地位变化等；另一种是外部刺激或触发诱因，如原有的商品即将用完，对现有用品不再满意，对新产品的需求、对配套产品的需求、收入的变化、消费潮流的变化、企业促销活动的影响（如广告、营业推广等）等。如图 3-5 所示。

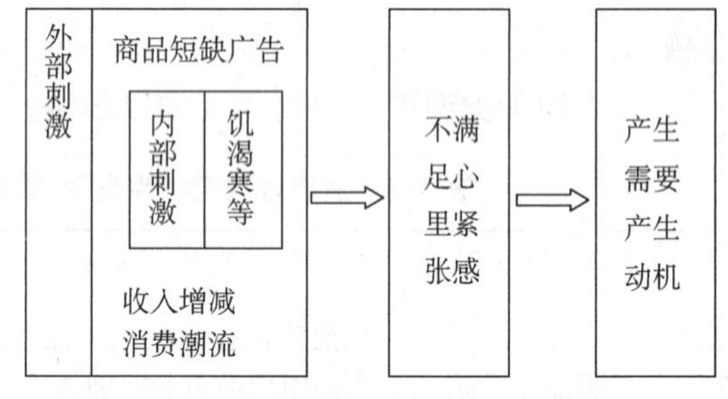

图 3-5　消费者需要和动机的产生过程

一般来说，对消费者的内部刺激，企业难以发挥其影响力。对外部环境的刺激，市场营销活动能够大有作为。企业要了解消费者对本企业的产品有哪些要求，从而制定营销策略，刺激消费者的需要和诱发购买动机。

二、收集信息

对于首次购买的较复杂的商品，消费者都要收集有关信息。消费者购买欲望越强烈，收集信息的积极性就越高。商品越复杂，价格越高，需要收集的信息量就越大。

消费者的信息来源有四种：①环境来源：从家庭、亲友、邻居、同事处获得。②传媒来源：从大众传播媒介（报纸、广播、电视、杂志、网络等）获得。③商业来源：从广告、经销商、售货员、商品陈列、商品包装等途径获得。这是企业可以控制的一种信息来源。④经验来源：通过操纵、实验、使用产品获得。

一般来说，消费者经由商业来源获得的信息最多，其次为传媒来源和环境来源，经验来源的信息相对要少。但是，消费者对经验来源，环境来源的信息最为相信，然后是传媒来源，最后才是商业来源。根据以上特点，企业要设计和安排恰当的信息传播途径和沟通方式。采用对目标市场影响最大、信息量最多、最易引起信任的促销组合，使消费者获得有关自己产品的信息。

三、选择评价

消费者在收集信息的过程中，或在收集完信息之后，就会对信息进行分析和“过滤”，逐渐对市场上各种品牌的产品形成不同看法，最后决定购买。

1. 消费者选择的过程

选择是消费者对其购买对象不断缩小范围，有关概念不断清晰的过程。以品牌决策为例，假如一个消费者准备购买电冰箱，他面对的是市场上所有的冰箱，即“全部集合”。通过收集信息，他会对市场上现有的各种冰箱的若干品牌形成初步认识，这些品牌便进入他的“知道的集合”。然后，他会依据一定的标准，作进一步的选择，只考虑更少的一部分品牌，这部分品牌便进入了他的“考虑的集合”。对“考虑的集合”内的各个品牌，经过比较，会留下更少的几个以备选择，这几个品牌便进入了他的“选择的集合”。经过反复比较，权衡得失，他最后决定购买某一品牌，如图 3-6 所示。

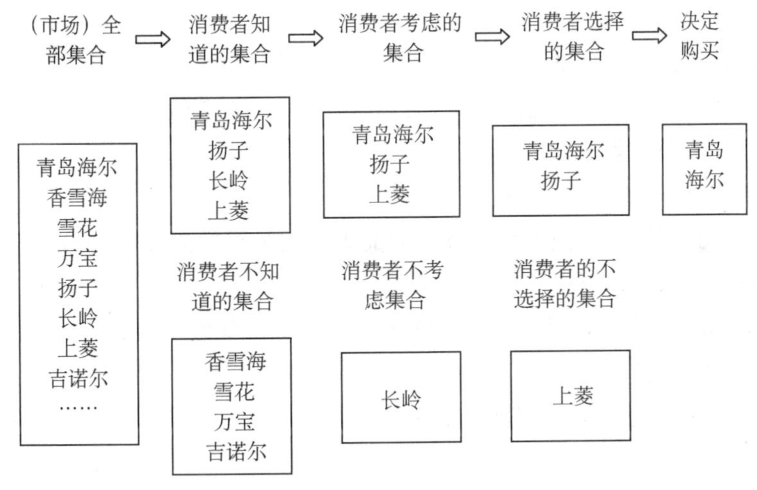

图 3-6　消费者对品牌的选择过程

企业的营销任务是：设计和安排适当的市场营销组合，千方百计地使本企业的品牌被包括在消费者“知道的集合”“考虑的集合”“选择的集合”之中。还要分析消费者在这个过程中用于选择的标准是什么以及他如何建立此标准。

2. 消费者的评价过程

消费者如何建立及运用何种标准进行选择工作，是最为复杂和最不确定的一个问题。国外学者对此作过大量研究。影响较大、较新的一种是认识导向型，即假定消费者是在有意识和理性的基础上，对产品进行判断，评价的过程如下：

(1) 建立产品特性概念。一种产品在消费者的心目中首先表现为一系列基本特性的集合。例如对下面产品，消费者感兴趣的特性一般是：

电脑：信息储存量、图像显示能力、软件适用性、价格。

照相机：照片清晰度、摄影速度、相机大小、价格。

饭店(旅馆)：地点、卫生状况、气氛、收费。

口红(唇膏)：颜色、容量、润滑性、身份、地位标志因素、味道、价格。

电冰箱：容量，耗电量、款式、价格、保鲜效果、价格。

对以上所列产品的各种特征，消费者并非同等程度地关心。消费者更为关心那些与其需要相关的特性。例如，家庭人口多的消费者，更关心冰箱容量大这一特性；收入低的家庭，更关心价格便宜，耗电量小这一特性。企业应当注意调查自己产品的哪些特性是消费者更关心的，从而更好地满足消费需求。

(2) 建立品牌形象概念。消费者可能对产品的某一种特性或对不同品牌产生不同的信念。对某一特定品牌所持的信念叫品牌形象。例如，消费者会对进口冰箱、不同品牌的国产冰箱有不同的信念，即品牌形象。

消费者信念的建立，可能依据其特定的经验，比如，以前使用过该类产品；可能来自其选择性的注意和记忆，比如，留在其脑海中的关于某产品的广告宣传等；可能来自对某产品选择性的曲解。这些都应该引起企业的注意。

(3) 建立“理想产品”概念。大多数消费者根据自己的需要设想出一种“理想产品”。比如，一个消费者在权衡了自己的收入情况和家庭人口后，形成了购买双门 200 立升容积，价格在 8 000 元左右，每日电费不超过 1.5 元的电冰箱。一旦遇到理想产品，也许就会决定购买，或购买接近于理想品牌的产品。

3. 影响消费者选择的营销措施

假如目标市场上，大多数消费者对本企业品牌缺乏足够的兴趣，企业应当依据消费者评价产品的一般规律，采取以下措施影响消费者。

(1) 改进产品。如上述冰箱厂重新设计冰箱，使之在有关特性方面更适合消费者的需求和偏好。也称产品的实质性重新定位。

(2) 引导消费者注意被其忽略的产品属性。比如本冰箱款式新颖，保鲜效果好等，可重点宣传这方面的优点。

(3) 改变消费者对品牌的信念。一般用于消费者对某产品有曲解时，称为心理重新定位。如果消费者的评价是正确的，则不宜用此策略。

(4) 改变消费者心目中的“理想产品”形象。比如消费者追求大容量的冰箱，生产小容量冰箱的厂家可设法让消费者明白：三口之家使用大容量冰箱没有必要，且耗电量大，容量适当的冰箱更为理想。

(5) 改变消费者对竞争品牌的信念。在消费者过高地估计了竞争者品牌特性的情况下，通过比较广告宣传等手段，设法改变他们对竞争者品牌的某些特性的信念。这种做法也称为竞争性定位。

四、决定购买

通过评价选择，消费者会对其选择范围内的各个品牌形成一定的偏好顺序。但此时消费者具有的只是一种购买意向，购买意向的形成还不能完全决定最后的购买选择。

由购买意向到购买决策，还要受到两个因素的影响：一是别人的态度；二是意外情况。如图 3-7 所示。

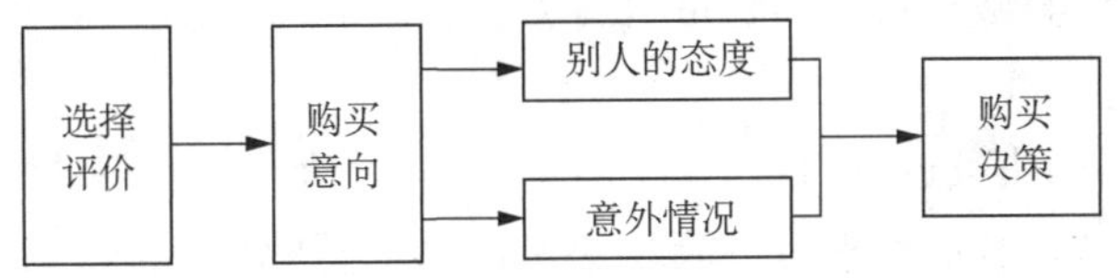

图 3-7　消费者从购买意向到购买决策转化的过程

1. 别人的态度

消费者的购买意向很可能由于别人态度的影响而发生某些变化。比如家人、朋友、同事、邻居等的反对。别人态度的影响取决于三个因素：

(1) 别人否定态度的强度。反对态度越强烈，影响力越大。

(2) 别人与消费者的关系。关系越亲密，影响力越大。

(3) 别人的权威性。别人对此购买越有权威性，越有发言权，影响力越大。

2. 意外情况

即将购买时，突然出现的某些意外情况，可能使消费者改变购买意向。比如预期收入突然减少；家里有人突然生病，需要较大数额的医药费支出；更符合"理想产品"的新产品新近上市等。

消费者一旦决定实现购买意向，必须作出以下具体的购买决策：购买哪种品牌(What)，谁来购买(Who)，何处购买(Where)，何时购买(When)，通过什么方式购买(Through Which Way)简称"5W"。

五、买后感受与行为

消费者购买使用某产品后，必然会有某种程度的满意或不满意。西方学者认为，消费者的满意程度是他对产品效用的期望与产品觉察性能之间的函数。即 $s = f(E, P)$，其中，s(Satisfaction)表示满意程度，E(Expectation)表示期望，P(Products Perceived Performance)表示产品的觉察性能。

如果产品的觉察性能与消费者的期望一致，消费者就满意。如果产品的觉察性能比消费者的期望高，则消费者非常满意。如果产品的觉察性能比消费者的期望低，消费者就不满意。消费者的满意程度直接影响到他重复购买的行为和他周围人的购买决策。

一个满意的顾客，会对更多的人介绍他所购买的好产品，这种信息传播比在媒体上刊登广告更为有效。有些精明的商人说："一个满意的顾客就是我们最好的广告"。

一个不满意的顾客就会对他周围的人讲买到不好产品的怨言。在外国的一项研究中，13%的购买者由于不满意而对多于12个人讲坏话。假如每个人听了坏话转告11个人，他们每人又转告11个人，如此转告下去，坏话就会走得更快、更远，最容易败坏企业和产品的声誉，即所谓的"坏事传千里"。

企业在营销工作中，一方面要实事求是地宣传自己产品的性能，不能无限地夸大。另一方面要经常征求顾客意见，加强售后服务，千方百计地增加消费者的满意感，减少其买后的不满意感。

国际商用机器公司规定，每个售货员对失去的每一个顾客，要写一份详细的报告和采取一切方法使顾客满意。

研究消费者购买的决策过程，目的在于向企业提示，消费者购买的实现是几个阶段共同作用的结果。在每个阶段，消费者有可能改变主意，影响购买的实现。企业必须善于把握各个阶段的一般规律，制定有效的市场营销策略，影响消费者的购买决策。

第四节　数字消费者分析

随着移动互联网及信息技术的不断创新，数字消费群体增长迅猛，我国已成为全球数字经济发展的主要引领者。作为网络经济形态下新兴的消费群体，数字消费者相比传统消费者有一些细微差异，其购买行为、购买过程也具有内在的网络化规律。

一、中国数字消费者现状

根据中国互联网络信息中心(CNNIC)发布的统计报告，截至2020年12月，中国网络购物消费者规模已达9.89亿，占全球网民人数的20%。同时，中国互联网普及率已达70.4%，高于全球平均水平。可见，中国潜在的数字消费者基数庞大，中国数字消费市场具有广阔的发展空间。

(一) 地域特征

随着乡村网民规模和城镇互联网普及率的不断提高，我国网民呈现"从城到乡""从东到西"的"板块漂移"特征。截至2020年12月，我国城镇地区互联网普及率为79.8%，农村地区互联网普及率为55.9%，城乡地区互联网普及率相差23.9%，2017年以来首次缩小到30%以内。另一方面，中西部地区网民增长较快，网民规模较2016年增长40%，增速较东部地区高12.4%。

(二) 年龄结构

从目前网民的年龄构成来看，"00后"和"银发族"构成互联网时代的多元数字族群，网民增长的主体从青年群体向未成年和老年群体转化的趋势日趋明显。截至2020年12月，我国已有近2.6亿50岁以上的"银发网民"、1.6亿20岁以下的年轻网民。在新增网民中，20岁以下和60岁以上的网民占比有显著提高。

（三）购物渠道

中国网民通过手机上网的比例已超过99%，移动设备成为中国消费者网络购物的首选设备，使用笔记本电脑、台式机和平板电脑进行网络购物的消费者比例则持续下降。尼尔森公司2017年进行的调查显示，84%的消费者使用手机购物，57%的消费者通过台式机购物，55%的消费者通过笔记本电脑购物，28%的消费者通过平板电脑购物，5%的消费者通过智能电视购物。

二、中国数字消费者消费行为的特征

数字化浪潮加速了移动设备、电子商务、在线支付等的兴起，2017年，47%的中国消费者从线下消费转向线上消费。

（一）消费规模

在县域经济和农村电商日渐崛起的发展态势下，东部的北京、上海、江苏、广东和中部的安徽、西部的重庆等省市的县域数字消费频率已超城市数字消费频率，上海农村数字消费规模已超越部分省份城市的数字消费规模，成为带动支撑东部地区和内陆省份数字消费力的新引擎。

（二）消费领域

从中国数字消费的者城市层级来看，低线城市电子商务支出在2016年就已经赶超一、二线城市，三四线城市整体网购比例超过80%，与一、二线城市所差无几。一线城市在网络餐饮、智慧旅游、智慧交通出行等方面具有较强的消费力；二线城市在网络购物、数字教育培训、智慧旅游等方面逼近一线城市；三线以下城市在智慧健康养老领域体现出很强的赶超能力。

从年龄阶段看，24岁以下的年轻人购物金额较低，但在网络购物、网络餐饮、智慧交通出行方面有较强的消费潜力；25—34岁的青年人是网络购物、数字居家生活、网络餐饮三个领域数字化主力军；35—49岁的中年人是网络购物、数字居家生活、智慧旅游、智慧交通出行领域数字化主力军；60岁以上的老年人在智慧健康养老、数字教育培训、智慧旅游、数字文化娱乐领域数字化消费能力最高。

（三）消费渠道

伴随着中国的快速发展和城市化进程，移动购物迅速走进大众生活。支付宝和微信钱包的广泛使用不仅使移动支付的比例不断攀升，也为大众提供了“无现金”的便捷生活方式。研究显示，2017年期间，70%的消费者使用过微信钱包，92%的消费者使用过支付宝。另外，这两款应用都内嵌了大量其他功能，随着支付场景的不断拓展，数字消费者移动购物的领域也将不断拓展。值得关注的是，2017年以来，中国数字消费者线上消费逐渐回归理性，商家的线上线下边界也逐渐被打破，呈现出跨界融合的趋势，因此，越来越多的数字消费者选择线上选货、线下体验，消费渠道越来越多样化。

本章小结

消费品分类有多种。根据消费者的购买频率和价格高低,可分为日用品、选购品和高档耐用品。消费者市场和组织市场相比,有其独特的特点。

消费者的购买行为是一个刺激-反应过程。消费者购买行为的形成是一个复杂的过程,受到许多因素的影响。

消费者的购买决策过程的模式大致包括五个方面:①引起需要和动机;②收集信息;③选择评价;④决定购买;⑤买后感受和行为。

企业市场营销对象不仅包括消费者,也包括各种组织。组织市场的消费者行为与消费者市场比较有许多差异。

思考题

1. 什么是消费者市场?消费者市场有哪些特点?
2. 影响消费者购买行为的因素有哪些?
3. 根据消费者投入购买的程度和产品品牌的差异,可将消费者购买行为划分为哪几种?针对消费者购买行为的不同类型,企业应分别采取什么营销策略?

古代营销故事

题扇赠老姥

一天傍晚,王羲之在绍兴城里的一座石桥上散步,走到桥头的时候,看见一个老婆婆愁眉苦脸地提着一篮子竹扇,拄着拐杖,站在桥头叫卖。王羲之看到没人买老婆婆的扇子,十分同情,就走上前去问他怎么回事?老太婆说:"天冷了,扇子卖不出去,几个本钱都花在芭蕉扇上面了,现在连吃饭都成问题了。"王羲之听后,想了想就说:"老婆婆,我给你的扇子写几个字,你再拿去卖好吗?"老婆婆不认识王羲之,但是觉得他很热心,就把扇子都交给了他。王羲之就叫书童拿来笔墨,在老太婆的扇子上龙飞凤舞地写上几个大字。老太婆一看,他那干净漂亮的芭蕉扇被王羲之写得一塌糊涂,恐怕卖不出钱来,就哭着要王羲之赔他新扇子。王羲之安慰她说:"老婆婆,你不必着急,更不要生气,我问你,你这扇卖多少钱一把?"老太婆说:"三个钱一把。"王羲之哈哈一笑说:"那很好,你现在就卖三百钱一把。你赶快拿着扇子到城里去,对人说:'这些扇子都是王逸少写的',准会有人肯花钱买的。"

老太婆不肯相信,还缠着王羲之不放。大路上来来往往的人很多,看到老太婆拉着王羲之争吵,就都围绕来看热闹。有些认得王羲之的人,一看这是王羲之亲笔题的扇子,就马上掏出三百钱来向老太婆买扇子。一传十,十传百,这消息很快就传开了,大家都抢着跟老太婆买扇子。转眼间,这百十把扇子都卖光了,老太婆一下子就得到四十多吊钱,乐得她嘴都合不拢来。现在绍兴市内有一座石拱桥,叫作"题扇桥",据说就是王羲之为老婆婆题扇的地方。

陈子昂砸胡琴

唐朝陈子昂两次参加科举均落第，第二次落第后终于想出个办法：长安市上有人卖造型怪异精美的胡琴，要一百万钱。围观的人很多，但没有人敢买，一是价格太贵，二是没有人会弹这种琴。这时候，陈子昂挤进人群，说到："这琴我会弹，我买了！"说完真拿出一百万钱，买走胡琴。

围观的人很惊讶，问他会不会弹，陈子昂大言不惭的说自己是弹这种琴的高手，并说自己住某某巷某某号，有兴趣的可以第二天中午去听他弹琴。此事很快在长安城传开了，第二天，陈子昂住处的门口人群云集，屋里根本装不下。

陈子昂只让权贵和富豪进屋，拿出琴来，突然说："我根本不会弹琴，不过我对自己的文章还是很有信心的，大家可以看看。"说着当众砸了胡琴，拿出几卷文章。众人看了文章后，果然觉得不错，陈子昂名声大震，下次考试一举成名。后来大家才知道，卖胡琴的就是陈子昂找来的托。

一次成功的事件营销案例，貌似花费重金，实际一分钱都没花，是"XX万买秘方"手段的老祖宗。

案例分析

签买车合同前你要收集多少信息？

阿雯是上海购车潮中一位普通的上班族，35岁，月收入近1万元。以下真实地记录了她在购车决策过程中如何受到各种信息的影响。

阿雯周边的朋友与同事纷纷加入了购车者的队伍，看他们在私家车里享受如水的音乐而不必用力抗拒公车的拥挤与嘈杂，阿雯不觉地开始动心。另外，她工作地点离家较远，加上交通拥挤，来回花在路上的时间要近3个小时，她的购车动机越来越强烈。只是这时候的阿雯对车一无所知，除了坐车的体验，除了直觉上喜欢漂亮的白色、流畅的车型和几盏大而亮的灯。

初识爱车

阿雯是在上司的鼓动下上驾校学车的。在驾校学车时，未来将购什么样的车不知不觉成为几位学车者的共同话题。

"我拿到驾照，就去买一部1.4自排的波罗。"一位MBA同学对波罗情有独钟。虽然阿雯也蛮喜欢这一款小车的外形，但她怎么也接受不了自己会购这一款波罗，因为阿雯有坐波罗1.4的体验，那一次是4个女生(在读MBA同学)上完课，一起坐辆小波罗出去吃午饭，回校时车从徐家汇汇金广场的地下车库开出，上坡时不得不关闭了空调才爬上高高的坡，想起爬个坡便要关上空调实实在在地阻碍了阿雯对波罗的热情，虽然有不少人认为波罗是女性的首选车型。问问驾校的师傅吧。师傅总归是驾车方面的专家，"宝来，是不错的车"，问周边人的用车体会，包括朋友的朋友，都反馈过来这样的信息：在差不多的价位上，开一段时间，还是德国车不错，宝来好。阿雯的上司恰恰是宝来车主，阿雯尚无体验驾驶宝来的乐趣，但后排的拥挤已先入为主了。想到自己的先生人高马大，宝来的后座不觉成了胸口的痛。如果有别的合适的车，宝来仅会成为候选吧。

不久，一位与阿雯差不多年龄的女邻居，在小区门口新开的一家海南马自达专卖店里买了一辆福美来，便自然地向阿雯作了“详细介绍”。阿雯很快去了家门口的专卖店，她被展厅里的车所吸引，销售员热情有加，特别是有一句话深深地打动了她：“福美来各个方面都很周全，反正在这个价位里别的车有的配置福美来都会有，只会更多。”此时的阿雯还不会在意动力、排量、油箱容量等抽象的数据，直觉上清清爽爽的配置，配合销售人员正对阿雯心怀的介绍，令阿雯在这一刻已锁定海南马自达了。乐呵呵地拿着一堆资料回去，福美来成了阿雯心中的首选。银色而端正的车体在阿雯的心中晃啊晃。

亲密接触

阿雯回家征求先生的意见。先生问到：“为什么放着那么多上海大众和通用公司的品牌不买，偏偏要买“海南货”？它在上海的维修和服务网点是否完善？”两个问题马上动摇了阿雯当初的方案。

阿雯不死心，便想问问周边驾车的同事对福美来的看法。“福美来还可以，但是日本车的车壳太薄”，宝来车主因其自身多年的驾车经验，他的一番话还是对阿雯有说服力的。阿雯有无所适从的感觉。好在一介书生的直觉让阿雯关心起了精致的汽车杂志，随着阅读的试车报告越来越多，阿雯开始明确自己的目标了，8—15 万元的价位，众多品牌的车都开始进入阿雯的视野。此时的阿雯已对各个车的生产厂家、每个生产厂家生产哪几种品牌、同一品牌的不同的发动机的排量与车的配置、基本的价格都已如数家珍。上海通用的别克凯越与别克赛欧，上海大众的超越者，一汽大众的宝来，北京现代的伊兰特，广州本田的飞度 1.5，神龙汽车的爱丽舍，东风日产的尼桑阳光，海南马自达的福美来，天津丰田的威驰，各款车携着各自的风情，在马路上或飞驰或被拥堵的时时刻刻，向阿雯亮着自己的神采，阿雯常用的文件夹开始附上了各款车的排量、最大功率、最大扭距、极速、市场参考价等一行行数据，甚至于 4S 店的配件价格。经过反复比较，阿雯开始锁定别克凯越和本田飞度。

特别是别克凯越，简直是一款无懈可击的靓车啊！同事 A 此阶段也正准备买车，别克凯越也是首选。阿雯开始频频地进入别克凯越的车友论坛，并与在上海通用汽车集团工作的同学 B 联系。从同学的口里，阿雯增强了对别克凯越的信心，也知道了近期已另有两位同学拿到了牌照。但不幸的是，随着对别克凯越论坛的熟悉，阿雯很快发现，费油是别克凯越的最大缺陷，想着几乎是飞度两倍的油耗，在将来拥有车的时时刻刻要为这油耗花钱，阿雯的心思便又活了。还有飞度呢，精巧，独特，省油，新推出的 1.5 VTEC 发动机的强劲动力，活灵活现的试车报告，令人忍不住想说就是她了。何况在论坛里发现飞度除了因是日本车系而受到抨击外没有明显的缺陷。正巧这一阶段广州本田推出了广本飞度的广告，阿雯精心地收集着有关广本飞度的每一个文字，甚至致电广本飞度的上海 4S 店，追问其配件价格。维修成员极耐心的回答令飞度的印象分又一次得到了增加。

到此时，阿雯对电视里各种煽情的汽车广告却没有多少印象。由于工作、读书和家务的关系，她实在没有多少时间坐在电视机前。而地铁里的各式广告，按道理是天天看得到，但受上下班拥挤的人群的影响，阿雯实在没有心情去欣赏。只是纸上得来终觉浅，周边各款车的直接用车体验对阿雯有着很强的说服力，阿雯开始致电各款车的车主了。

朋友C已购了别克凯越，问及行车感受，说很好，凯越是款好车，值得购买。

同学D已购了别克赛欧，是阿雯曾经心仪的SRV，质朴而舒适的感觉，阿雯常常觉得宛如一件居家舒适的棉质T恤衫，同学说空调很好，但空调开后感觉动力不足。

朋友E已购了飞度1.3，她说飞度轻巧，省油，但好像车身太薄，不小心用钥匙一划便是一道印痕，有一次去装点东西感觉像“小人搬大东西”。周边桑塔纳的车主、波罗的车主等，都成为阿雯的“采访”对象。

花落谁家?

阿雯的梦中有一辆车，漂亮的白色，流畅的车型，大而亮的灯，安静地立在阿雯的面前，等着阿雯坐进去。但究竟花落谁家呢？阿雯自己的心里知道，她已有一个缩小的备选品牌范围。但究竟要买哪一辆车，这个“迷底”不再遥远……

讨论：

1. 在百度“用户画像”中，阿雯是个什么样的人?

2. 试运用消费者决策过程的五阶段模型及影响消费者购买决策的因素理论，分析阿雯选车所经历的相关阶段。

3. 续写其购买决策的故事(第四阶段和第五阶段)。

4. 试运用消费者决策过程的五阶段模型及影响消费者购买决策的因素理论，分析自己(或家庭)的某次复杂购买行为。

第四章

市场竞争分析

学习要点

- 掌握竞争者分析的主要步骤；
- 理解企业的一般竞争战略；
- 理解不同市场地位的企业竞争战略。

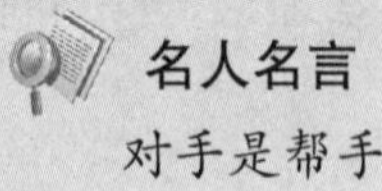

名人名言

对手是帮手

——埃德蒙·伯克

企业要想在激烈的市场竞争中立于不败之地，就必须在顾客导向的基础上树立竞争观念，识别竞争者的特点，分析它们的战略、目标、优势与劣势，制定竞争性营销战略，努力取得竞争的主动权。

第一节　竞争对手分析

名人名言

21世纪只有两种企业：一种是(反应)快的企业，一种是死的企业。

——王嘉廉

企业要制定出有利的竞争性营销战略，必须了解竞争者的有关情况，一般来讲，竞争者分析包括以下三个步骤。

一、识别竞争者

一个企业识别竞争者似乎很容易，例如，福特汽车公司识别丰田汽车公司是其主要竞争对手。然而,企业现实与潜在竞争者的范围是很广泛的。一个企业很可能被新出现的竞争对手打败,而非当前竞争者。

(一) 分类竞争观

按照分类竞争观点,竞争者可以分为以下四类。

(1) 愿望竞争者(Desire competition)。指提供不同产品以满足不同需求的竞争者。假设某消费者现在只有 2 万元,是先买家具还是先买家电? 这个时候,家具和家电就是竞争者。

(2) 属类竞争者(Industry competition)。指提供不同产品以满足同一种需求的竞争者。同样是满足吃的需求,我要吃些什么呢? 各种食品就会出现在心头,如炸土豆片、糖果、软饮料、水果。这些能表示满足同一需要的不同的基本方式,我们可称之为属类竞争者。

(3) 产品形式竞争者(Form competition)。指满足同一需要的产品的各种形式间的竞争。如巧克力块、甘草糖和水果糖等糖果都是满足吃糖欲望的不同形式,它们称为产品形式竞争者。

(4) 品牌竞争者(Brand competition)。指满足同一需要的同种形式产品不同品牌之间的竞争。男装中的雅戈尔和杉杉就是品牌竞争者。

(二) 波特"五力"竞争观

迈克尔·波特识别出有五种力量决定了一个市场或细分市场的长期内在吸引力,这五种力量是同行业竞争者。潜在的新参加的竞争者、替代产品、购买者和供应商如图 4-1 所示。

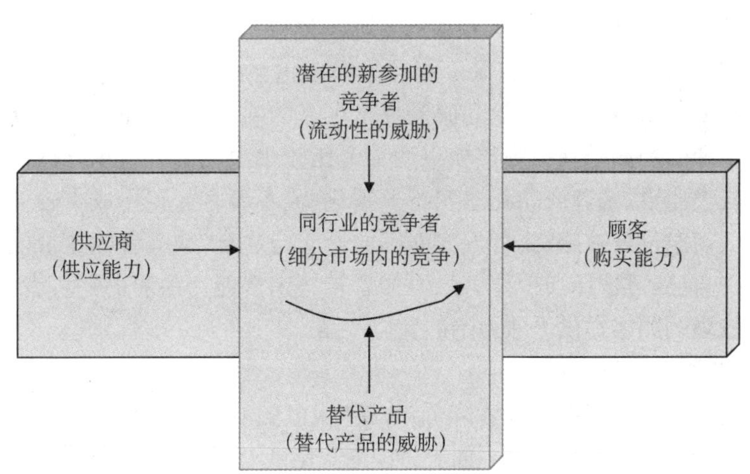

图 4-1　波特的"五力"竞争模型

1. 同行业的竞争者

如果一个细分市场已经有了众多的、强大的或者竞争意识强烈的竞争者,该细分市场就会失去吸引力。如果该细分市场处于稳定或者衰退,生产能力不断地大幅度扩大,固定成本过高,撤出市场的壁垒过高,竞争者投资越大,情况就会越糟。这些情况常常会导致价格战、广告争夺战,新产品的推出,并使公司要参与竞争就必须付出高昂的代价。

2. 潜在的新产品的竞争者

一个细分市场的吸引力随其进退难易的程度而有所区别。根据行业利润的观点，最有吸引力的细分市场应该使进入的壁垒高、退出的壁垒低，如图 4-2 所示：

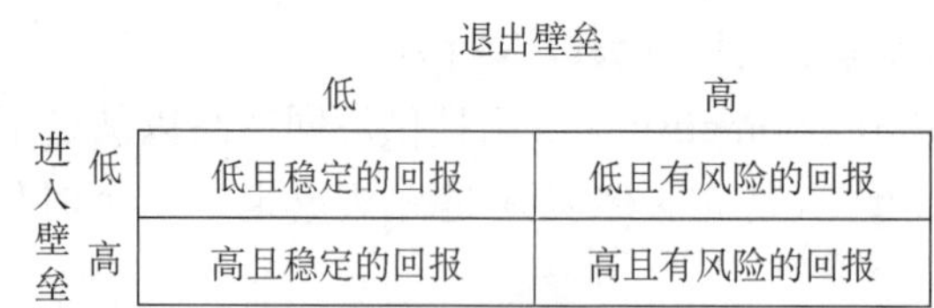

图 4-2 壁垒和盈利能力

在这样的细分市场里，新的公司很难打入，但经营不善的公司可以安然撤退。如果细分市场进入和退出的壁垒都较高，且潜在利润诱人，那么公司所面临的风险也就更大，因为经营不善的公司难以撤退，必须坚持到底。如果细分市场进入和退出的壁垒都较低，那么公司便可以进退自如，获得的报酬虽然稳定，但不高。最坏的情况是进入细分市场的壁垒较低，而退出的壁垒却很高。于是，在经济良好时，大家蜂拥而入，但在经济萧条时，却很难退出。其结果是大家都生产能力过剩，收入下降。

3. 替代产品的威胁

如果某个细分市场存在着替代产品或者有潜在替代产品，那么该细分市场就失去吸引力。替代产品会限制细分市场内价格和利润的增长。公司应密切注意产品的价格趋向。如果在这些替代产品行业中技术有所发展，或者竞争日趋激烈，那么这个细分市场的价格和利润就可能会下降。

4. 购买者侃价能力加强的威胁

如果某个细分市场中购买者的侃价能力很强或正在加强，该细分市场就没有吸引力。购买者会设法压低价格，对产品质量和服务提出更高的要求，并且使竞争者互相斗争，所有这些都会使销售商的利润受到损失。如果购买者比较集中或者有组织，或者该产品在购买者的成本中占较大比重，或者产品无法实行差别化，或者顾客的转换成本较低，或者由于购买者的利益较低而对价格敏感，或者顾客能够向后实行联合，购买者的还价能力就会加强。销售商为了保护自己，可选择议价能力最弱或者转换销售能力最弱的购买者。较好的防卫方法是向实力较强的顾客提供无法拒绝的优质产品。

5. 供应商侃价能力加强的威胁

如果公司的供应商能够提价或者降低产品和服务的质量，或减少供应数量，那么，该公司所在的细分市场就会没有吸引力。如果供应商集中或有组织，或者替代产品少，或者供应的产品是重要的投入要素，或转换成本高，或者供应商可以向前实行联合，那么，供应商的侃价能力就会较强大。因此，与供应商建立良好关系和开拓多种供应渠道才是防御上策。

名人名言

要保持不败，就必须时时刻刻谋求发展。

——希尔顿

二、分析竞争者

（一）辨别竞争者的战略

公司最直接的竞争者是那些对相同目标市场推行相同战略的公司。战略群体指在某个特定行业中推行相同战略的一组企业。一个企业必须识别与其竞争的战略群体。

识别行业内的战略群体不仅需要从质量形象与纵向一体化进行，还应从技术先进水平、地区范围、制造方法等方面了解每个竞争者更详细的信息，具体包括：竞争者的研究与开发；制造、营销、财务与人力资源管理；产品质量、特色及产品组合；顾客服务；定价策略；分销；促销等。

由于市场环境在不断地变化，因此，富有活力的竞争者将随着环境的变化而修订其战略，如通用汽车公司因适应了市场对汽车的多样化需求而超过福特汽车公司。

（二）判定竞争者的目标

企业不仅要识别主要竞争者的战略，还必须了解它们的目标。竞争者的最终目标是获取利润，但不同公司对于长期与短期利润的重视程度不同：有的公司注重长期利润，有的重视短期利润；有的公司重视利润最大化，有的则只重视适度利润。

企业不仅应识别竞争者总的目标，还要了解其目标组合，诸如目前获利的可能性、市场份额增加、现金流量、技术领先和服务领先等，从中了解企业对各类竞争者的进攻应该作何种反应。

竞争者的目标是由多种因素确定的，包括公司的规模、历史、目前的经营管理和经济状况。

（三）评估竞争者的优势和劣势

竞争者能否执行其战略和实现其目标，主要取决于每个竞争者的资源和能力。公司必须评估每个竞争者的优势和劣势。

1. 收集每个竞争者的信息

主要是收集有关竞争者最关键的数据，诸如销售量、市场份额、心理份额、情感份额、毛利、投资报酬率、现金流量、新投资、设备能力利用等。心理份额指回答“举出这个行业中你首先想到的一家公司”这个问题时，提名竞争者的顾客在全部顾客中的比例。情感份额指回答“举出你最喜欢购买其产品的一家公司”这一问题时，提名竞争者的顾客在全部顾客中的比例。

收集信息通常通过第二手资料进行，还可以通过向顾客、供应商和中间商进行直接营销调研来实现。

2. 分析评价

根据已收集的信息综合分析竞争者的优势与劣势。见表 4-1。

表 4-1　竞争者优势与劣势分析

	顾客知晓度	产品质量	产品利用率	技术服务	推销人员
A	优	优	差	差	良
B	良	良	优	良	优
C	中	差	良	中	中

表中,优劣分四个等级,即优、良、中、差。根据四个等级评估 ABC 三个竞争者的优劣势,可见:A 在顾客知晓度与产品质量方面是最好的,在产品利用率与技术服务方面最差,处于劣势;B 产品的顾客知晓度、产品质量及技术服务方面不如 A,产品利用率与推销人员优于 A;C 则无明显的优势,产品质量差,其他方面均处于不利地位。

3. 寻找标杆

指找出竞争者在管理和营销等方面较好的做法为标准,然后加以模仿、组合和改进,并力争超过标杆者。施乐公司实行标杆法而缩短了其成为行业领导者的时间。柯达使用标杆法使其产品更可靠并成为行业的领头羊。

标杆法包括七个步骤:①确定标杆项目;②确定评估关键绩效的变量;③识别最佳级别的公司,即寻找出标杆公司;④衡量标杆公司的绩效;⑤衡量公司绩效;⑥制定缩小差距的计划与行动;⑦执行和监测结果。

(四) 评估竞争者的反应模式

由于每个竞争者的经营哲学、企业文化、价值观念不同,他们对竞争者的反应模式也相应不同。概括起来,大约有以下四种反应模式。

1. 从容型竞争者

指一个竞争者对某一特定竞争者的行动没有迅速反应或反应不强烈。其原因有多种,或者认为其顾客忠于它们,不会转移购买;或者它们实行短期收割榨取策略而不必理睬竞争者;或者由于他们缺乏资金对竞争者的行动作出迅速反应。

2. 选择型竞争者

指竞争者只对某些类型的竞争攻击作出反应,而对其他竞争攻击无动于衷。竞争者经常对降价作出反应,而对广告费的增加可能不作出任何反应,因为它相信此因素对其威胁不大。了解主要竞争者在哪方面作出反应,可以为企业提供最为可行的攻击类型。

3. 凶狠型竞争者

指对所有竞争者的攻击行为作出迅速而强烈的反应。这类竞争者在警告其他企业最好停止任何攻击。

4. 随机型竞争者

指对竞争攻击的反应具有随机性,让人捉摸不定。许多小公司往往是随机型的竞争者。

三、选择竞争者

在获得较好的竞争信息以后,企业理就很容易制定其竞争战略。他们可以用一种称为顾客价值分析的技术。顾客将从那些他们认为提供最高顾客价值的公司购买商品。顾客价值的计算如下:

顾客价值 = 顾客利益 − 顾客成本

顾客价值包括产品利益、服务利益、个人利益和形象利益。顾客价值分析的目的就是测定顾客在目标细分市场中所要得到的利益和他们对相互竞争的供应商所提供的货物的相对价值。顾客价值分析的主要步骤如下:

(1) 识别顾客价值的主要属性。询问顾客本人在选择产品和售货人时希望得到何种功能和何种经营水平。顾客提出希望得到的特色、利益将会因人而异。

(2) 评价不同属性重要性的额定值。询问顾客,由他们对各种不同属性按其重要性的大小进行评定的排列顺序。如果顾客的评价分歧甚大,就应该把他们分成不同的顾客细分市场。

(3) 对公司和竞争者在属性上的性能进行分等重要度评估。询问顾客对各竞争者在各个属性方面的性能有何看法。理想的情况是,本公司应该在顾客评价最高的属性方面性能最好,而在顾客评价最差的属性方面性能最低。

(4) 与特定的主要竞争对手比较,针对每个属性成分,研究某一特定细分市场的顾客如何评价公司的绩效。获得竞争优势的关键是赢得各个细分市场的顾客,并对公司提供的货物与主要竞争者提供的货物进行对比。如果公司提供的货物在所有重要的属性方面都超过了竞争者,公司便可索取较高的价格,以获得更大的利润;或者,也可定价相同而获得较高的市场份额。

(5) 监测不断变化中的顾客价值感。尽管顾客价值感在短期内是比较稳定的,但当技术和特性发生变化以及顾客面对不同的经济气候时,他们有可能变化。该公司如果想在战略上成功,就必须对顾客价值感和竞争者地位作出重新研究。

公司进行的顾客价值分析以后,可以在下列竞争者中挑选一个进行集中攻击:强竞争者与弱竞争者、近竞争者与远竞争者、良性竞争者与恶性竞争者。

1. 强竞争者与弱竞争者

大多数公司喜欢把目标瞄准软弱的竞争者。这样取得市场份额的每个百分点所需的资源和时间较少,但在这个过程中,公司也许在提高能力方面毫无进展。公司还应该与强有力的竞争者竞争,因为通过与它们竞争,公司不得不努力赶超目前的工艺水平。再者,即使面对强有力的竞争者,公司也应该了解它的某些劣势。

2. 近竞争者与远竞争者

大多数公司会与那些与其极度类似的竞争者竞争。但是,也应该避免企图“摧毁”邻近的竞争者。

3. 良性竞争者与恶性竞争者

每个行业都包含良性和恶性竞争者。一个公司应明智地支持良性竞争者,攻击恶性竞争者。良性竞争者有一些特点:它们遵守行业规则;对行业的增长潜力所提出的设想切合实际;依照与成本的合理关系来定价;把自己限制于行业的某一部分或细分市场里;推动竞争者降低成本,提高差异化;接受为它们的市场份额和利润所规定的大致界线。

恶性竞争者则违反规则:企图花钱购买而不是靠自己努力去赢得市场份额;它们敢于冒大风险;它们的生产能力过剩但仍继续投资。总体来说,它们打破了行业的平衡。

名人名言

在正当的行为下,竞争才有正面意义,否则只会阻碍全体发展。经营者不应该凭权势与金钱做恶性竞争,应以建设公平、合理的社会为己任。

——松下幸之助

第二节　企业的一般竞争战略

名人名言

不要顾忌竞争。谁做事漂亮，谁就能够在竞争中取胜。企图硬夺取别人的生意，是犯罪的行为。

——亨利·福特

为了取得长期竞争优势，企业可以选择以下三种互相有内在联系的一般竞争战略。

一、成本领先战略

（一）成本领先战略的涵义

成本领先战略(Overall Cost Leadership)是指通过有效途径，使企业的全部成本低于竞争对手的成本，以获得同行业平均水平以上的利润。在1970年代，随着经验曲线概念的普及，这种战略已经逐步成为企业共同采用的战略。实现成本领先战略需要有一整套具体政策：有高效率的设备；积极降低经验成本；紧缩成本和控制间接费用；降低研究开发、服务、销售、广告等方面的成本。要达到这些目的，必须在成本控制上进行大量的管理工作，不能忽视质量、服务及其他一些领域工作，尤其要重视与竞争对手有关的低成本的任务。

（二）成本领先战略的优点

只要成本低，企业尽管面临着强大的竞争力量，仍可以在本行业中获得竞争优势。这是因为：

(1) 在与竞争对手的斗争中，企业由于处于低成本的地位，具有进行价格战的良好条件，即使竞争对手在竞争中不能获得利润甚至只能保本，本企业仍可获利。

(2) 面对强有力的购买者要求降低产品价格的压力，处于低成本地位的企业仍可以有较好的收益。

(3) 在争取供应商的斗争中，由于企业的低成本，相对于竞争对手具有较大的对原材料、零部件价格上涨的能力，能够在较大的边际利润范围内承受各种不稳定因素带来的影响；同时，由于低成本企业对原材料或零部件的需求量一般较大，因而为获得廉价的原材料或零部件提供了可能，同时也便于和供应商建立稳定的协作关系。

(4) 在与潜在进入者的斗争中，那些形成低成本地位的因素常常使企业在规模经济或成本优势方面形成进入障碍，削弱了新进入者对低成本者的进入威胁。

(5) 在与替代品的斗争中，低成本企业可用降价的办法稳定现有顾客的需求，使之不被替代产品替代。当然，如果企业要较长时间地巩固现有的竞争地位，还必须在产品及市场上有所创新。

（三）成本领先战略的缺点

（1）投资较大。企业必须具备先进的生产设备，才能高效率地进行生产，以保持较高的劳动生产率。同时，在进攻型定价以及为提高市场占有率而形成的投产亏损等方面也需进行大量的预先投资。

（2）技术变革会导致生产工艺和技术的突破，使企业过去大量投资和由此产生的高效率一下子丧失优势，并给竞争对手造成以更低成本进入的机会。

（3）将过多的注意力集中在生产成本上，可能导致企业忽视顾客需求特性和需求趋势的变化，忽视顾客对产品差异的兴趣。

（4）由于企业集中大量投资于现有技术及现有设备，提高了退出障碍，因而对新技术的采用以及技术创新反应迟钝，甚至采取排斥态度。

（四）成本领先战略的适用条件

低成本战略是一种重要的竞争战略，但是，它也有一定的适用范围。当具备以下条件时，采用成本领先战略会更有效力。

（1）市场需求具有较大的价格弹性。

（2）本行业的企业大多生产标准化产品，从而使价格竞争决定企业的市场地位。

（3）实现产品差异化的途径很少。

（4）多数客户以相同的方式使用产品。

（5）用户从一个销售商改变为另一个销售商时，不会发生转换成本，因而特别倾向于购买价格最优惠的产品。

二、差异化战略

（一）差异化战略的含义

所谓差异化战略（Overall Cost Leadership），是指为使企业产品与对手产品有明显的区别、形成与众不同的特点而采取的战略。这种战略的重点是创造被全行业和顾客都视为独特的产品和服务以及企业形象。实现差异的途径多种多样，如产品设计、品牌形象、技术特性、销售网络、用户服务等。例如，美国卡特彼勒履带拖拉机公司不仅以有效的销售网和可随时提供良好的备件出名，而且以质量精良的耐用产品名震遐迩。

（二）差异化战略的优点

只要条件允许，产品差异化是一种可行的战略。企业奉行这种战略，可以很好地防御五种竞争力量，获得竞争优势：

（1）实行差异化战略是利用了顾客对其特色的偏爱和忠诚，由此可以降低对产品的价格敏感性，使企业避开价格竞争，在特定领域形成独家经营的市场，保持领先。

（2）顾客对企业（或产品）的忠诚性形成了强有力的进入障碍，进入者要进入该行业需花很大气力去克服这种忠诚性。

（3）产品差异可以产生较高的边际收益，增强企业对付供应者讨价还价的能力。

(4) 由于购买者别无选择，对价格的敏感度又低，企业可以运用差异化战略来削弱购买者的讨价还价能力。

(5) 由于企业具有特色，又赢得了顾客的信任，在特定领域形成独家经营的市场。便可在与代用品的较量中比其他同类企业处于更有利的地位。

(三) 差异化战略的缺点

(1) 保持产品的差异化往往以高成本为代价，因为企业需要进行广泛的研究开发、产品设计、采用高质量的原料和争取顾客支持等工作。

(2) 并非所有的顾客都愿意或能够支付产品差异所形成的较高价格。同时，买主对差异化所支付的额外费用是有一定支付极限的。若超过这一极限，低成本、低价格的企业与高价格差异化产品的企业相比就显示出竞争力。

(3) 企业要想取得产品差异，有时要放弃获得较高市场占有率的目标，因为它的排他性与高市场占有率是矛盾的。

(四) 差异化战略的适用条件

(1) 有多种使产品或服务差异化的途径，而且这些差异化是被某些用户视为有价值的。

(2) 消费者对产品的需求是不同的。

(3) 奉行差异化战略的竞争对手不多。

以上我们讨论了成本领先战略和产品差异化战略，那么，这两者之间存在什么关系？在这两种战略中如何作出选择呢？许多成功的企业有一个共同的特点，就是在确定企业竞争战略时都是根据企业内外环境条件，在产品差异化、成本领先战略中选择一个，从而确定具体目标，采取相应的措施而取得成功。当然，也有一些企业同时采取两种竞争战略而成功，如宜家家居采取的成本领先和差异化混合的策略合理地运用于其设计、生产、营销环节，才成功完成了企业使命，实现了其为顾客提供“品种多样、价格低廉”的家居产品目标。但一般来说，不能同时采用这两种战略，因为这两种战略有着不同的管理方式和开发重点，有着不同的企业经营结构，反映了不同的市场观念。

在同一市场的演进中，常会出现这两种竞争战略循环变换的现象。一般来讲，为了竞争及生存的需要，企业往往以产品差异化战略打头，使整个市场的需求动向发生变化，随后其他企业纷纷效仿跟进，使差异化产品逐渐丧失了差异化优势，最后变为标准产品，此时，企业只有采用成本领先战略，努力降低成本，使产品产量达到规模经济，提高市场占有率来获得利润。这时市场也发展成熟，企业之间的竞争趋于激烈。企业要维持竞争优势，就必须通过新产品开发等途径寻求产品差异化，以开始新一轮战略循环。

三、集中战略

(一) 集中战略的含义

集中战略(Focus Strategy)是指企业把经营的重点目标放在某一特定的购买者集团、某种特殊用途的产品或某一特定地区，来建立企业的竞争优势及其市场地位。由于资源有限，一个企业很难在其产品市场展开全面竞争，因而需要瞄准一定的重点，以期产生巨大而有效的市场力量。此外，一个企业所具备的不败的竞争优势，也只能在产品市场的一定范围内发挥作用。例如，天津汽车工业公司面对进口轿车和合资企业生产轿车的竞争，将经营重心放在微型汽车上，该厂生产的夏利轿车专门适用于城市狭小街道行驶，且价格又不贵，颇受出租汽车司机的青睐。

集中战略所依据的前提是，厂商能比竞争对手更有效或效率更高地为其狭隘的战略目标服务，结果，厂商或由于更好地满足其特定目标的需要而取得产品差异，或在为该目标的服务中降低了成本，或两者兼而有之。尽管集中战略往往采取成本领先和差异化这两种变化形式，但三者之间仍存在区别。后两者的目的都在于达到其全行业范围内的目标，但整个集中战略却是围绕着一个特定目标服务而建立起来的。

（二）集中战略的优点

实行集中战略具有以下几个方面的优势：

（1）经营目标集中，可以集中企业所有资源于某一特定战略目标之上。

（2）熟悉产品的市场、用户及同行业竞争情况，可以全面把握市场，获取竞争优势。

（3）由于生产高度专业化，在制造、科研方面可以实现规模效益。这种战略尤其适用于中小企业，即小企业可以以小补大，以专补缺，以精取胜，在小市场做成大生意，成为“小型巨人”。例如，诺基亚做过制药、家用电器、计算机等一系列产业。1992 年，在 CEO 奥利拉的领导下，诺基亚进行了大刀阔斧的改革，把业务的重点放到电信上来。这次改革推动了诺基亚移动通讯业的大力发展。诺基亚在全球拥有大量的手机专利，做手机的任何一个部件，都会碰到诺基亚的专利，诺基亚不仅靠出售手机赚钱，而且靠转让手机的技术赚钱。

（三）集中战略的缺点

集中战略也包含风险，主要是注意防止来自三方面的威胁，并采取相应的措施维护企业的竞争优势：

（1）以广泛市场为目标的竞争对手，很可能将该目标细分市场纳入其竞争范围。甚至已经在该目标细分市场中竞争，构成对企业的威胁。这时企业要在产品及市场营销各方面保持和加大其差异性，产品的差异性越大，集中战略的维持力越强；需求者的差异性越大，集中战略的维持力也越强。

（2）该行业的其他企业也采用集中战略，或者以更小的细分市场为目标，构成了对企业的威胁。这时选用集中战略的企业要建立防止模仿的障碍，当然，其障碍的高低取决于特定的市场细分结构。另外，目标细分市场的规模也会造成对集中战略的威胁，如果细分市场较小，竞争者可能不感兴趣，但如果是在一个新兴的、利润不断增长的较大的目标细分市场上采用集中战略，开发出更为专业化的产品，就会剥夺原选用集中战略的企业的竞争优势。

（3）如果社会政治、经济、法律、文化等环境的变化、技术的突破和创新等多方面原因引起替代品出现或消费者偏好发生变化，导致市场结构性变化，此时集中战略的优势也随之消失。

要成功地实行以上三种一般竞争战略，需要不同的资源和技巧，需要不同的组织安排和控制程序，需要不同的研究开发系统，因此，企业必须考虑自己的优势和劣势，根据经营能力选择可行的战略。表 4-2 列出了三种竞争战略所需要的技能和要求。

表 4-2 一般竞争战略的要求

一般竞争战略	公共需要的技能和资源	共同的组织要求
成本领先战略	1. 持续的资本投资和获得资本的途径； 2. 生产加工工艺技能； 3. 严密的劳动监督； 4. 设计容易制造的产品； 5. 低成本的分销系统	1. 严密的成本控制； 2. 经常而又详尽的成本控制报告； 3. 结构严密的组织和责任； 4. 以实现严格的目标为基础的刺激
差异化战略	1. 强有力的市场营销能力； 2. 产品工艺技术； 3. 创造性的眼光； 4. 强有力的基础研究能力； 5. 公司在质量或技术领先方面的声誉； 6. 行业内长期形成的传统或吸取其他企业经营技能的独特的组合方式； 7. 各种销售渠道强有力的合作	1. 对研究开发、产品开发和市场营销等职能活动强有力的协调； 2. 用主观测定和刺激代替定量化的测定； 3. 吸引高技能的工人、科研人员或有创新能力人才的舒适环境
集中性战略	针对特定战略目标的上述各种政策的结合	针对特定战略目标的上述各种政策的结合

同样，一般性竞争战略还需要不同的领导风格、适合各种战略的企业文化，这些因素对能否成功实施一般战略有较大的影响。

第三节　不同市场地位的企业竞争战略

一、市场领先者战略

所谓市场领导者(Market Leader)，是指在相关产品的市场上市场占有率最高的企业。一般来说，大多数行业都有一家企业被公认为市场领导者，它在价格调整、新产品开发、配销覆盖和促销力量方面处于主导地位。它是市场竞争的导向者，也是竞争者挑战、效仿或回避的对象。这些市场领导者的地位是在竞争中自然形成的，但不是固定不变的。如果它没有获得法定的特许权，必然会面临着竞争者的无情挑战。因此，企业必须随时保持警惕并采取适当的措施。

一般来说，市场领导者为了维护自己的优势，保持自己的领导地位，通常可采取三种战略：一是设法扩大整个市场的需求；二是采取有效的防守措施和攻击战术，保护现有的市场占有率；三是在市场规模保持不变的情况下，进一步扩大市场占有率。

(一) 扩大市场需求总量

一般来说，当一种产品的市场需求总量扩大时，受益最大的是处于市场领导地位的企业。因此，市场领导者应努力从以下三个方面扩大市场需求量。

1. *发掘新用户*

每一种产品都有吸引顾客的潜力，因为有些顾客或者不知道这种产品，或者因为其价格不合适或缺乏某些特点等而不想购买这种产品，这样，企业可以从三个方面发掘新的使用者。如香水制造商可设法说服不用香水的妇女使用香水（市场渗透策略）；说服男士使用香水（新市场策略）；向其他国家或地区推销香水（地理扩张策略）。

在发掘新用户方面，一个非常成功的范例是步步高点读机。很多家长为了不让孩子输在起跑线上，对孩子的教育投入了不少心血，只要有任何能提高孩子成绩的方法都不会放过。因此步步高早先找准时机和瞄准对象，主要针对中小学生的英语等科目，采用一体式童趣外观、语音识别技术，进行智能辅导，提高孩子们的学习效率，减轻家长的压力。

2. *开辟新用途*

公司也可通过发现并推广产品的新用途来扩大市场。C&D公司最初仅是一个生产食用苏打的小公司，尽管产品质量、销量都令公司满意并占据了一定的区域市场。但随着社会的发展和市场竞争的加剧，求生存、求发展仍是摆在公司面前的主要问题。公司认识到只有扩大市场，才能站稳脚跟，获得更大的利润。然而，各地有许多生产食用苏打的厂家，各占一方区域市场。加之苏打粉的使用范围很有限，这种产品的营销区域不易扩大，利润难以提高，公司发展举步维艰，如何解决发展问题？公司另辟蹊径，根据苏打成分的基本特性分析认定，苏打除可以制成食用焙粉外，还具有抗酸特性。这样的功能特点促使公司开发出新一代的苏打产品，并采用了原来的品牌。

顾客也是发现产品新用途的重要来源，例如，凡士林刚问世时用作机器润滑油，但在使用过程中，顾客发现凡士林还有许多新用途，如作润肤脂、药膏和发蜡等。因此，公司必须注意顾客对本公司产品的使用情况。

3. *提高使用量*

促使使用者增加用量也是扩大需求的一种重要手段。例如，牙膏生产厂家劝说人们每天不仅要早晚刷牙，最好每次饭后也要刷牙，这样就增加了牙膏的使用量。再如，宝洁公司劝告用户，在使用海飞丝洗发液洗发时，每次将使用量增加一倍，效果更佳。

（二）保护市场占有率

处于市场领导地位的企业，在努力扩大整个市场规模时，必须注意保护自己现有的业务，防备竞争者的攻击。例如，可口可乐公司必须对百事可乐公司持续关注；苹果公司要防备华为公司的进攻等。

市场领导者如何防御竞争者的进攻呢？最有建设意义的答案是不断创新。领导者不应满足于现状，必须在产品创新、提高服务水平和降低成本等方面，真正处于该行业的领先地位，同时，应该在不断提高服务质量的同时，抓住对方的弱点主动出击，进攻就是最好的防御。

市场领导者即使不发动进攻，至少也应保护其所有战线不能有任何疏漏。例如，联想公司在固守现有的电脑产品和相关业务上，又扩展到一些有潜力的新领域——手机市场，以作为将来防御和进攻的中心。其部分原因就是为了防止其他公司乘虚而入、站稳脚跟后发展壮大。堵塞漏洞要付出很高的代价，随便放弃一个产品或细分市场，机会损失可能更大。柯达公司因为35毫米照相机蚀本就放弃了这一市场,但是日本人却想方设法对这种照相机进行改进,使之便于操作,从而迅速取代了价格较低的柯达照相机,最终柯达破产。由于资源有限,领导者不可能保持它在整个市场上的所有阵地,因此,它必须善于准确地辨认哪些是值得耗资防守的阵地,哪些是可以放弃而不会招致风险的阵地,以便集中使用防御力量。防御策略的目标是要减少受到攻击的可能性,将攻击转移到威胁较小的地带,并削弱其攻势。具体来说,有六种防御策略可供市场领导者选择。

1. 阵地防御

阵地防御(Position Defense)就是在现有阵地周围建立防线,这是一种静态的消极的防御,是防御的基本形式,但是,不能作为唯一形式。对于营销者来讲,单纯防守现有的阵地或产品,就会患"营销近视症"。当年,亨利·福便对他的T型车的近视症付出厂沉重的代价,使得年赢利10亿美元的福特汽车公司从顶峰跌到濒临破产的边缘。与此相对比的是,海尔集团坚守冰箱市场,在冰箱领域巩固市场之后,开始实行"从白色家电进入黑色家电领域"的发展战略,经过几年的发展,如今的海尔已经从家电业进入IT业、房地产业等领域,海尔的发展战略经历了相关多元化、非相关多元化两个阶段。

2. 侧翼防御

侧翼防御(Flanking Defense)是指市场领导者除保卫自己的阵地外,还应建立某些辅助性的基地作为防御阵地,必要时作为反攻基地。特别要注意保卫自己较弱的侧翼,防止对手乘虚而入。例如,超级市场的食品和日用品,在快餐业方面推广冷冻食品和速食品,在折扣商店推广廉价无品牌商品。

3. 先发防御(Preemptive Defense)

先发防御(Preemptive Defense)是在敌方对自己发动进攻之前,先发制人抢先攻击。具体做法是:当竞争者的市场占有率达到某一危险的高度时,就对它发动攻击;或者是对市场上的所有竞争者全面攻击,使得对手人人自危。

有时,这种以攻为守注重心理作用,并不一定付诸行动。如市场领导者可发出市场信号,迫使竞争者取消攻击。当然,企业如果拥有强大市场资产——品牌忠诚度高、技术领先等,面对对手挑战,可以沉着应战,不轻易发动进攻。比如统一进攻方便面市场,威胁到康师傅的市场,康师傅选择暂时不做动作,等时机大面积促销活动,然后进攻其主要市场——饮料。

4. 反击防御

当市场领导遭到对手降价或促销攻势,或改进产品、市场渗透等进攻时,不能只是被动应战,应主动反攻这种策略就是反击防御(Counteroffensive Defense)。领导者可选择迎击对方的正面进攻、迂回攻击等策略。例如,提起微波炉,几乎所有的中国人都会想到格兰仕这一品牌,因为在某种程度上,它是微波炉的代名词。巅峰时期曾占据全球微波炉市场70%的市场份额的格兰仕,希望构筑它的微波炉"帝国之梦"。然而,任何一个想要垄断市场的企业,必定会受到竞争对手的入侵和猛烈反击,格兰仕也不例外。进入21世纪之后,当格兰仕与LG为争夺微波炉市场份额而短兵相接时,美的集团挟巨资挺进微波炉市场,与同城兄弟格兰仕进行PK,当年就从格兰仕手中抢去10%的市场份额。格兰仕对美的集团的挑衅岂能坐视不管,在失去部分阵地之后决定予以反击。格兰仕很快宣布:以20亿元杀入空调市场直指美的心脏。

5. 运动防御

运动防御(Mobile Defense)要求领导者不但要积极防守现有阵地,还要扩展到可作为未来防御和进攻中心的新阵地,它可以使企业在战略上有较多的回旋余地。

6. 收缩防御

有时,在所有战场阵地上进行全面防御会力不从心,从而顾此失彼,在这种情况下,最好的行动是实行战略收缩——收缩防御(Contraction Defense),即放弃某些薄弱的市场,把力量集中用于优势的市场阵地中。

(三) 提高市场占有率

市场领导者设法提高市场占有率,将此作为增加收益、保持领导地位的一个重要手段。美国的一项称为"企业经营战略对利润的影响"(PIMS)的研究表明,市场占有率是影响投资收益率最重要的因素之一,市场占有率越高,投资收益率越大,市场占有率高于40%的企业,其平均投资收益率相当于市场占有率低于10%的企业的3倍。因此,许多企业以提高市场占有率为目标,有些学者对该项研究提出不同意见。他们在对某些产业的研究中发现,有些企业的市场占有率虽然较低,但其利润率高,它们的特点是产品质量较高,相对其高质量来说价格中等或偏低,产品经营范围狭窄,其中大部分企业都是生产常用的工业部件或原材料,市场对其产品需求很少改动。对有些行业的研究结果表明,市场占有率和利润率之间存在着一条V型关系曲线。在V型曲线上,大企业趋向于追求占领整个市场,并通过实现规模经济而获得较高的利润回报率。弱小的竞争者可集中经营某些较窄的细分市场,制定专用于该细分市场的生产、市场营销和配销的策略方针,通过建立专业化竞争优势也能获得较高的利润率。在V型曲线底部的中等竞争者,既不能获得规模经济效益,又不能获得专业化竞争优势,因此利润回报率最低。

随着企业在其所服务的市场上获得的市场占有率超过其竞争者,盈利就会增加。奔驰公司获得高额利润,是因为它在其所服务的豪华汽车市场上是一个占有率高的公司,尽管它在整个汽车市场上的占有率并不是很高。

公司切不可认为在任何情况下市场占有率的提高都意味着收益率的增长,这还取决于为提高市场占有率所采取的营销策略是什么。有时为,提高市场占有率所付出的代价会高于它所获得的收益,因此,企业在提高市场占有率时应考虑以下三个因素:

(1) 引起反垄断诉讼的可能性。许多国家为维护市场竞争,制定了反垄断法,当企业的市场占有率超过一定限度时,就有可能受到反垄断诉讼和制裁。

(2) 经济成本。当市场份额已达到一定水平时,再提高一步的边际成本非常大,甚至得不偿失。

(3) 企业在争夺市场占有率时所采用的营销组合策略。有些营销手段对提高市场占有率很有效,但却未必能提高利润。只有在下列两种情况下,市场占有率才同收益率成正比:

① 单位成本随着市场占有率的提高而下降。

② 公司在提供优质产品时,销售价格的提高大大超过为提高质量所投入的成本。美国

学者克罗斯比认为，质量是免费的，因为质量好的产品可减少废品损失和售后服务的开支等，这就节约了成本。但是，其产品应投消费者之所好，这样消费者就愿意支付超出成本的高价。

二、市场挑战者战略

在行业中名列第二的企业称为亚军公司或者追赶公司，如汽车行业的福特汽车公司、软饮料行业的百事可乐公司等。这些亚军公司对待当前的竞争形势有两种态度：一种是向市场领导者和其他竞争者发动进攻，以夺取更大的市场占有率，这时它们可称为市场挑战者(Market Follower)；另一种是维持现状，避免与市场领导者和其他竞争者产生争端，这时它们称为市场追随者(Market Challenger)。

市场挑战者如果要向市场领导者和其他竞争者挑战，首先必须确定自己的战略目标和挑战对象，然后再选择适当的进攻策略。

名人名言

新的竞争不是发生在各个公司的工厂生产什么产品，而是发生在其产品能提供何种附加利益。

——莱维特

(一) 确定战略目标和挑战对象

战略目标同进攻对象密切相关，针对不同的对象存在不同的战略目标。一般说来，挑战者可以选择以下三种公司作为攻击对象。

1. 市场主导者

这一战略风险很大，但是潜在的收益可能很高。为取得进攻成功，挑战者要认真调查研究顾客的需要及其不满之处，这些就是市场领导者的弱点和失误。RIO 啤酒之所以获得成功，就是因为该公司瞄准了那些想喝低度啤酒的消费者为开发重点，而这一市场在以前却被忽视了。此外，通过产品创新，以更好的产品来夺取市场也是可供选择的策略。例如，蒙牛在特仑苏纯牛奶包装盒上将“3.3”作了放大处理，此举对普通纯牛奶产生了极大的杀伤力，吸引了大批关注营养和健康的消费者。

2. 规模相当者

挑战者对一些与自己势均力敌的企业，可选择其中经营不善而发生危机者作为攻击对象，以夺取它们的市场。

3. 地方性小企业

一些地方性小企业中经营不善而发生财务困难者，可作为挑战者的攻击对象。

(二) 选择总进攻策略

在确定了战略目标和进攻对象之后，挑战者要考虑进攻的策略问题。其原则是集中优势兵力于关键的时刻和地方。总的来说，挑战者可选择以下五种战略。

1. 正面进攻

正面进攻(Frontal Attack)就是集中兵力向对手的主要市场发动攻击，打击的目标是敌人的强项而不是弱点。这样，胜负便取决于谁的实力更强以及谁的耐力更持久，进攻者必须在产品、广告、价格等主要方面大大领先对手，方有可能成功，

进攻者如果不采取完全正面的进攻策略，也可采取一种变通形式，最常用的方法是针对竞争对手实行削价。通过在研究开发方面大量投资，降低生产成本，从而在低价格下向竞争对手发动进攻，是持续实行正面进攻策略最可靠的基础之一。

2. 侧翼进攻

侧翼进攻(Flanking Attack)就是集中优势力量攻击对手的弱点，有时也可正面佯攻，牵制其防守兵力，再向其侧翼或背面发动猛攻，采取声东击西的策略。侧翼进攻可以分为两种:一种是地理性的侧翼进攻，即在全国或全世界寻找对手相对薄弱的地区发动攻击。例如，江小白的侧翼战就是聚焦到一个能赢的白酒新领域，避开竞争品类的强势，制造优势击打对手的软肋，通过切入中低端市场进行划分和生态隔离;另一种是细分性侧翼进攻，即寻找市场领导企业尚未很好满足的细分市场。例如，德国和日本的汽车生产厂商就是通过发掘一个尚未被美国汽车生产厂商重视的细分市场，即对节油的小型汽车的需要，而获得极大发展。

侧翼进攻不是在两个或更多的公司之间浴血奋战来争夺同一市场，而是要在整个市场上更广泛地满足不同的需求。因此，它最能体现现代市场营销观念，即发现需求并且满足它们。同时，侧翼进攻也是一种最有效和最经济的策略，较正面进攻有更多的成功机会。

3. 围堵进攻

围堵进攻(Encirclement Attack)是一种全方位、大规模的进攻策略，它在几个战线发动全面攻击，迫使对手在正面、侧翼和后方同时全面防御。进攻者可向市场提供竞争者能供应的一切，甚至比对方还多，使自己提供的产品无法被拒绝。当挑战者拥有优于对手的资源，并确信围堵计划的完成足以打垮对手时，这种策略才能奏效。日本精工表在国际市场上就是采取这种策略，它提供了约400种流行款式、不断更新的产品和各种吸引消费者的促销手段，取得了很大成功。

4. 迂回进攻(Bypass Attack)

迂回进攻(Bypass Attack)是一种最间接的进攻策略，它避开了对手的现有阵地而迂回进攻。具体办法有三种:发展无关的产品，实行产品多元化经营;以现在产品进入新市场，实现市场多元化;通过技术创新和产品开发，以替换现有产品。

5. 游击进攻

游击进攻(Guerrilla Attack)主要适用于规模较小、力量较弱的企业，目的在于通过向对方不同地区发动小规模的、间断性的攻击来骚扰对方，使之疲于奔命，最终巩固永久性据点。游击进攻可采取多种方法，包括有选择的降价，突袭式的促销行动等。应该指出的是，尽管游击进攻可能比正面围堵或侧翼进攻节省开支，但如果想打倒对手，光靠游击战不可能达到目的，还需要发动更强大的攻势。

三、市场跟随者战略

美国市场学学者李维特教授认为，有时产品模仿（Product Imitation）像产品创新（Product Innovation）一样有利。因为一种新产品的开发和商品化要投入大量资金，也就是说，市场领导者地位的获得是有代价的。其他厂商仿造或改良这种产品，虽然不能取代市场领导者，但因不必承担新产品创新费用，也可获得很高的利润。一般来说，跟随战略可分为以下三类：

（一）紧密跟随

这指跟随者尽可能地在各个细分市场和营销组合领域仿效领导者。这种跟随者有时好像是挑战者，但只要它不从根本上危及领导者的地位，就不会发生直接冲突。有些跟随者表现为较强的寄生性，因为它们很少刺激市场，总能依赖市场领导者的市场努力而生存。

（二）有距离跟随

这指跟随者在某些方面紧随领导者，而在另一些方面又自行其是。也就是说，它不是盲目追随，而是择优跟随，在跟随的同时还要发展自己的独创性，但同时避免直接竞争。这类跟随者之中有些可能发展成为挑战者。

（三）有选择地跟随

还有一种特殊的跟随者在国际市场上十分猖獗，即"冒牌货"。这些产品具有很大的寄生性，它们的存在对许多国际驰名的公司是一个巨大的威胁，已成为新的国际公害，因此必须制定对策，以清除和击退这些"跟随者"。

四、市场补缺者战略

几乎每个行业都有些小企业，它们专心致力于市场中被大企业忽略的某些细分市场，在这些小市场上通过专业化经营来获取最大限度的收益。这种有利的市场位置不仅对于小企业有意义，而且对某些大企业中的较小业务部门也有意义，它们也常设法寻找一个或多个既安全又有利的补缺。这种有利市场位置被称为补缺基点。

所谓市场补缺者（Market Nicher），是指精心服务于市场上被大企业忽略的某些细小部分，而不与这些主要的企业竞争，只是通过专业化经营来占据有利的市场位置的企业。

补缺市场的特征有：有足够的市场潜量和购买力；市场有发展潜力；对主要竞争者不具有吸引力；企业具备有效地为这一市场服务所必需的资源和能力；企业已在顾客中建立起良好的信誉，足以对抗竞争者。

获取补缺的主要策略是专业化，公司必须在市场、顾客、产品或渠道等方面实行专业化。一般来讲，企业可以通过以下十个方面来实施市场补缺战略。

（1）最终用户专业化。即专门致力于为某类最终用户服务。例如书店可以专门为爱好或研究文学、经济、法律等的读者服务。

（2）垂直层次专业化。即专门致力于生产——分销循环周期的某些垂直层次的业务。

如制铝厂可专门生产铝锭、铝制品或铝质零部件。

(3) 顾客规模专业化。即专门为某一种规模(大、中、小)的客户服务。如许多补缺者专门为大公司忽略的小规模顾客服务。

(4) 特定顾客专业化。即只对一个或几个主要客户服务。如艾姆公司作为一家跨国公司,为国内少数几家大客户提供高科技产品和技术支持服务。

(5) 地理区域专业化。即专为国内外某一地区或地点服务。

(6) 产品或产品线专业化。即只生产一大类产品。如中国的公牛电器只凭借着插座这一产品在2019年进入了世界五百强企业。

(7) 客户订单专业化。即专门按客户订单生产预订的产品。

(8) 质量与价格专业化。即选择在市场的底部(低质低价)或顶部(高质高价)开展业务。

(9) 服务项目专业化。即专门提供一种或几种其他企业没有的服务项目。如海底捞火锅店为顾客提供美甲、手部护理等服务。

(10) 分销架道专业化。即专门服务于某一类分销渠道,如生产适用超级市场销售的产品。

市场补缺者要承担较大的风险,因为补缺本身可能会枯竭或受到攻击,因此,在选择市场补缺时,营销者通常选择两个或两个以上的补缺,以确保企业的生存和发展。不管怎样,只要营销者善于经营,小企业也有机会为顾客服务并赢得利润。

本章小结

企业要制定竞争性的战略,必须从行业结构角度及市场角度识别竞争者,识别竞争者的核心是识别竞争者的战略与目标,评估竞争者优劣势及其反应模式。

企业面对行业竞争者的一般竞争战略有:(1)成本领先战略。指通过有效途径,使企业全部成本低于竞争对手的成本,以获得同行业平均水平以上的利润;(2)差异化战略。指使企业产品与竞争对手产品有明显的差异,形成与众不同的特点而采取的战略;(3)集中战略,指企业把经营的重点目标放在某一特定购买集团、某种特殊用途的产品或某一特定地区上,来建立企业的竞争优势及其市场地位。这三种战略的适用条件不同。

企业在市场竞争中有四种竞争战略:市场领先战略、市场挑战战略、市场跟随战略和市场补缺战略。

思考题

1. 企业如何识别竞争者?
2. 企业如何评估竞争者的实力与反应?
3. 竞争者的一般竞争战略有哪几种?
4. 市场挑战者的竞争策略有哪些?

另辟蹊径的经商术

白圭(公元前463—前385年),东周洛阳人。其事迹在《史记·货殖列传》中有详细记载。

洛阳自古就是个商业发达的地方,洛阳人很善经商,致力于商业和手工业。白圭生长在这样的地方,日后成就为誉满天下的大商人,应该不足为奇。

白圭并非一开始就从事商业,据说他曾经做过魏惠王时期魏国的国相,白圭退出政治舞台之后,潜心商业,把经商当作自己人生的大事业来做,他说:“吾治生产,犹伊尹、吕尚之谋,孙吴用兵,商鞅行法是也。是故其智不足与权变,勇不足以决断,仁不能以取予,疆不能有所守,虽欲学吾术,终不告之矣。”如果“智”不能权变,“勇”不能决断,“仁”不能决定取与,“强”不能守业,那就无法与他讲经商的本领。

白圭有着一套极为独特的经商理念与策略。战国时的商人大多喜欢获利丰富的珠宝生意,而他另辟蹊径,从事农产品买卖。他看到的是当时社会的农业发展以及谷物是普天下老百姓都离不开的东西,虽然利润不大,但需求极大。白圭从自己的经商实践中总结出一系列让后人受益无穷的经商之术与为商之道,其中“人取我予,人弃我取”是白圭经商术的经典之一。

每当粮食收获季节或粮食丰收的时候,农民会都把粮食拿出来出售,而且价格会较为低廉,这时候他就大量买进;如果粮食欠收,农民没有太多的粮食出售,而大家又需要粮食,这个时候他就把收进的粮食以较高的价钱卖出,于是赚取了差价。

可以说,在中国历史上,专门研究如何以做生意谋生、立业的,白圭还是第一人。司马迁在《史记·货殖列传》中说:“天下言治生祖白圭。”司马迁之后人们仍把他尊为商业行当的祖师爷,直到解放前夕,在一些店铺中,还供奉着白圭的塑像。

江东之虎

孙策,字伯符,人称“江东之虎”。说起来,孙策的基业也是靠融资获得的。

孙策父亲孙坚,在平定董卓之乱的时候偷偷地把传国玉玺藏了起来,后来和刘表部下黄祖打仗,兵败被杀。孙策年幼,只好率父亲旧部投靠袁术,并给袁术立下不少战功。不过袁术始终猜忌孙策,不给他很大权力。

刘繇攻打他舅舅吴景,孙策就想向袁术借兵帮他舅舅,但袁术怕孙策乘机自立,不愿借兵。孙策想了想,就拿父亲的传国玉玺当作抵押。袁术见到传国玉玺很高兴,认为这是自己将要得天下的象征,借给孙策三千兵马。

孙策带着三千兵马回到江东,果然没有回来,而是重整父亲基业,称霸江东。袁术也不以为意,反倒以为玉玺在手,就有了称帝的资本,贸然称帝,最后在曹操攻击下,走投无路,饥渴而死。而孙家崛起之后,孙策弟弟孙权倒是真的称了帝。

善于舍弃貌似宝贵但对眼下并没有用处的资源,换取更实用的资源。比如你的团队非常强大，那么刚开始不妨舍弃一点股份，项目真做好了，离不开你团队的时候，就该投资方求你了。

案例分析

安踏的对手，只剩耐克了？

近年来，随着消费者对安踏品牌认可度的逐渐提升，安踏鞋服产品的市场需求不断高涨，助推公司营收扩张，盈利能力改善。2020年，安踏更以51.62亿元的净利润首度超越阿迪达斯（净利润约合人民币33.14亿元），成为耐克之外全球最赚钱的运动品牌公司。

一、超越李宁，安踏坐稳国内运动品牌头把交椅

曾几何时，在一众“80后”“90后”的青春期里，包揽他们鞋柜的是李宁，安踏，特步和361度，对于耐克和阿迪达斯，这帮孩子只有垂涎的资格。

彼时，北京亚运会的风潮带来了国产运动品牌的第一轮黄金时代。

1990年，“体操王子”李宁在广东三水创立同名体育用品公司，打响了振兴国产运动品牌的第一枪。

在众人瞩目、自带明星光环的李宁品牌之外，距离三水700多公里的福建晋江，一批由小作坊起家的运动鞋品牌正在悄然酝酿，安踏、特步、361度就是其中的典型代表。相比于李宁“天之骄子”的形象，这些晋江系企业凭借着极致的性价比在下沉市场闯出一片天地，而他们生产的旅游鞋也成为那个时代消费者独特的记忆。

不管是“正规军”，还是“野路子”，这些撑起中国运动鞋服行业半边天的品牌，其前半生的命运似乎都出奇地一致——20世纪90年代创立，经过一番摸爬滚打后，于21世纪初扎堆上市。

命运的分化从2008年开始。

这一年，在奥林匹克精神的带动下，全民运动的热情空前高涨，对运动鞋服的需求急剧攀升，国产运动品牌迎来巨大的红利期。在需求带动下，李宁、安踏等国产品牌的市占率开始稳步提升，与耐克、阿迪达斯之间的差距不断缩小。根据Euromonitor的数据，2008—2010年，李宁在中国市场的市占率分别为9.0%、9.8%和9.6%；同期安踏的市占率也达到了5.8%、6.9%和8.1%。

为了满足供不应求的市场需求，李宁和安踏均走上了积极扩张之路；但在具体战略上，两家企业的选择则截然相反。

简单来说，安踏的策略偏向“保守派”，通过自身的主品牌保住以二、三线城市为主的大众市场；同时，引入国际体育品牌FILA来拓展高端时尚运动市场。李宁则选择了更为冒进的扩张战略，通过大力转型进行品牌重塑，“全面进攻”高端市场，与耐克、阿迪达斯正面交锋。

2010年，李宁更换品牌LOGO，将“一切皆有可能”改为“让改变发生”；同时，还多次对产品进行调价，涨价幅度高达7.0%—17.9%。在目标群体的定位上，李宁则抛弃了“70后”“80后”为主的主力消费群体，将核心目标定位为“90后”。

然而，此时的李宁无论是产品设计、科技创新还是品牌口碑都距高端化运动品牌有着较大的差距。而李宁的形象和故事也无法迅速占领“90后”的消费心智，原本忠诚度较高的“70后”“80后”消费者也因李宁战略的切换而倍感失望。

在受众群体下滑的背景下，李宁对旗下产品大规模的涨价又让其失去了二三线城市价格敏感型消费者的信任，而这部分市场份额则很快被坚守二三线下沉市场的安踏所占领。Euromonitor的数据显示，2011年，安踏在国内的市占率达到8.8%，首次超越李宁的8.0%，成为最畅销的国产运动品牌。

也正是在这一年，这场由奥运会推升的体育用品泡沫正式宣告破灭了。随着北京奥运会热度的消退，消费者对运动鞋服的需求开始回归理性，受此影响，国内运动鞋服市场规模急剧收缩；与此同时，在2008年次贷危机的冲击下，海外需求的锐减也严重冲击了国内的纺织加工业，使其面临供应链过剩的危机。

Euromonitor的数据显示，2011年开始，中国运动服饰行业市场规模同比增速开始明显放缓，2012年和2013年连续两年出现负增长。在前期过度扩张的影响下，国产头部品牌均出现了供应过剩、库存积压、营收走低、市场份额丢失的困境，行业整体迎来增长瓶颈。

面对行业困境，安踏由品牌批发模式转变为品牌零售，并不断提高ERP系统的覆盖率，对经销商按照统一的标准进行零售管理，提升销售网络的整体质素及营运效率。受益于商业模式转型和柔性生产制度的推广，安踏的存货周转情况显著优于同行。2011年，李宁的平均存货周转天数同比增加了21天，而同期安踏仅增加2天。

反观李宁，行业危机叠加自身战略的严重失误，使得李宁的销量持续走低，库存堆积问题恶化。受此影响，李宁开始大规模打折清库存，高端化战略宣告失败，品牌形象也因此受损。同时，为了控制成本，李宁还采取了大规模关店的策略，2012年，李宁共计关店1 821家。

在业内最为艰难的2012年，受益于下沉大众市场稳固的基本盘和新商业模式下的较高运营效率，安踏仍获得了13.6亿元的净利润；同期，转型失败的李宁则亏损近20亿元。也正是这一年，安踏营收、利润、市场份额全方位反超李宁，成功坐稳了国产运动品牌的头把交椅。

二、超越阿迪达斯，安踏凭什么？

在大众市场站稳脚跟的安踏，把目光聚焦在高端化和国际化。而对FILA的成功运营，正是安踏布局高端化和国际化的第一枪，也是安踏净利润能超越阿迪达斯的关键所在。

自2005年引入中国市场以来，FILA一直不温不火，2007年转手百丽国际后，FILA的业绩进一步下滑，到了2008年，FILA在国内仅有50多家门店，年亏损接近4 000万港元。

2009年，安踏接手FILA，首先对FILA的品牌形象进行了重塑。2011年，安踏提出FILA“回归时尚”的战略，将FILA的定位从专业运动重新划分为高端运动时尚，随后通过设计师联名、明星代言、回归米兰时装周等一系列时尚营销活动不断强化FILA品牌的高级感。凭借差异化的市场定位，FILA很快成为国内高端运动时尚品牌的引领着。

除了正确的品牌定位以外，安踏对FILA的成功运营也离不开其大胆的直营模式创新。在安踏接手FILA之前，FILA原渠道结构以经销为主，终端形象杂乱，无法打开高端消费者市场。2009年安踏接手后，陆续收回了100余家经销商门店，并对FILA进行分步全直营改革和扁平化管理。通过直营化运作，安踏大规模拓展FILA的线下门店，并将店铺选址聚焦于一二线城市的黄金地段，加速了FILA高端化形象的快速树立。

经过多年大刀阔斧的改革后，2014年FILA开始扭亏为盈。近几年，随着店铺数量和坪效的不断提升（FILA店铺坪效年均涨幅超过40%，直逼优衣库），高毛利的FILA成功地为安踏打开了业绩增长的天花板。

从财务数据上看，无论是营收还是毛利率，FILA对公司的贡献都远高于安踏主品牌。2020年，FILA实现收入174.5亿元，占比高达49.1%，撑起了安踏总营收的半壁江山；同期，安踏主品牌的收入占比则为44.3%。

2020年，FILA的毛利率为69.3%，集团其他所有品牌的平均毛利率为65.9%，而安踏主品牌的毛利率仅为44.7%。受益于FILA高毛利和高份额的带动，2020年安踏整体毛利率同比上升3.2%至58.2%。

除了业绩上的直接利好外，安踏对FILA的成功运营对其战略意义更为重大。首先，FILA是安踏打开高端市场的利器；其次，安踏对FILA的直营化管理模式为其全面转型DTC模式探明了道路；最后，对FILA的成功运营为安踏接下来的多品牌管理之路提供了可复制的业务模板，激发了安踏通过资本运作扩充产品阵营和细分市场的信心。

近年来，随着安踏并购步伐的加快，其多品类、多品牌交叉发展的体育用品集团雏形开始显现，尤其是在2019年以46.6亿欧元收购亚玛芬（Amer）后，迅速弥补了安踏在国际高端专业运动市场的缺口。通过多品牌、多品类的品牌矩阵，安踏在体育用品领域形成了良好的协同效应，助力营收和盈利的进一步扩张；同时，对亚玛芬、迪桑特等细分市场专业高端品牌的强运营，也成为其打开国际市场的有利手段。

三、竞争处于白热化

稳定增长的市场规模、稳步扩张的店铺数量、优越的明星代言资源和日益提升的用户口碑，一切仿佛都表明如今安踏正处于高速发展的黄金时代。然而，在岁月静好之下，有些隐忧仍然值得投资者关注。

1. 李宁、阿迪达斯时刻准备扳回一局

在过去30年的发展中，对安踏来说两次重要的进阶分别为反超李宁和阿迪达斯。然而，这些被安踏超越的对手并没有善罢甘休，它们时刻准备扳回一局。

在连续亏损3年后，2014年年底，创始人李宁重回公司管理一线，带来的正面效应立竿见影。2015年，李宁开始扭亏为盈；2016年实现营收80亿元，净利润6.43亿元。相比安踏固化的品牌形象，李宁在国产专业运动高端市场的品牌效应更好，用户忠诚度更高。随着李宁这一强敌在科技创新上的不断发力，未来安踏专业运动领域的市占率仍有可能面临被李宁瓜分的风险；与此同时，随着李宁在国潮市场的不断出圈，两者在高端市场运动领域的竞争也愈发激烈，未来战况如何，仍具有较大的不确定性。

刚刚被安踏夺去"万年老二"之席的阿迪达斯实力自然也不容小觑。近年来，随着下沉市场被点燃，耐克、阿迪达斯也瞄准了安踏"腹地"——国内低线城市的大众市场，开始积极布局电商业务。在"618""双11"等活动期间，对商品大打折扣，甚至开出三四十元一件半袖，一百元一双鞋的低价。这样的价格虽然与其高端运动品牌的形象略不符，但消费者十分买账。早在2019年天猫"618"促销活动期间，耐克、阿迪达斯就分别实现了4分钟、53分钟销售额破亿元的战绩，是 1 小时内销售额过亿元品牌 Top 9 中唯二的运动户外品牌。

一旦耐克、阿迪达斯等品牌在低线城市的大众市场开始普及，安踏或许将不再是小镇青年心中的梦想。

此外，需要注意的是，2020 年安踏净利润超越阿迪达斯，有很大一部分原因在于海外疫情反复的客观因素。大中华区、北美、欧洲是阿迪达斯的三大主要市场。以 2020 年四季度为例，亚太地区销售额同比增长 7%，北美地区销售额同比增长 2%。而在欧洲市场，受到新一轮疫情封锁的影响，约有一半的阿迪达斯门店在年底关闭，最终欧洲市场该季度的销售额同比下降 6%。

随着新冠疫苗的规模化接种，海外疫情显露好转迹象。未来，若阿迪达斯的核心市场恢复正常增长，安踏还能否“趁机”反超阿迪达斯需打个问号。

2. “晋江系”复制安踏成功之路

除了李宁和阿迪达斯，虎视眈眈的还有特步、361 度等“晋江小兄弟”，它们正试图复制安踏的成功之路。

首先是打造多品牌矩阵。以特步为例，2019 年以来，其分别收购了慢跑鞋品牌索康尼、登山运动鞋品牌迈乐、休闲鞋履品牌盖世威、军靴品牌帕拉丁在中国市场的经营权。由此，特步也形成了专业运动（含索康尼、迈乐品牌）、时尚运动（含盖世威、帕拉丁品牌）、大众运动（主要为特步主品牌）三大业务主线，与安踏的战略如出一辙。

资本也看好特步的这一战略。近期，高瓴资本以 10 亿港元投资特步，其中约 5 亿港元将用于发展特步旗下盖世威及帕拉丁品牌的全球业务。市场对此更为热情，公布上述消息的当日，特步盘中一度大涨超 30%，最终收涨超 20%。

其次，对于自身主品牌，多数国产运动品牌都和安踏一样正发力科技创新以提升品牌的产品力和专业性。例如，安踏推出的创系列跑鞋，李宁推出的䨻系列跑鞋等。而在研发创新的竞争中，尽管安踏投入最多，并拥有专利多、资金充裕等先发优势，但从产品销售的市场反应来看，安踏的大手笔投入似乎并未收获明显领先同行的效果。

以马拉松竞速跑鞋为例，在安踏、李宁、特步和 361 度四家品牌的同类型产品中，安踏马拉松竞速跑鞋性价比较高，但销量却是最少的，这或许在一定程度上说明，安踏主品牌产品在消费者体验及口碑方面仍有较大的提升空间。

资料来源：微信公众号“36 氪”

讨论：结合本章内容评述安踏的竞争策略。

第三篇

营销设计

第五章

目标市场分析

学习要点

- 理解市场细分的内涵与程序；
- 理解目标市场选择的模式和策略；
- 掌握市场定位的含义和步骤。

第二章到第四章，主要从环境、市场、竞争者的角度分析了企业所面临的营销机会，第五章主要内容为目标市场分析，第六章到第九章开始讨论市场营销战略和策略问题。分析了有吸引力的市场机会后，企业还必须对市场进行细分，选择企业有利可图并有能力进入的目标市场并进行市场定位。市场细分(Market Segmenting)，目标市场(Market Targeting)和市场定位(Market Positioning)，即实行“STP”营销，是市场营销管理的基础性工作，是决定营销成败的关键。

名人名言

顾客是个很宽泛的概念，所以你必须先知道哪些人需要哪些东西。我总是先问制造商，你为谁生产，而不是问你生产了什么。

——科特勒

第一节　市 场 细 分

1950年代中期，温德尔·史密斯在总结一些企业市场营销实践经验的基础上提出市场细分的概念。市场细分理论是现代市场营销观念在认识上的一种深化。任何一个企业都不可能满足全体买主对某种产品的互有差异的整体需求，而只能满足全体买主中的某一类或某几类特定买主的需求。市场细分依据购买者的不同特性或市场需求的差异性，揭示出企业所面临的各种市场机会，为企业营销活动提供了选择和比较的余地。

一、市场细分概述

(一) 市场细分的概念

所谓市场细分，就是营销者通过市场调研，依据消费者或用户的需要与欲望、购买行为和购买习惯等方面的明显差异性，把某一产品的市场整体划分为若干个消费者群的市场分类过程。在这里，每一个消费者群就是一个细分市场，也叫子市场或亚市场。每一个细分市场都是由具有类似需求倾向的消费者构成的群体。

市场细分概念的形成和出现，经历了三个阶段。

第一个阶段是大批量市场营销(Mass Marketing)阶段。西方国家在工业化初期处于卖方市场，企业奉行生产观念，实行大批量市场营销：企业追求扩大生产规模，并通过广泛的分销渠道把单一产品推向市场。例如，美国可口可乐公司只提供一种口味、一种包装的可乐；美国福特汽车公司长期生产一种黑色 T 型汽车。很显然，在这种市场格局和经营观念下，市场细分是不必要的，也是不存在的。

第二个阶段是产品差异化市场营销(Product Differentiated Marketing)阶段。到 1920 年代以后，由于科学技术进步、管理水平提高以及大规模生产方式的推广，市场商品供应日益丰富，企业之间的竞争也日益激烈，买方市场逐步形成。此时，企业的成败不再取决于生产数量，而是取决于销售数量。于是，出现了推销观念。一些企业开始实行产品差异市场营销：企业生产和销售两种或两种以上在式样、花色和规格方面有所不同的产品，或者生产经营与竞争者不同的产品。但这种差异只是着眼于同别的企业竞争，便于销售，并不是专门针对某类消费者的不同需要而设计，因而不是在市场细分的基础上实现的。

第三个阶段是目标市场营销(Targeting Marketing)阶段。随着市场营销观念的诞生，许多企业开始实行目标市场营销。面对复杂多样的市场需求，进行市场细分，然后选择一个或几个细分市场作为目标市场，进行产品市场定位，有针对性地发展市场营销组合，以更好地满足目标市场的顾客需求，从而实现企业利润。

由此不难看出，前两个阶段，企业以生产和产品为中心。目标市场营销是以市场需求为中心，在市场细分的前提下，确定目标市场和市场定位。因而，市场细分概念的提出，是市场营销思想和策略的重要发展。

(二) 市场细分的必要性

(1) 消费者对同一商品的需求存在着一定的差异。消费者对某种产品的特性、规格、档次、花色、款式、质量、价格、包装等方面的需要与欲望是不同的，或者在购买行为、购买习惯等方面存在着差异性。这种市场叫异质市场。有人认为，除非企业只有一个顾客，只卖一种产品，否则，就会有市场细分化问题。

(2) 任何一个企业都不能满足整个市场的多种多样的需求，只能满足一部分顾客的需求，这是出于企业规模和企业效率的考虑。规模较小的企业，比如某种产品的生产者，小本经营，生产能力及产量有限，顾客少，市场也小，生产只能提供满足某些顾客特殊需要的产品。其实，这些生产者便自觉或不自觉地采用了被动的市场细分化的方法，把这个小范围的顾客当成一个特定的分市场。规模较大的企业，批量生产的规模大，但是难以照顾每个顾客的个别要求，产销脱节的可能性极大。在这种情况下，对顾客需求进行分类，求同存异，依据各类顾客的需求共性研制和批量生产不同产品，用特定产品去满足同一细分市场的顾客，更有利于实现营销目标。可以说，除非某一个企业的产品能够满足所有消费者的需求，否则，就存在市场细分问题。

（三）市场细分的作用

（1）有利于发掘新的市场机会，提高市场占有率。市场机会的实质，是市场上存在顾客尚未满足或没有完全满足的需求。企业通过市场调研和市场分析，可以了解各个不同顾客群体的需要状况和目前满足的程度，从而发现哪些顾客群体没有得到满足或充分满足。将存在市场机会的细分市场作为自己的目标市场，展开市场营销活动，容易在较小的市场上占有较大的市场份额。

（2）能有效地制定最优营销策略。市场细分是市场营销组合策略运用的前提。没有先对市场进行细分，就不能确定目标市场。任何一个优化的市场营销组合策略的制定，都是针对所要进入的目标市场。离开目标市场的营销方案是不可行的，更谈不上优化。

（3）有利于提高企业的竞争能力，取得良好的经济效益。首先，企业在市场细分的基础上进行市场营销，避免了在整体市场上分散使用资源，企业有限的人力、财力、物力资源能够集中使用于一个或几个细分市场，有的放矢，费用低，投资节约。其次，进行市场细分，在目标市场上展开竞争，可使企业更好地了解竞争对手的优缺点，扬长避短，有利于提高企业的竞争能力。

（4）有利于满足不断变化、千差万别的社会消费的需要。众多的企业奉行市场细分化策略，尚未满足的消费需求就会逐渐成为不同企业一个又一个的市场机会和目标市场。这样，新产品就会层出不穷，同类产品的花色品种就会丰富多彩，消费者也就可能在市场上购买到各自称心如意的商品。

二、市场细分的层次

在卖方市场向买方市场转变的发展形势下，注重每个消费者独一无二的需求和欲望越来越被商家所关注，很多公司都开展了一系列的市场细分策略，尽量满足不同顾客的不同需要。例如，宝洁公司针对不同的细分市场推出了沙宣、潘婷、海飞丝等一系列洗发水，在市场上获得了巨大的成功；安踏根据不同的细分市场，推出了等 Fila、Anta、始祖鸟以及 Wilson 等 25 个子品牌。然而，许多公司面对为数众多的小购买者，完全的市场细分对其而言没有价值。实践中，可以根据购买者的产品需要和购买反应，将市场细分分为大众营销、细分营销、补缺营销、本地化营销、个别化营销。

（一）大众营销

大众营销（Mass Marketing）是指对所有的顾客采用同一种方法大批量生产、分销和促销同一种产品。亨利·福特归纳总结出这种营销战略，他宣称："不管顾客需要什么颜色的汽车，我们只有一种黑色的，希望它能够吸引所有的人。"这种观点的出发点是希望能够尽可能地开发潜在市场,使成本最小化从而获取高收益。然而,随着越来越多的不确定因素的产生,商家发现只用一种产品或者营销方法来迎合多样的购买群体变得很艰难。从大众营销转移到细分市场营销是发展的必然趋势。

(二) 细分营销

细分营销(Segment Marketing)是指企业将整个市场划分为几个较大的细分市场,然后根据一个或几个细分市场的需要提供相应的服务和产品。例如,一家运动鞋企业把市场细分为跑步鞋、足球鞋、篮球鞋,每一个细分的类别中根据各自个体的不同也有再进一步细分的可能,如跑鞋的市场中,平地和山地又有不同的需求,山地相对于平地需要更大的摩擦力。因此,细分营销比大众营销更精细,公司可以针对细分市场创造出更适合目标群体的产品或服务,可以更有效地进行营销。

(三) 补缺营销

补缺营销(Niche Marketing)是指关注细分营销中的子群体。补缺市场是划分更细的细分市场,通常是将细分市场划分为亚细分市场,或者根据一系列特性进行划分,这些补缺市场营销寻求特定的利益组合。例如,把月饼市场细分为广式月饼、苏式月饼、冰激凌月饼。补缺市场可针对糖尿病人进一步分为含糖型月饼和无糖型月饼。因此,补缺市场对细分市场而言规模相对较小,但顾客有更明确和复杂的一组需要。对于小公司而言,可以将有限的资源集中于大公司忽略的补缺市场上,从而提高自己的竞争力。但是,大竞争者有时也会考虑转向补缺市场以提高市场竞争力。

(四) 本地化营销

本地化营销(Local Marketing)是指根据当地顾客群的需求,及时调整品牌要素和促销计划。由于各地区文化和生活方式的差异,许多企业采用本地化营销策略来适应当地顾客群的特殊需要和欲望。例如,肯德基为适应中国人的口味,在中国市场上推出鸡肉粥和鸡肉卷,把洋快餐与中餐结合在一起,受到中国消费者的欢迎。我国的短视频品牌抖音,在全球化营销的过程中,开发了 TIKTOP 品牌,在不同国家开展本地化运营。本地化营销可以使企业分销更有效率,可以满足不同地区的不同需求,但是增加了公司的业务,提高了制造成本和营销成本。

(五) 个别化营销

个别化营销(Individual Marketing)也称一对一营销、定制营销,是指根据单个消费者的需求和偏好来调整产品。例如,腾辉电子(苏州)有限公司是台商在苏州新区投资建立的独资企业,主要产品是高精密度铜板,主要客户分布在苏州新区及美国、中国香港等国家和地区,主要原材料从国外进口,因此,它的主要金融需求除了流动资金需求外,还需开立信用证进口原材料以及因应收账款金额较大需要及时变现等。在了解客户需求的基础上,光大银行与腾辉电子公司经过多次商谈,决定针对其需求,提供定制化产品:在生产进口原材料时,提供开立信用证服务,并承诺在 24 小时内完成;提供流动资金贷款,满足其营运资金的需求;对公司的应收账款进行无追索权买断,帮助企业加快资金运转。经过双方长达一年的互动对话,光大银行既充分满足了腾辉电子公司的各项金融需求,自身也获得了良好的回报。

虽然光大银行在提供定制化产品的过程中，增加了结算人员，提高了成本，但产生的利润完全能够抵消其增加的成本。一对一营销实质上是市场细分的末端，在个别化营销中，消费者本人对购买行为负更大的责任，他已不再单单接受推销员的说明，而是与生产厂商直接对话，使得生产商考虑定制的产品和服务。同时，企业的营销工作比以前更细了，更有针对性了。不仅市场细分更彻底，而且在营销管理上更细、更规范，甚至考虑每一个顾客，追求他们的满意，重视每一个工作细节，追求高效。

三、市场细分的模式

根据顾客对某种产品的属性的关注度不同，可以把顾客的偏好模式分为同质偏好、扩散偏好和集群偏好，图 5-1。

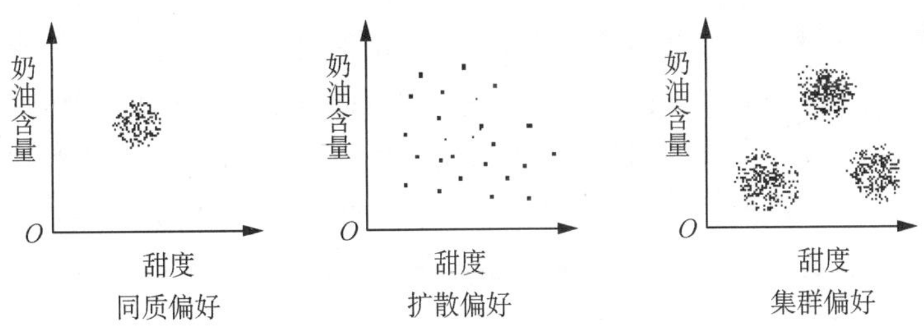

图 5-1　基本市场偏好模式

(一) 同质偏好

市场上所有消费者的偏好基本相同，即顾客对饮料的口味和质量需求程度基本相同，企业必须同时注重这两方面的特征。

(二) 扩散偏好

市场上所有消费者的偏好都不相同，呈分散状。即顾客有的偏爱口味，有的偏爱质量，企业要么兼顾两种特性的消费者，迎合最多的顾客，要么侧重于偏好某一特性的顾客，吸引尽量多的顾客。

(三) 集群偏好

市场上消费者的偏好形成几个群体，成为自然的细分市场。

四、市场细分的程序

美国学者伊・杰・麦卡锡曾经提出一套逻辑性较强、简略、直观而又很有实用价值的市场细分程序。这套程序包括七个步骤。

(一) 确定产品的细分范围

企业决定了进入哪个行业之后，就要考虑其可能的产品市场范围。市场范围依据市场需求而定。例如，一家房地产公司打算建造一幢简朴的小公寓。从市场需求的角度分析，低收入家庭有较多的需求，同时，一些并非低收入的顾客也是潜在市场。比如，有的消费者，在市区拥有宽敞舒适的居室，但又希望在宁静的乡间能再有一套住房，用作周末度假的去处。确定市场细分的范围时，企业也要考虑到自己的资源、已掌握的技术、企业的任务和目标等因素，以确定最佳范围。

（二）确定市场细分的依据

生产消费者用品的企业，可以从地理因素、人口因素、心理因素、行为因素、受益因素等方面对潜在顾客的要求作收集整理。生产生产者用品的企业同样可以对用户需求进行收集。这一步主要是资料准备阶段。比如，这家房地产公司发现，顾客期望通过小公寓满足的需求包括：遮雨蔽风；停放车辆；安全；经济；设计良好；方便工作、学习和生活；不受外来干扰；足够的起居空间；满意的内部装修；公寓管理和维护等。

（三）进行初步市场细分

企业可根据人口因素进行抽样调查。询问不同的潜在顾客上述基本要求中最重要的是哪些。这样，细分市场就初步显示出来了。这一步骤进行到至少有三个分市场出现为止。比如，该房地产公司发现，在校外租房住宿的大学生认为最重要的是遮雨蔽风、停放车辆、经济、方便上课和学习；新婚夫妇希望遮雨蔽风、停放车辆、不受外来干扰、满意的公寓管理等；较大的家庭住户要求遮雨蔽风、停放车辆、经济、有足够的儿童活动空间等。

（四）筛选初步细分市场

在初步细分的基础上，移去潜在顾客的共同要求。这些共同要求无疑是重要的，但只能作为市场营销组合决策的参考，不能作为市场细分的基础。比如，遮雨蔽风、停放车辆和安全等项几乎是每一位顾客都要求的，在这里就必须移去。

（五）命名细分市场

房地产公司对各个分市场剩下的不同要求进行分析，结合顾客群体的特点，暂时安排一个叫法。比如：

(1) 好动者。顾客年轻，未婚，爱玩好动。

(2) 老成者。比好动者稍年长，更成熟，收入及受教育程度更高，追求舒适与注重个性。

(3) 新婚者。暂住，将来希望另找住房。夫妻皆有工作，所以房租负担不重。

(4) 工作为主者。单身，希望住得离工作地点近，经济。

(5) 度假者。市区有住房，希望节假日过一点郊外生活。

(6) 向往城市者。乡间有住房，但希望能靠近城市生活。

（六）选定细分市场

进一步认识各潜在顾客群体的特点。企业要对各个分市场的顾客作更深入的考虑。明确各顾客群体的已知特点和待了解特点，以便决定各分市场是否需要再度细分或加以合并。如果一个分市场内顾客还有明显的需求差异，就应再细分；如果几个分市场的需求特点有较多的相似性，就应合并为一个分市场。最后根据自身的能力选定细分市场。

（七）设计企业营销策略

企业根据细分市场的结果来制定各目标细分市场的具体营销目标，并分别制定营销组合策略。由于各目标细分市场的特征在通常情况下都是不相同的，相对的产品策略、价格策略、渠道策略、促销策略都会有所区别。

五、消费者市场细分

一种产品的整体市场之所以可以细分，是由于消费者或用户的需求存在差异性。而一种产品多样化的市场需求，通常是由多种因素造成的。这些因素就构成了市场细分的标准。

就消费者市场而言，这些影响因素归纳起来主要有地理因素、人口因素、社会/心理因素、行为因素、受益因素等。

（一）地理因素

由于处在不同地理环境下的消费者，对同一类产品往往有不同的需要与偏好，他们对企业的产品价格、销售渠道、广告宣传等营销措施的反应也常常存在差别。所以，可以用地理因素来细分市场。

地理因素是一种传统的市场细分标准。现代市场营销学依然把地理因素作为市场细分的重要标准之一。应用地理因素细分市场，考虑的主要有国家、地区、城镇、乡村、城市规模、人口密度、不同气候带、不同地形地貌、地理位置、行政区划等。

（二）人口因素

地理因素是一种静态因素，处于同一地理位置的消费者仍然会存在很大的需求差异。因此，细分市场还须考虑人口因素和其他因素。

依据人口因素细分市场时，要考虑年龄、性别、职业、收入、教育、家庭人口、家庭生命周期、国籍、民族、宗教、社会阶层等。

（三）社会/心理因素

社会/心理因素十分复杂，主要包括生活格调、购买动机、感知、价值取向、个性、生活方式等。

例如，改革开放以来，消费者媚外主义在消费领域较常见。消费者对外国产品的偏爱可能是由于消费者对外国产品高质量的追求，但研究人员愈发注意到，很多对外国产品的偏见与质量、价格等属性无关，是由潜在的社会心理因素造成的。当然，仅仅对于外国产品的热爱并不能被称为消费者媚外主义，因为在媚外主义的概念中包含一种以某一外群体作为标准、不理性的消费心理。而当消费者没有考虑到产地因素就选择外国产品时，也许只是出于价格、质量等产品实用属性的考虑，不属于媚外的表现。除此之外，仅仅对外国产品偏爱，而对本国产品没有消极态度也不能称为媚外主义，因为当消费者对本国与外国产品都喜爱时更接近于消费者世界主义的体现。

又如，怀旧也是消费者常见的消费心理。每个消费者都或多或少地存在怀旧情感，这种情感对消费者的消费行为会产生一定的影响，如回力鞋热销，复古餐厅与汉服唐装的盛行等，都和消费者的怀旧情感不无关系。企业很早就捕捉到了这种怀旧情感。老品牌为了品牌复兴，很多采用增加怀旧元素的营销方式；新品牌为了迎合消费者的怀旧需求，大量地吸收怀旧元素，如怀旧包装、怀旧广告、怀旧装潢设计等。怀旧营销成为企业一种非常有效并很有说服力的营销策略，企业对怀旧的依赖和利用几乎无处不在。

再如，消费者对时间的感知，企业也在探索其中的奥秘。时间既是客观的，又是主观的。同样的一段等待时间(如10分钟)，不同地点、环境、服务阶段、个体情绪下，不同的人对其长度估计会产生差异。在许多消费决策中，时间知觉是一个基本因素，消费者主观时距估计在消费的许多方面扮演着重要的角色。消费者对等待时间的估计，往往和消费决策密切相关。大部分情况下，客观等待时间越长，消费者越容易产生焦虑情绪，从而取消购买决策。但也有一些企业能很好地控制甚至利用消费者的等待时间，例如，海底捞在消费者等待的过程中，填充很多有趣的事来吸引消费者的注意力，从而让消费者主观时距判断产生偏差；一点点奶茶通过L型吧台，让消费者感觉店员非常忙碌，而年轻男女将客观等待时间发到朋友圈，造成等待时间越长，奶茶越好吃，蕴含在奶茶中的情感价值也就越高。

诸如此类的消费者心理，还有很多很多，在此不一一列举。

(四) 行为因素

以上涉及的地理因素、人口因素、心理因素都是消费者的特性。市场细分还要受到消费者的各种行为因素的影响，行为因素是细分市场至关重要的出发点。

消费行为的因素很多，包括消费者进入市场的程度、消费数量、消费者对品牌的忠诚度、购买的准备阶段、对产品的热情程度、对产品的购买时机等，如表5-1所示。

表5-1 细分消费者市场的行为因素

行为因素	不同行为的消费者群
消费者进入市场的程度	从未使用者、曾经使用者、潜在使用者、首次使用者、经常使用者等
消费数量	少量使用者、中量使用者、大量使用者等
消费者对品牌的忠诚度	单一品牌忠诚者、几种品牌忠诚者、无品牌忠诚者等
购买的准备阶段	不知道某产品、已知道某产品、已对某产品感兴趣、打算购买某产品等
对产品的热情程度	热情、肯定、无所谓、否定、敌视等
消费者对产品购买的时机	平时购买、节日购买、度假购买；春天购买、夏天购买、秋天购买、冬天购买等

依据以上行为因素，可以将消费者划分为不同的消费者群。同一消费者群的消费者在消费行为上具有同一性，可以看作一个细分市场。企业要在产品、价格、包装、销售渠道、销售方式、广告宣传等方面精心安排，更好地满足其需求。

(五) 受益因素

不同的产品有不同的特殊效用，能给消费者带来特定的利益。根据消费者期求的利益不同，可以细分出不同的消费者群。受益细分能够通用于大多数市场，在市场导向的情况下具有广阔的适用范围。经验表明，买主寻求的利益要比人口因素对购买决策有更大的影响。近年来受益细分成为企业重点关注的细分市场。

如牙膏，根据受益细分，可显示五个细分市场：特别关心味道可口、格外关注防治坏牙、预防牙周炎、强调保护牙齿光洁、注意经济实惠。再如小轿车，根据受益细分，可以面子、耐用、可靠、速度、舒适、节油、维修方便、价格低等作为细分标准。

表 5-2　消费者市场细分的主要方法

变量	细分方法
地理因素	
国内地区	东北、西北、华北、西南、华南、东南、华中、华东
城市规模	以城区常住人口为统计口径，将城市划分为五类七档。城区常住人口 50 万以下的城市为小城市；城区常住人口 50 万以上 100 万以下的城市为中等城市；城区常住人口 100 万以上 500 万以下的城市为大城市；城区常住人口 500 万以上 1 000 万以下的城市为特大城市；城区常住人口 1 000 万以上的城市为超大城市。
人口密度	城市、农村
气候	北方、南方
人口因素	
年龄	6 岁以下、6-11 岁、12-19 岁、20-34 岁、35-49 岁、50-64 岁、65 岁以上
性别	男、女
家庭人口	1-2 人、3-4 人、5 人以上
家庭生活周期	青年、单身；年轻、已婚、无小孩；年轻、已婚、有小孩；较年长、已婚、无 18 岁以下小孩；较年长、独身；其他
职业	专业技术人员、经理、官员、企业主、售货员、推销员、工匠、领班、工人、农民、退休人员、学生、家庭主妇，无业
教育	小学或以下、初中、高中、大学、研究生及以上
民族	汉族、少数民族
年代	“七普”结果显示，0-14 岁人口占 17.95%；15-59 岁人口占 63.35%；60 岁及以上人口占 18.7%
社会/心理因素	
社会阶层	下等下层人、上等下层人、劳动阶层、中等阶层、上等中层人、下等上层人、上等上层人
生活方式	成功者、努力者、奋斗者
个性	冲动的、喜欢社交的、爱发号施令的、雄心勃勃的
行为因素	
购买时机	常规购买时机、特殊购买时机
寻求利益	质量、服务、经济、便捷、速度
使用者情况	不使用、以前使用、可能用、第一次用、经常用
使用程度	很少、一般、大量使用

（续表）

变量	细分方法
忠诚度	无、中等、强、完全
购买准备阶段	没听过、听说过、了解、感兴趣、希望买、打算买
品牌崇信	热情、肯定、无所谓、否定、反感

六、生产者市场细分

许多用来细分消费者市场的因素，同样可以用来细分生产者市场。根据生产者市场具有的不同于消费者市场的特点，可以将细分生产者市场的主要标准归为三类：一是用户要求，二是用户规模，三是用户分布。

（一）用户要求

按产品最终用户的要求细分生产者市场，是最为通用的方法。在生产者市场，不同用户采购同一产品的使用目的往往不同。如同是钢材，有的用于生产机器，有的用于造船，有的用于建筑；同是橡胶轮胎，有的用于豪华汽车，有的用于普通汽车，有的用于飞机，有的用于拖拉机。基于不同的使用目的，不同的最终用户必定对产品的规格、型号、品质、功能、价格等提出不同的要求，期求不同的益处。一般来讲，工业用的产品，要求质量高、价格便宜、提供服务等；商业用的产品，要求进货价格低、交货及时、提供系列产品、包装漂亮等；国防用的产品，强调质量绝对可靠。

依据用户要求来细分市场，把要求大体相同的用户集合成群，便于企业设计不同的营销组合方案。

（二）用户规模

用户规模也是细分生产者市场的重要依据。在生产者市场中，大量用户、中量用户、少量用户的区别比消费者市场更为明显。大用户户数较少，但购买量大；小用户户数多，但购买量并不大。

企业可以依据用户规模的大小不同来细分市场，采取不同的市场营销方法（如表 5-3）。一般来说，对少数大用户实行重点营销，对大多数少量用户可以不必花更多精力。这种思路就是所谓的 ABC 分类管理法，即巴雷特揭示的“关键的少数和无关紧要的多数”的原理。

表 5-3 根据用户规模细分市场及营销对策

用户规模	用户户数	购买量	企业营销重点
大量用户	少	大	直接联系、供应、销售经理亲自负责
中量用户	中	中	区别对待
少量用户	多	小	通过商业渠道、批发、零售供应

（三）用户分布

任何一个国家或地区，都有若干产业地区。如我国上海，经济发达，工业集中，特别是电子、纺织等工业；山西是煤炭、化工、电力的集中地。这就决定了生产者市场比消费者市场更为集中。企业可以按用户的地理分布来细分市场，选择用户较为集中的地区作为自己的目标市场。

根据用户分布选择目标市场，有如下好处：

(1) 联系方便，信息反馈较快。

(2) 可以更有效地规划运输线路，节约运力和运费。

(3) 能更加充分地利用销售力量，降低推销成本。事实上，不少生产企业就是按照用户地点分布安排营销组织机构的。

七、有效细分市场的要求

市场细分的方法虽然很多，但并不是所有的细分都有效。企业为了更好地发现市场机会，确定目标市场，制定相应的市场营销组合策略，必须注意市场细分的实用性和有效性。为此，市场细分应符合以下要求：

（一）可衡量性

细分出来的各个分市场，顾客特性、市场范围及购买力大小等有关资料，能够通过市场调研、分析及其他方式获得，便于衡量该细分市场。细分出来的市场不仅范围比较明晰，而且能够大致判断该市场的大小。

细分出来的分市场是否具有可衡量性，取决于据以细分市场的标准是否具有可衡量性。如男女性别的人数、各个年龄组的人数、各个收入组的家庭数都是可衡量的。但是，也有一些因素不易衡量，如要测量有多少消费者是爱好家庭生活的人，就相当困难。凡是企业难以识别、难以测量的标准或因素，都不能据以细分市场。否则，细分的市场将无法界定和度量，市场细分也就失去了意义。所以，恰当地选择细分标准十分重要。

（二）可进入性

指细分的市场应该是企业有能力进入并有所作为的市场。细分市场应是企业通过自己的人力、物力及市场营销组合策略，能够对顾客发生影响，产品能够展现在顾客面前的市场。这主要表现在两个方面：一是企业能够通过一定的广告媒体把产品信息传递给该市场的众多消费者，二是产品能够经过一定的销售渠道抵达该市场。不可进入的市场，说明企业的营销活动没有可行性。显然，对于不能进入或难以进入的市场进行细分是没有意义的。

（三）可盈利性

指细分市场的顾客数量及购买力足以使企业有利可图，能够实现一定的经济效益。所以，细分市场不宜过小。例如，波音 747 飞机的整个市场是按商用与军用、货机与客机加以细分的。而私人定购 747 飞机的市场极小，如果按私人定购的需求特征去细分市场，那就显然得不偿失。

（四）可稳定性

各个细分市场的特征在一定时期内能够保持相对不变，才能有利于企业制定较长期的市场营销组合策略。变化过快的细分市场，难以把握其走势，会增大企业的经营风险。

（五）差异性

指细分出来的各个分市场对企业市场营销组合中任何要素的变动都能作出差异性的反应。只有同一细分市场内部有较高的同质性，各细分市场之间的需求有明显的差异，不同的细分市场才会对营销组合中要素的变动呈现出差异性的反应。假如两个细分市场对同一产品的价格、包装等呈现出同一反应，对这两个细分市场分别制定不同的营销组合策略就毫无必要，这样的细分市场也是不成功的。

同时，有效细分还应注意以下问题：

（1）有些市场不必要细分。有两种情况：一是市场过小，将其作为细分市场，不能带来盈利；二是有些大量用户已经占有了销售量的很大的部分，它们实际上已是唯一恰当的目标市场，再对它们进行细分是没有必要的。

（2）力求避免“多数谬误”。如果每个企业都以最大的和最易进入的细分市场作为它的目标市场，就会出现大家共同争夺同一个顾客群的局面，造成同一个细分市场的过度竞争。出现这种情况，会严重影响企业的经济效益，众败俱伤。同时，也会造成社会资源的浪费。

（3）有些企业在市场细分中会出现过度细分。过多的细分市场导致产品种类增加，批量减少，成本上升，价格上涨。

当市场被过度细分化时，企业可实施“反细分化”策略。“反细分化”策略不是反对市场细分化，而是通过缩减产品线来减少细分市场，或者将几个较小的细分市场组合起来，以便能有效地降低过高的生产成本和推销费用，增加销售。实施“反细分化”策略的关键是增大本企业产品的选择余地和适应性，争取使用一种促销策略来满足不同顾客的心理特点。如在化妆品市场上，同一种产品对不同顾客可能有不同意义，如为了清洁、美容、治病等，但一种系列产品附带一份兼顾不同偏好的广告，就勿须再去细分市场。这种策略适用于日用百货、文化用品、食品、化妆品、通用机械等市场。这种策略往往被一些生产系列产品的大企业所采用。

第二节　目标市场选择

市场细分是企业选择和确定目标市场的基础和前提。选择和确定目标市场是企业制定营销战略的主要内容和基本出发点。所谓目标市场，就是企业营销活动所要满足的市场需求，是企业决定要进入的市场。企业的一切营销活动都是围绕着目标市场进行的。

一、细分市场的评估

评估不同的细分市场时，必须注意三个因素：细分市场的规模和增长特性；细分市场的结构优势；与公司目标和资源的匹配性。

（一）细分市场的规模和增长特性

对大企业而言，良好的规模和增长对企业才更有吸引力，企业认为较小的细分市场不值得为之服务，良好的规模和增长是相对而言的，规模大、增长快的细分市场并不是对每个企业都有吸引力。一些小的企业由于缺乏技术和资源，就不能进入某些较大的细分市场。此外，有良好规模和增长潜力的细分市场也更容易引起竞争，相对减少了企业获利的机会。

（二）细分市场的结构优势

如果一个细分市场已经有很多强大的竞争对手，就缺乏优势了。细分市场里如果存在现有或者潜在的替代品，就会影响价格和赢利。购买者的能力也会影响细分市场的优势，如果细分市场的购买者有很强的讨价还价能力，能迫使对方降低价格，提出更多的质量和服务方面的要求，并使竞争者互相争斗，这就会影响销售者的利益。最后，如果细分市场中有强大的供应商，它能左右价格、质量和供应量，这个细分市场也是没有优势的。

（三）与公司目标和资源的匹配性

在一个细分市场具备适当的规模、良好的发展前景和有吸引力的结构的基础上，企业还需要考虑自身目标和资源情况。许多有优势的细分市场被企业抛弃就是因为与企业的目标不一致。当细分市场符合企业目标时，企业还要考虑它可能需要占用的技术和资源。如果企业不具备在细分市场中竞争所需要的实力，并且不容易获得这个实力，企业就应该放弃这个细分市场。即使企业具备了必要的能力，还需要发展优于竞争对手的优势。只有当企业创造出这样的优势时，才可以进入该细分市场。

二、目标市场的选择依据

（一）企业的资源能力

一般来说，如果企业在人力、财力、物力及信息等方面实力雄厚，可根据产品的不同，考虑采用差异性或无差异性市场策略。资源有限的中小企业，因无力顾及整体市场或多个细分市场，则宜选择集中性市场策略。

（二）产品性质

同质性产品，如大米、钢铁、食盐、小麦、煤炭等，产品本身差异小，适应消费的能力较强，竞争主要集中在价格和服务方面，因而这类产品适宜实行无差异营销。许多加工制造产品，如汽车、家用电器、服装、食品等，产品本身在规格、花色、品种、性能等方面差异大，消费者对这类产品的需求多样化、选择性强。因此，生产经营这类产品的企业宜采用差异性或集中性营销策略。

（三）市场的同质性

市场的同质性是指所有顾客的需求、购买行为基本相同，对市场营销刺激的反应也基本一样。在这种情况下，企业可采取无差异策略。顾客需求差别大的市场，宜采用差异性或集中性市场策略。

(四) 产品所处的生命周期阶段

处于介绍期或成长期前期的新产品，品种比较单一，竞争者少，宜采用无差异市场策略，以便探测市场需求和潜在顾客。当产品进入成长期后期和成熟期，市场竞争加剧，宜采用差异性营销策略，以利于开拓新的市场，扩大销售；或者实行集中性营销策略，以设法保持原有市场，延长产品生命周期。

(五) 竞争对手的市场策略

假如竞争对手采用无差异市场策略，企业就应采取差异性市场策略，以提高产品的竞争能力。假如竞争对手实行差异性市场策略，企业应进一步细分市场，实行更有效的差异性策略或集中性策略。若竞争对手相对较弱，也可考虑采用无差异营销策略。

三、目标市场的选择模式

以细分市场为基础来选择目标市场，通常采用产品-市场矩阵图进行选择。图 5-2 以一家电企业为例。纵轴代表产品，分别是 170 升、500 升、1 000 升三种冰箱。横轴是市场，分别是普通消费者、托儿所、餐馆。这样，便形成了五种不同的目标市场范围。

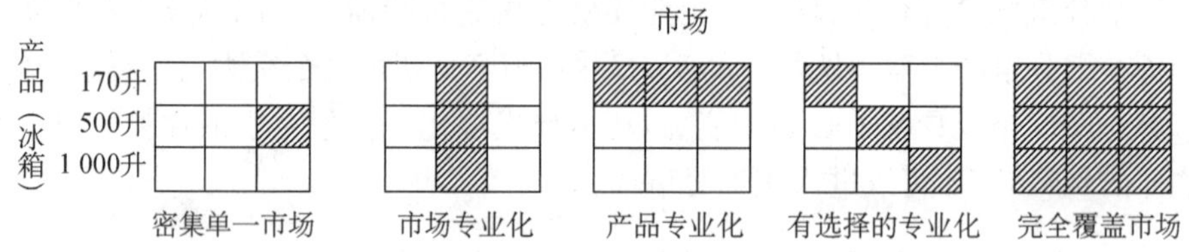

图 5-2 目标市场选择模式

(一) 密集单一市场

企业只生产一种标准化产品，只供应某一顾客群，企业营销集中于某一细分市场。该企业只生产 170 升的冰箱，向普通消费者市场供应。较小的企业通常采用此策略。大企业采取这种策略是因为初次进入某个市场，可以把这个分市场作为继续扩大市场的起始点。

(二) 市场专业化

企业向同一顾客群供应性能有所区别的同类产品。这家企业以托儿所为其目标市场，根据托儿所的需要，生产 170 升、500 升、1 000 升三种电冰箱。

(三) 产品专业化

企业向各类顾客同时供应某种产品。该家电企业只生产 500 升的冰箱，并同时投放普通消费者、托儿所、餐馆三个市场，针对不同的顾客，产品的档次、质量、款式会有所不同。

(四) 有选择的专业化

企业为不同的顾客群提供不同性能的产品，即有选择地进入几个不同的细分市场。该企业向普通家用市场提供 170 升冰箱，向托儿所提供 500 升的冰箱，向餐馆提供 1 000 升的冰箱。有选择地满足了三个不同的细分市场。

(五) 完全覆盖市场

企业为所有顾客提供他们所需要的性能不同的系列产品。这是大企业为维护领导地位和垄断地位而采取的策略。这家企业向普通家庭、托儿所、餐馆同时提供 170 升、500 升、1 000 升三种电冰箱,全方位地进入市场。

四、目标市场策略

企业确定目标市场的方式不同,选择的目标市场范围不同,营销策略也就不一样。归纳起来,有三种不同的目标市场策略可供选择:无差异性营销策略、差异性营销策略和集中性营销策略。

(一) 无差异营销策略

这种策略是指企业把整体市场看作一个大目标市场,只考虑用户的共同性,而不考虑用户需求的差异。企业向整体市场长期投放单一的标准化产品,设计单一的市场营销组合,在包装、价格、品牌、外观色彩等方面长期不变,通过雷同的促销手段,采取最广泛的销售渠道,吸引尽可能多的购买者,如图 5-3 所示。

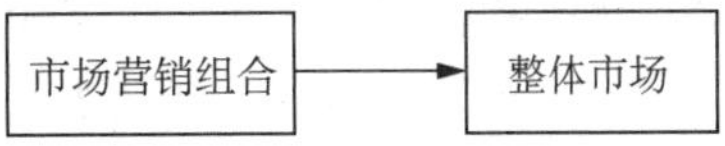

市场营销组合 → 整体市场

图 5-3　无差异营销策略

1. 无差异性营销策略的优点

(1) 大批量生产和储运,必然会降低单位产品的成本。

(2) 无差异的广告宣传等促销活动可以节省促销费用。

(3) 不搞细分市场,减少了市场调研、产品研制、制定各种市场营销组合方案所需耗费的人力、物力和财力。

2. 无差异性营销策略的缺点

(1) 一种产品长期为主产品而被全体消费者所接受是极为罕见的(同质市场产品除外),因为消费者需求是千差万别并且不断变化的。

(2) 容易形成“多数谬误”。当众多企业都采取这种策略时,就会形成整体市场过度竞争,而小的细分市场上的需求却得不到满足。这对营销者和消费者都是不利的。

(3) 无差异策略容易引起采用同一营销策略企业之间的激烈竞争和磨擦,从而使企业走投无路。例如,可口可乐公司在 20 世纪 60 年代以前曾经以单一口味的品种、单一标准的瓶装和统一的广告宣传长期占领世界软饮料市场。但是,以后世界软饮料市场竞争异常激烈,特别是受到百事可乐和七喜软饮料公司的挑战,打破了可口可乐独霸市场的局面,它也不得不放弃传统的无差异营销策略,转而实行差异性营销策略。

3. 无差异性营销策略的适用条件

(1) 适用于同质市场的产品。如钢铁、大米、面粉、食糖、食盐等。

(2) 适用于能够大量生产、大量销售的产品。

(3) 采用这种策略的企业一般具有大规模的单一生产线,产品内在质量好;拥有广泛或大众化的销售渠道,商业信誉高;并能开展强有力的促销活动,能进行大量的广告和统一的宣传;拥有在消费者心目中有广泛影响的“超级产品”“老字号”产品。

(二) 差异性营销

这是一种以市场细分为基础的目标市场策略。采取这种策略的企业，把产品的整体市场划分为若干个细分市场，从中选择两个以上乃至全部细分市场作为自己的目标市场，并为每个选定的细分市场制定不同的市场营销组合方案，分别开展有针对性的市场营销活动，如图5-4所示。

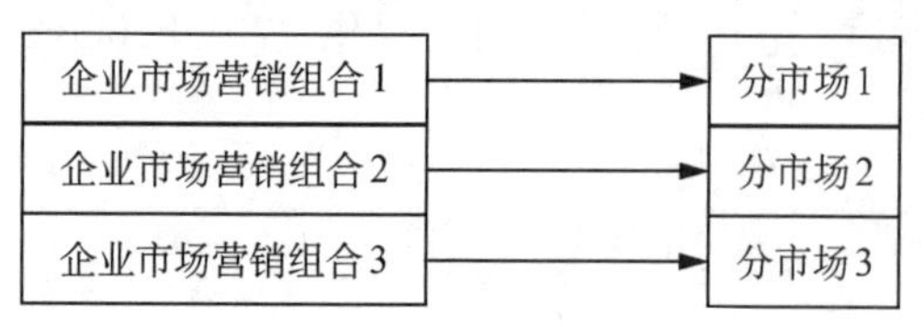

图5-4 差异性策略营销

1. 差异性营销策略的优点

(1) 有针对性的市场营销活动能够分别满足不同顾客群的需要，提高产品的竞争能力，有利于企业扩大销售。

(2) 这种策略进行的是小批量、多品种生产，可以减少企业的经营风险。即使某一种产品营销失败，也不会影响到大局。

(3) 如果一个企业在数个细分市场上都能取得较好的营销效果，就能树立良好的市场形象，大大提高消费者或用户对企业产品的信赖程度和购买频率。

2. 差异性营销策略的缺点

这一策略的缺点集中表现在成本费用大。实行这种策略，产品品种增加，设计费用提高，销售渠道多样化，以及市场调研、广告宣传等方面的营销费用扩大。生产成本、管理费用、销售费用必然会大幅度增加。因此，实行这一策略，要求销售额扩大所带来的利益，必须超过营销总成本费用的增加。否则得不偿失。

3. 差异性营销策略的适用条件

(1) 企业要有较雄厚的财力。

(2) 企业要有较高的技术水平和产品设计能力。

(3) 企业要有素质较高的经营管理人才。

由于以上企业资源力量的制约，使得相当一部分企业尤其是小企业无力采取这一策略。

(三) 集中性营销策略

企业不是面向整体市场，而是集中力量进入一个或几个小细分市场，对这些市场实行同一种市场营销组合(如图5-5所示)。例如，某服装厂专为儿童生产服装，某拖拉机厂专门生产农用小型拖拉机等。

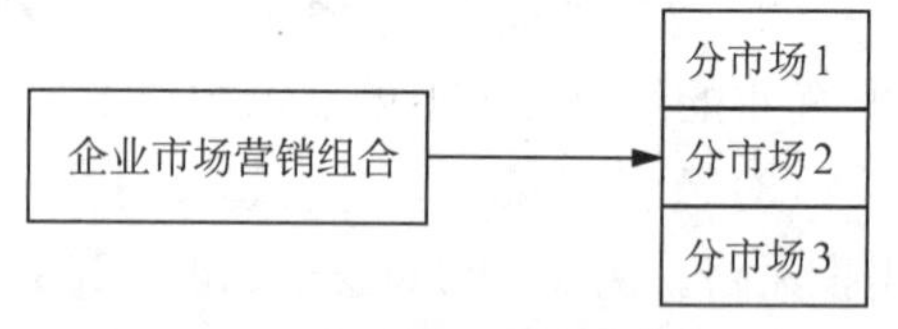

图5-5 集中性营销策略

1. 集中性营销策略的优点

(1) 企业能够集中优势，有效地利用企业资源，保证在一个细分市场上获得较高的市场占有率，取得较好的经济效益。

(2) 经营对象集中、单一，易于满足特定需求，有助于提高企业和产品在该市场上的知名度。

(3) 对于小企业来讲，寻找市场“空白点”，实行集中性营销，易于取得经营上的成功。

2. 集中性营销策略的缺点

这一策略的缺点集中体现为风险较大。一旦目标市场情况突然变坏，如消费者的需求偏好突然发生变化，或者市场上出现了比自己强大的竞争对手，企业回旋余地小，有可能陷入困难。因此，采用这一策略的企业要密切注意目标市场的动向，并相应制定适当的预防措施。

3. 集中性营销策略的适用条件

(1) 特别适用于小企业。

(2) 企业产品要对目标顾客有长期的吸引力。

(3) 企业要有较强的市场调研能力，能够密切注意市场动向，要有出奇制胜的专门人才和专门技术。

第三节　市场定位

一、市场定位概述

(一) 市场定位的含义

市场定位(Market Positioning)就是对公司的产品进行设计，从而使其能在目标顾客心目中占有一个独特的、有价值的位置的行动。其实质就是使本企业的产品与其他企业的产品严格区分开来，并使顾客明显感觉和认知这种差别，从而在顾客心目中留下特殊的印象。

(二) 市场定位的意义

(1) 有利于企业及产品在市场中建立自己的特色，加强企业的竞争力。现代社会进入买方市场时代，为了获得有限的顾客，扩大市场占有率，企业必须为自己的产品树立独特的形象，在顾客中形成一种特殊的偏好。

(2) 市场定位是制定市场营销组合策略的基础，在企业的营销工作中有着极为重要的战略意义，它决定了企业要设计与之相适应的营销组合策略。

二、市场定位的步骤

(一) 识别可能的竞争优势

在日益激烈的市场竞争中，牢固的定位不能光靠口头承诺，要避免直接的竞争，企业必须对产品和服务进行差异化，这样才能给消费者带来比竞争对手更大的价值。

1. 产品差异化

产品差异化有两种情况：一种是高度标准化的产品，如药品、钢铁、鸡肉，其产品之间的差异很小，很难实行差异化，但也不是绝对的，例如同样是感冒药，百服宁以“日片不嗜睡，夜片可安睡”来解决感冒药嗜睡的问题，因而价格较高；另一种是高度差异化的产品，如汽车、服装、家具，企业可以在产品的性能、一致性、耐用性、可靠性、可维修性、风格、设计等方面选择恰当的特色。

2. 服务差异化

除了对有形的实体产品进行差异化外，企业也可以对其所提供的服务(如订货、送货、安装、顾客咨询、维修等方面)进行差异化。盒马鲜生要求在接到顾客订单后30分钟内把送货上门，以保证产品品质，这个速度在行业中很有竞争力，赢得了良好的口碑。

3. 人员差异化

企业可以通过人员差异化来获得强大的竞争优势，也就是培养和聘用比竞争者更好的员工。IBM有专业人员负责确保顾客得到的解决方案正是其需要的"想问题的人，做事情的人，了解情况的人。"

4. 渠道差异化

企业可以在渠道的覆盖、专业化和绩效方面获得竞争优势。戴尔电脑通过直销的方式实现渠道的差异化，通过与顾客一对一的方式不仅提供更个性化的服务，也为企业获取大量的一手信息，取得了巨大的成功。

5. 形象差异化

如果企业的产品和服务等看起来都一样，企业还可以通过树立自己独特的企业形象来实现差异化。同样是高档轿车，宝马更注重宣传驾驶的乐趣，奔驰则更注重乘坐的舒适。"开宝马，坐奔驰"使两家企业都拥有各自偏好的顾客。企业可以利用一切可以利用的手段，如标志、文字、视听媒体、环境、事件等，不断强化自身的形象。

(二) 确定适当的竞争优势

如果企业发现了自己的几个优势或潜在优势，就要确定哪些是其定位策略的基础，并加以推广。由于不是所有的差异都有意义，也不是所有的差异都能利用，企业必须仔细选择与竞争对手相区别的方法。如果满足下列条件，这种差异就是值得利用的：

(1) 重要性。差异对于目标购买者来说是非常有价值的。

(2) 显著性。竞争对手没有，或者公司有明显优势。

(3) 优越性。消费者得到的利益相同，但比其他方法优越。

(4) 沟通性。差异可以沟通，购买者也能够看到。

(5) 专有性。竞争对手不能轻易模仿。

(6) 经济性。购买者能够买得起。

(7) 赢利性。公司宣传的这项差异可以带来利润。

三、市场定位策略

(一) 迎头定位

这是一种与最强的竞争对手"对着干"的定位方式。与竞争对手争夺同样的顾客，彼此在产品、价格、分销及促销等方面很少有区别。虽然这是一种具有风险的战术，但对企业有激励作用，一旦成功就会取得巨大的市场优势。如百事可乐与可口可乐持续不断的争斗。

一般来说，采取这种作法，企业要全面考虑：能否生产比竞争者质量更优或成本更低的产品；该市场能否容纳两个或两个以上相互竞争的企业；企业是否拥有比竞争者更多的资源;这个位置与本企业的声誉和能力是否相符等。

（二）避强定位

这是一种避开强有力的竞争对手的市场定位,将企业位置定于某处市场"空隙",发展市场上没有的某种特色产品,开拓新的市场领域。这种定位方式的风险较小,成功率较高,能迅速在消费者的心目中树起一定的形象,在市场上站住脚。进行这一定位,企业必须明确:定位所需的产品在技术上、经济上是否可行,以及有无足够的顾客偏好这种产品。

（三）质量-价格定位

(1) 高质高价。指提供最高档次的产品或服务,并制定更高的价格来补偿更高的成本。这种做法比较容易受到攻击,它经常会引来模仿者,风险较大。

(2) 高质同价。企业想要进攻竞争对手的高质、高价品牌,可以推出质量相当而价格较低的品牌。

(3) 同质低价。企业推出相同的品质的产品但比竞争对手低的价格,是一种强大的价值方案。

(4) 低质低价。用更低的价格满足消费者较低的性能或质量要求。这是由于在很多情况下,消费者也愿意满足于不是最理想的性能,或者为了价格低放弃一些相对不重要的性能。

(5) 高质低价。高品质的产品,低廉的价格一定是成功的价值定位,但也是很难做到的。

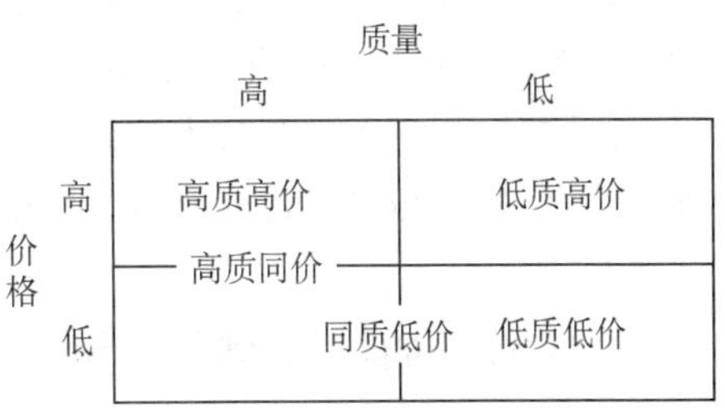

图 5-6　可能的价值方案

（四）重新定位

通常是指对市场反应差的产品进行二次定位。情况有二:一种是由于决策失误或更强有力的竞争对手的出现,为了摆脱困境。另一种是产品意外地扩大了销售范围而引起的,重新定位一定要重新选择自己企业的目标人群。

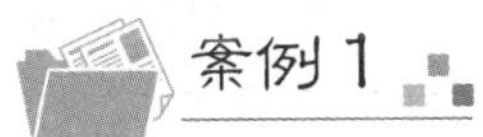

好想你枣。一个高端品牌叫枣博士,枣博士给好想你企业贡献百分之三十的营收,枣博士的定位是一个高端的礼品定位。好想你的枣博士之前的目标客户是政府,企事业单位的团购,因此他之前打造的是高端的礼品,他和好多礼品业,奢侈品行业一样都遇到了问题。这时的好想你做出怎样的改变呢?好想你宣布关闭 600 家门店,产品重新定位:好想你专注于为 25—45 岁的白领女性提供日常休闲食品,好想你壮士断腕做了产品的一个重新定位。从好想你的高端礼品做日常休闲食品。

案例 2

江中健胃消食片。它首先分析了市场领导者西安杨森旗下的吗丁啉的强势在于"疗效好,医生第一推荐",于是将其强势重新定位为"重度用药"。然后从其反面确立自己的定位"轻度胃药",再通过提醒消费者"胃痛不是病,不宜用重药"来扩大其市场。3 年间,该战略使江中健胃消食片反超吗丁啉，成为了OTC肠胃药的领导品牌。

四、市场定位的常见失误

(1) 定位过低。使顾客不能真正认识到企业的独到之处。

(2) 定位过高。使顾客不能正确地了解企业。

(3) 定位混乱。与企业推出的主题过多或产品定位变化太频繁有关。

(4) 定位怀疑。顾客很难相信企业在产品特色、价格或制造商方面的有关宣传，对定位的真实性产生怀疑。

第四节　数字时代的顾客画像与精准定位

移动设备、社交媒体、数字视频和电子商务的出现为商家扩大市场份额提供了更多的可能性。在快速发展的碎片化数字世界中，商家要获得丰厚的投资回报，需要更深入地了解目标受众。同时，通过大数据技术追踪顾客的购买轨迹、消费习惯等信息，实现对目标受众的精准细分，是品牌与顾客建立有效互动的重要途径。

一、数字时代的顾客画像

进入数字时代后，商家对目标顾客的细分不再基于笼统的人口统计变量，顾客的位置信息、品类偏好、媒体偏好、消费信息等都成为商家与顾客建立紧密联系的突破口。

总的来说，中国数字消费者的平均年龄为33岁，家庭月收入为13 283元人民币，平均每月网络购物5.1次，相比实体店购物者更年轻、更富有，而且购物频率更高。研究显示，他们进行网购的主要原因是比价更容易、可以送货上门、可以避开拥挤的人群。在使用移动设备购物的数字消费群体中，“千禧一代”占比最高。29%的移动购物者年龄在26—30岁。22%的移动购物者在31—35岁。这部分使用移动互联网购物的消费者大多为已婚人士、拥有可观的收入，其中超过60%的互联购物者家庭月收入不少于11 000元人民币。

从消费偏好来看，互联网大大拓宽了中国消费者的视野，促进了跨境消费快速增长。据调查，2017年在国外网站上购物的消费者占比从2015年的34%跃升至2017年的64%。年轻消费者是跨境购物的主力军，66%的跨境消费者年龄介于18—35岁。母婴产品是最受欢迎的跨境购产品之一，同时，个人护理用品的跨境购买热潮也一直居高不下。

从媒体偏好来看，中国消费者似乎最喜欢使用社交媒体。2020年底，微信的月活跃用户数已经超过12亿，抖音、快手两个短视频平台日活跃用户数量分别突破6亿和2亿。社交媒体对在线购物的影响越来越显著。多平台竞争的趋势促使商家的营销手段从图文时代迅速跨入短视频、直播时代，这些平台已慢慢发展成为商家争夺客户流量的主战场。

从消费诉求来看，性价比和耐用性似乎不再是消费者的首要考虑因素。如今的数字消费者已不再满足于以往的功能和服务体验，具有个性化专业功能的产品，分享交流及参与感，方便灵活的体验和随时待命、贴心的个性化服务成为新的消费诉求。

二、数字时代精准营销的主要途径

在数字时代，商家可以采用有效的监测解决方案来跟踪触达和互动效果，基于大数据实现精准营销。

（一）深入洞察消费者的广告偏好

虽然传统海报仍然是消费者获取商超信息的首要渠道，但微信朋友圈、公众号由于其自身可分享、易互动的特征，已成为消费者的第二信息来源。中国消费者平均每人拥有四台联网设备，切实有效的跨设备媒体组合广告能够大幅提升品牌和品类知名度，也能够刺激销量提升。有调查表明，大约有33.3%的消费者会选择观看移动设备和电脑上看到的广告。同时，在看到数字广告之后希望了解更多信息的消费者中，33.3%左右的消费者会去网上搜索、向朋友询问更多信息，或者去访问品牌官网。不同性别和年龄的消费者对于广告的偏好各有不同。据调查，65%的女性通过移动设备观看数字广告，而62%的男性通过电脑观看数字广告。

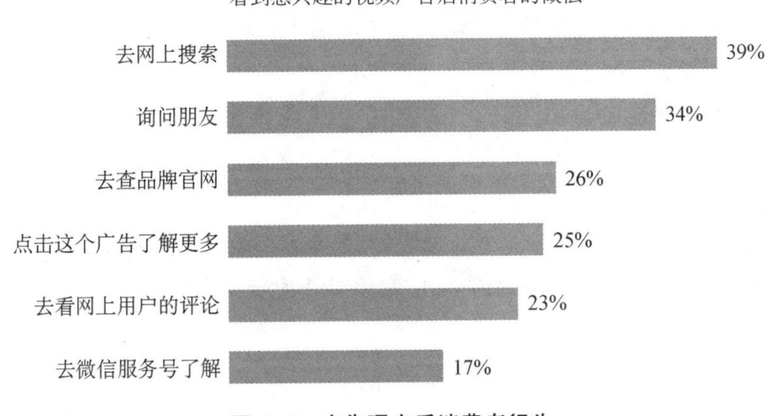

图5-7　广告曝光后消费者行为

（二）深入洞察消费者的媒体习惯

年龄、收入等因素对消费者的媒体习惯也具有重要影响。有研究指出，不同的消费者群体有着截然不同的节目偏好。例如，年龄介于25—29岁、低中等收入水平、无子女的女性偏爱古装剧；年龄介于25—34岁、拥有高等收入、无子女的女性则偏爱真人秀。

（三）场景化促销

在移动互联网兴盛的当下，企业可以利用移动设备，根据消费者所处的时间、地点、环境的不同，针对输入场景、搜索场景和浏览场景，即时提供信息、产品或服务来满足不同消费者的具体需求。例如，工作在商超附近的人群期望能够收到附近商超的大型促销信息；居住在商超附近的人，期望输入商品名称可以搜索到附近的商超促销信息；购物目的性更强的定期采购人群期望输入品名可搜索到附近商超供货信息，补充性采购人群更希望输入品名可搜索到附近促销信息以及增设店内导航。

（四）会员数字化管理

通过构建顾客数据库，企业可以提高顾客的忠诚度、实现精准营销和差异化服务。在会员数字化管理的过程中，企业应该首先围绕顾客行为，将顾客在不同平台的账号、相关数据打通，进行统一的数据整合分析，完善顾客画像。然后利用大数据，基于顾客行为和特征，识别顾客的生命周期阶段，唤醒沉睡顾客、转化潜在顾客。根据数据挖掘结果，企业能够更加准确地预测顾客需求，对不同的顾客群进行个性化营销。

本章小结

根据购买者的产品需要和购买反应，可以将市场细分分为大众营销、细分营销、补缺营销、本地化营销、个别化营销。根据顾客对某种产品的属性的关注，可以把顾客的偏好模式分为同质偏好、扩散偏好和集群偏好。

就消费者市场而言，细分市场的影响因素归纳起来主要有地理因素、人口因素、心理因素、行为因素、受益因素等，细分生产者市场的主要标准有用户要求，用户规模，用户分布。

评估不同的细分市场时，公司必须注意三个因素：细分市场的规模和增长特性。细分市场的结构优势；与公司目标和资源的匹配性。

企业确定目标市场的方式不同，选择的目标市场范围不同，营销策略也就不一样。归纳起来，有三种不同的目标市场策略可供选择：无差异性营销策略、差异性营销策略、集中性营销策略。

在日益激烈的市场竞争中，要避免直接的竞争，企业必须进行产品、服务、人员、渠道、形象差异化，这样才能给消费者带来比竞争对手更大的价值。

思考题

1. 什么是市场细分？市场细分的必要性和作用是什么？
2. 市场细分的层次和模式有哪些？
3. 细分消费者市场有哪些标准？
4. 有效的市场细分应符合哪些要求？
5. 什么是目标市场？选择目标市场的依据是什么？
6. 市场定位有哪几种方式？

"冷板凳"原理

展玉泉的父辈常年做盐生意。然而当时私盐大量入境，导致沧州盐业举步维艰。大多数商人纷纷离去，展玉泉的父亲也准备离开沧州。

然而，展玉泉却果决发言："此举不可取。"父亲不知其意，便问："因何不可取?"展玉泉有条不紊地分析了当时的时局，并说出了如下理由：(1)导致如今私盐之风日盛的原因，主要是由于盐官失政——在其位不谋其政，从中以公肥私而造成的。(2)开中制乃为军事目的所设，是朝廷财政军费开支的重要来源，开中制一旦收不到应有的效果，势必会影响朝局，朝廷为保江山必会下大力度改革现有的开中制所存在的弊端，也就是整顿现有盐制。(3)现有盐制一经整顿之后，必会出现一个崭新的局势，现有盐区销量格局会被打破，出现重分格局之势。(4)私盐之风被整顿之后，官盐会再度热销，就沧州的地理位置及各方面的因素综合起来看，会重新成为热销区，绝对会恢复到以往的昌盛局面，甚至会超过以前的繁荣局势。(5)从当前各方面的迹象来看，沧盐再度繁荣昌盛的局面已处于萌芽状态，可以说现处于黎明前的黑暗阶段，但很快就会形成热销的大气候。(6)沧盐一旦热销，可获得大利时，众盐商就会削尖脑袋往里钻，此时，谁的客户多，谁就能争得市场，只有争得市场才能使得财富滚滚而来。所以，我们何不借此机会，多争得一些客户的信任，提高我们的知名度，为我们的财富大厦打下更深的地基呢？地基越深，我们的财富大厦就能"盖"得越高。因此，虽然我们现在在坐"冷板凳"，可一旦把"冷板凳"坐热之后，就可以实现"闭门家中坐，利从天上来"的局势。

后来，展玉泉的话果然应验，他的"冷板凳"坐热了，而且温度越升越高。由于展氏家族在众盐商纷纷离去之际一直坚守阵地，在此期间，赢得了固定的客户群，而其他的后来者就不得不开发自己的客户群。

展玉泉"人弃我取"的谋略观使得展家，具有绝对的客户资源优势，意味着有更多的市场资源优势，也昭示着有丰富的利润。

以小博大

窦乂是个唐朝大家族中的小人物，好几个亲戚都在朝中任重臣。可窦乂家本身并不旺，所以幼年时不受待见。

小时候，他收集了很多榆树种子。边读书边用小铲开垦荒地种树，熬了五年，榆树成材，总共卖了一百多缗(一缗合一千文钱)。

后来窦乂听说某宦官得宠，就买了这宦官隔壁家的一块空地，不久，这宦官家扩建，要买他那块地，问多少钱，窦乂把那块地白送给他。宦官很高兴，问有什么忙能帮他的。

窦乂仅仅让宦官给江淮的神策军护军写了几封介绍信，他拿介绍信到江淮神策军中做生意，畅通无阻，获利三千缗。

集市旁边有块低洼地，盛满了污水和垃圾，窦乂要买那块地，地主看不懂窦乂的用意，以极低的价格卖给他。窦乂在地中间装了个靶子，旁边摆上煎饼、团子等零食，让小孩子扔石头打靶，打中的就奖励零食吃，街上的小孩子纷纷来扔石头，不久就把洼地填平了。之后，窦乂在这块地上造店铺，总共造了二十多家。窦乂靠这些资本，卖赌具、卖玉石、结交权贵，成为长安城有名的大富翁。

案例分析

王者荣耀的市场定位策略

一、是抄袭？还是突破？

有人说《王者荣耀》的成功，是将传统热门PC端网络游戏转移到手机客户端的成功。有人认为这是腾讯又一次"抄袭"的成功，却忽视了它背后为了契合手机游戏用户群体独特的消费需求所付出的一系列努力。

《王者荣耀》的游戏模式，沿袭了PC端热门网游《英雄联盟》(LOL)经典的MOBA模式，即多人在线战术竞技游戏。不仅在游戏模式上，《王者荣耀》很多人物原型、技能设计也与LOL相似，因此，很多玩过这两款游戏的玩家，认为《王者荣耀》实际上是将LOL"抄"到了手机客户端。

虽然，《王者荣耀》对LOL确实多有借鉴，但是，《王者荣耀》基于其手机游戏的特点，对自己的细分人群有着深刻的认识，与LOL的定位完全不同。

二、LOL市场细分与定位

根据定位知觉图(图5-8)可知，LOL、DOTA等传统端游的操作性要求高，竞技性强，耗时久，它们主要针对的人群是热爱游戏、注重操作性、技术性对抗的年轻男性玩家，但这部分玩家数量稀少。因此，对于时间有限的上班族来说，时间成本成为其玩LOL重要的阻碍。同时，由于其操作要求高，众多的女性玩家无法加入到这个游戏中。女性大多只能看着男朋友打游戏，甚至产生了要LOL还是要女朋友的段子。

三、《王者荣耀》市场细分与定位

由于，人们的生活节奏很快，工作忙碌，只有间歇性的休息时间，因此手游利用碎片化时间休闲娱乐这一点吸引了广大的休闲玩家。为了配合手游玩家的特点，以往的手游大多定位纯休闲，目标人群为休闲玩家，包括广大女性玩家和上班族，这部分玩家数量庞大。但是这些手游操作性低的同时竞技性也低，不能给玩家带来传统端游一样激烈的游戏体验。

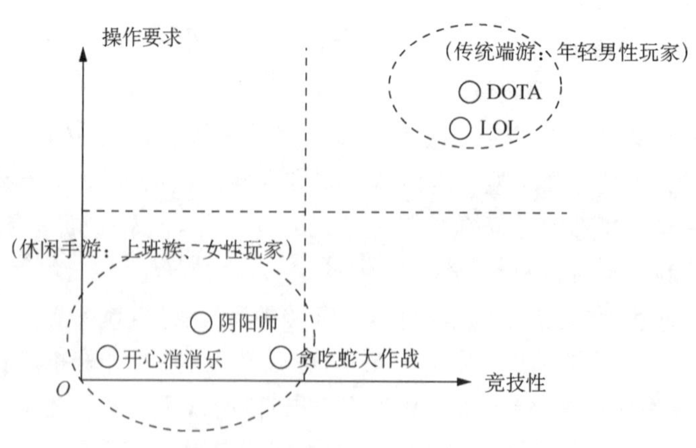

图5-8　游戏市场定位知觉图1

近期市场上大热的几款手机游戏，不论是《王者荣耀》还是吃鸡类手游，根据定位知觉图

5-9,我们发现它们都存在一个共同点:虽然操作要求相对端游较低,但是竞技性却没有很大的削减。所以,这些手游在保留部分年轻男性玩家的同时,拉拢了更多休闲玩家的加入,使得其玩家人群更为庞大。

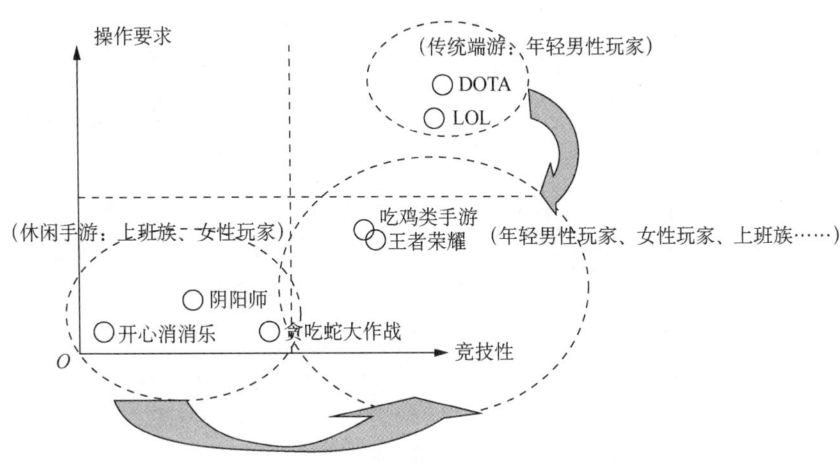

图 5-9 游戏市场定位知觉图 2

因此,《王者荣耀》定位与 LOL 完全不同,《王者荣耀》的目标市场更加大众化,不再只是传统端游的那部分年轻男性玩家,女性玩家、上班族也成为其主要受众。因此,《王者荣耀》将 LOL 模式转移到手机端时,在保留其核心的多人竞技模式基础上,简化 PC 端的操作,通过各种游戏设置加快游戏节奏,降低操作要求和耗时。

只需要几分钟,玩家就能熟悉《王者荣耀》的操作,广大“手残”的女性玩家也能轻松上手,享受游戏竞技的乐趣。事实证明,女性玩家并不是不喜欢玩游戏,游戏竞技带来的成就感和满足感同样适用于女性玩家,只是相对于多数男性玩家,其操作水平有限。因此,《王者荣耀》吸引了众多女性玩家。根据极光大数据显示,《王者荣耀》54%的用户是女性。

根据游戏设计,LOL 平均一局游戏时间在 40 分钟左右,而《王者荣耀》平均一局游戏时间在 20 分钟以内。这使《王者荣耀》更加切合时间有限的上班族的需求。数据表明,《王者荣耀》的玩家中,15—29 岁是主力军,占据约 75%市场。相比于传统端游,主要受众年龄段明显扩大。

《王者荣耀》在设计上完美地切合其定位,将 LOL 等端游无法触及的女性玩家、上班族转化为其游戏的主力军,为其成为一款国民级手游奠定了基础。

四、玩家的述求

成就感是游戏玩家核心诉求之一,人们在学习或工作上受挫,便试图在其他地方寻找成就感,最能够激发这种快感的就是竞技。

《王者荣耀》的游戏模式沿袭了 LOL 的 MOBA 模式,即多人在线战术竞技游戏。10 位玩家由游戏系统分为对立的两队,每位玩家操纵一名角色,游戏以推倒对方大本营为胜利条件,进行即时、在线对抗。一句“敌军还有 5 秒到达战场”瞬间勾起了玩家的求胜欲望。

这种游戏模式最大的特点就是竞技性。这种在 20 分钟内,通过击杀对面角色赢得团队胜利的方式,能够迅速、直接地给玩家带来巨大的个人成就感和团队成就感。这是MOBA模式游戏最大的魅力所在,也是《王者荣耀》等一系列MOBA游戏获得成功最重要的因素之一。

五、是一群人的狂欢?还是一个人的孤单?

《王者荣耀》的MOBA模式满足了游戏玩家的成就感需求,又通过精简游戏操作加快游戏节奏改良了传统的PC端MOBA模式,满足了手机玩家休闲性的需求。可以说,《王者荣耀》因此具备了一款优秀手机游戏的基础,但这并不足以使其成为一款长期霸占应用市场榜首的现象级国民手游。

很多玩家,尤其是女性玩家、上班族(也是《王者荣耀》主要的目标人群),与其说是爱玩游戏,其实,他们更喜欢的是在游戏中和朋友一起度过的快乐时光。或者直白地说——游戏社交。《王者荣耀》最特殊之处恰恰在于其充分满足了这些玩家社交性的需要。

新晋上班族小丽说:"生活中组团打农药的现象非常常见,可能是一个微信群的,可能是一个宿舍或一个办公室的。以前我从不玩游戏,现在也开始接触了,似乎不玩这款游戏,就跟大家不在一个世界里,共同话题也少了一个,聚餐时都显得像是个局外人。"

《王者荣耀》这种MOBA团队合作的游戏模式本身就注定了其高社交性。这种团队竞技的另外一个好处,就在于其不再局限于个人成就感,更是为玩家增加了团体成就感。突破了单人游戏的成就感极限,游戏的生命得以进一步地延续。

王者荣耀最大化其游戏的社交属性,另一个重要的途径就是依靠腾讯这个天然的社交平台。在《王者荣耀》中,你可以看到你的微信好友/QQ好友实时状态,可以直接邀请好友一起组队作战。不仅如此,你还可以直接通过微信/QQ邀请好友下载游戏组队作战。

现实社交网络与游戏社交网络重叠的另一重大好处在于,增强了用户粘性,出于这种网络关系,玩家不会轻易地卸载游戏,也从另一个侧面延长了产品的生命周期。

六、平台优势

《王者荣耀》能够到达日在线人数5 000万,相比其他游戏,除了产品各方面的优势外,最重要的因素在于游戏平台。作为腾讯旗下的手机游戏,其得天独厚的平台优势自然不容小觑。腾讯成立于1998年,是目前国内领先的互联网增值服务提供商之一。拥有中国最大的两个社交软件QQ和微信。根据财报,截至2016年12月31日,QQ月活跃用户数达到8.69亿,最高同时在线用户数达到2.66亿;微信和WeChat合并月活跃用户数达8.89亿,占到中国网民规模和手机网民规模的119%和128%,基本实现了对国内互联网用户的全覆盖。

玩家可以通过微信或者QQ登录游戏,并且可以直接看到自己所有微信好友/QQ好友在该游戏中的信息和在线状态,一个现成的社交平台关系,就成为了游戏最重要的影响因素。相比之下,网易出品的手机游戏《阴阳师》,在平台方面就远落后于《王者荣耀》。由于网易没有现成的社交平台,因此,所有玩家都需要注册一个新的账号,这些新账号之间是没有任何联系的,只有通过朋友间的线下交流和接触,主动建立账号之间的关系,才能建立这些新的游戏账号之间的关联。因此,其社交性与《王者荣耀》相去甚远,也是《阴阳师》无法成为国民级游戏的重要原因之一。

资料来源:微信公众号"壹案例"。作者:刘文静、王晓君

讨论:按照STP理论,如果你是游戏产品经理,你会做一款怎样的游戏?

第六章

产 品 策 略

学习要点

- 理解产品的整体概念；
- 理解产品组合策略；
- 理解产品生命周期策略；
- 掌握新产品开发策略；
- 掌握企业的品牌策略选择。

从本章开始，我们要系统地研究市场营销组合的构成要素：产品、定价、渠道、促销。本章主要讨论产品策略，产品策略在企业市场营销组合中占有十分重要的地位。企业只有提高产品质量，优化产品结构，遵循产品生命周期的规律，不断开发新产品，才能更好地满足目标市场的需要。市场营销组合策略中的其他三大要素，都是围绕产品策略进行的，因此，产品策略是整个市场营销组合策略的基石。

第一节　产 品 概 述

一、产品的整体概念

对于产品的概念，传统的解释经常局限在产品特定的物质形态和具体用途上。市场营销学中产品的含义，比一般意义上产品的含义丰富得多。市场营销学中所指的产品，是指能提供给市场，供使用和消费的，可满足某种欲望和需要的任何东西，包括实物、劳务、场所、组织和思想等。产品整体概念可以从以下五个层次来理解。如图 6-1 所示。

名人名言

谁最后设计了产品？当然是顾客。

——科特勒

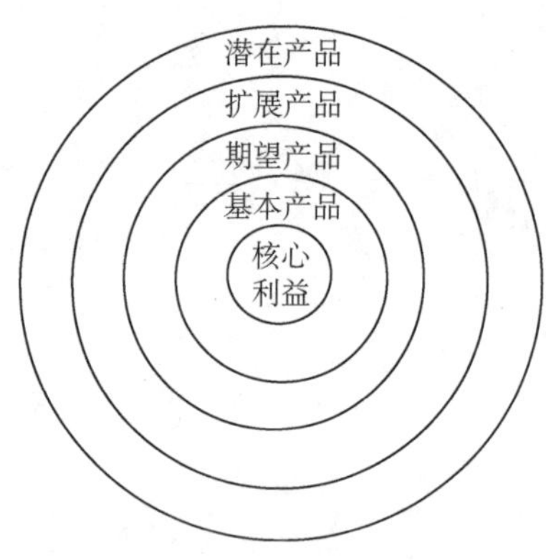

图 6-1 产品的五个层次

首先是核心产品，即消费者利用该产品所满足的基本需要，如消费者对于旅馆的基本需要是休息和睡觉，能提供休息和睡觉场所的地方就能被消费者接受和购买。

其次是基本产品，即满足消费者核心利益的实质性产品，如旅馆必须有房间和床位，这是满足消费者需要的起码的条件。

再次是期望产品，即消费者对于其需要满足程度的某些特定要求，如要求能提供安静舒适的房间和干净整洁的床铺等。企业如果能较好地满足顾客的这些需求，其产品就会有较强的竞争力。

第四是扩展产品，即消费者在核心利益需要得到满足的前提下所产生的关联性需要的满足，其表现为对需求满足程度的进一步提高，如在旅馆的房间里配置电视机、空调、冰箱或为旅客提供其他必要的服务和娱乐条件等，这些将会使旅馆对顾客产生更大的吸引力。

最后是潜在产品，主要是指对于消费者可能产生的对某些产品新的需求的满足，这会促使企业对现有产品不断地进行更新与改造，并努力开发出新的产品，如若能根据不同消费者的需要，开发出专供学者著书立说用的书斋式旅馆，供全家度假用的家庭式旅馆，或供人们扩大社会接触面而用的社交式旅馆等，就有可能诱发出人们潜在的需求和欲望，从而使企业的市场面得到进一步地扩大。

当然，在对每一层次的需求给予进一步满足的同时，必须考虑投入的成本和消费者接受这一满足时所愿意支付的代价。只有在预期的总收益大于总投入的情况下，企业才应当去开发。

二、产品组合四度理论

产品组合(Product Mix)是企业的产品花色品种的配备，包括所有的产品线和产品项目。产品线是指与企业经营的产品核心内容相同的一组密切相关的产品。产品项目(Product Item)是产品线中的一个明确的产品单位。

(一) 产品组合的宽度

产品组合的宽度(Length)是指产品线的总量。产品线越多，意味着企业的产品组合的广度就越宽。上述某家用电器公司的产品组合广度就是六条产品线。如果另一家企业的产品线是八条，具有八条产品线的企业的产品组合广度就要宽于拥有六条产品线的某家电公司。产品组合的广度表明了一个企业经营的产品种类的多少及经营范围的大小。

(二) 产品组合的深度

产品组合的深度(Depth)是指在某一产品线中产品项目的多少，其表示在某类产品中产品开发的深度。如某家电公司所生产的电视机有 6 个品种，其电视机生产线的深度就是 6。若录音机有 8 个品种，则录音机产品线的深度比电视机产品线要深。产品组合的深度往往反映了一个企业产品开发能力的强弱。

(三) 产品组合的长度

产品组合的长度(Length)是指企业产品项目的总和,即所有产品线中的产品项目相加之和。再以上述某家用电器公司为例,该公司的电视机产品线有 6 个产品项目,录音机产品线有 8 个产品项目,洗衣机有 3 个产品项目,吸尘器有 4 个产品项目,电冰箱有 6 个产品项目,空调有 4 个产品项目,这家公司的产品组合长度就是:6+8+3+4+6+4=31(个)。

一般情况下,产品组合的长度越长,说明企业的产品品种、规格越多,由于有时候一个产品项目就是一个品牌,因此,产品组合的长度越长,企业所拥有的产品品牌也可能越多。

(四) 产品组合的相关度

所谓产品组合的相关度或密度(Consistency),是指各个产品线在最终用途、生产技术、销售方式以及其他方面的相互关联程度。

名人名言

对产品质量来说,不是 100 分,就是 0 分。

——松下幸之助

三、产品组合策略

产品组合策略就是企业根据现有产品的销售额、利润状况及未来发展趋势,研究产品组合的广度、深度、长度和相关度,选择最佳的产品组合方案。企业可供选择的策略有以下三种。

(一) 产品组合扩充策略

产品组合扩充策略包括:扩大产品组合的广度;扩大产品组合的长度和深度;适当缩小产品组合密度。

1. 扩大产品组合的广度

即增加产品种类,扩展企业的经营领域,实行多角化经营,可以更好地发挥企业潜在的技术、资源优势,提高经济效益,并可分散企业的投资风险。

2. 增加产品组合的深度和长度

即增加产品项目、增加产品的花色、式样、规格等,可以占领同类产品的更多细分市场,满足更大范围的消费者的不同需求和爱好。

3. 适当缩小产品组合的相关度

即发展与原有产品线毫无相关的产品线,这种跨行业、多角化的经营,可以增强企业经营的稳定性。

一般来说,在预期市场上升的情况下,宜实行产品组合扩充策略。

实行产品组合扩充策略,可使企业的生产、经营管理的复杂程度增加,使企业的人力、财力、物力趋于分散,企业要量力而行。总体来说,这种策略适用于大企业。

(二) 产品组合缩减策略

产品组合缩减策略包括:缩小产品组合的广度、深度、长度,增加产品组合的相关度。这种策略有利于集中力量采用更先进的生产技术和营销方式,提高效率和产品质量;有利于降低生产和销售成本;有利于在小的细分市场上更好地为用户服务。

不论企业大小,在以下两种情况下,都要考虑进行产品组合缩减:一种情况是企业管理人员发现产品线中有一些前景渺茫的产品,正在将整个产品线的利润拖下来,因此,需要将其剔除;另一种情况是企业面临大量且强烈的需求,又缺乏足够的能力生产这些产品项目,这时,企业需要审查各个产品项目的利润率,集中力量生产高利润率的项目,并暂时或永久地剔除那些利润率低或亏损的项目。

一般来讲,企业在需求不足时,应减少其产品线。

必须指出,产品组合缩减会使企业特别是小企业趋于少品种、专业化的生产和经营,这种经营市场风险大,应特别慎重。

(三) 产品线延伸策略

这种策略是指部分或全部地改变企业原有产品线的市场地位的一种行动。它可能是为了开拓新的市场,也可能是因为顾客需求的改变,还可能是为使本企业成为经营种类全面的企业。产品线延伸策略可以分为向下延伸、向上延伸、双向延伸。

1. 向下延伸

这种策略是把企业原来定位于高档市场的产品线向下延伸,增加低档产品项目。

这种策略的优点是:①利用高档产品的声誉,进入中、低档市场,扩大市场占有率。如日本精工手表,利用声誉高,发展等次繁多的产品,从几百美元到几美元的产品都有。②充分利用企业资源。当高档产品项目销售增长缓慢,造成资源不能充分利用时,增加低档产品项目,能充分利用企业资源。

这种策略的缺点是:①有一定风险。如处理不当,会影响原有名牌产品的市场形象和声誉。②增大营销费用。产品项目拓宽,营销渠道要重新设计,并且要配合相应的广告宣传手段。

2. 向上延伸

这种策略是企业把原来位于低档市场的产品线向上延伸,增加高档产品项目。

这种策略的优点是:对企业有激励作用;使技术设备和营销能力向高档市场发展,提高了竞争能力;可能获得丰厚利润。

这种策略的缺点是:有风险,进入高档市场绝非易事。处理不当,难以收回开发新产品的成本,也会影响老产品的市场声誉。

3. 双向延伸

这种策略是企业把原来位于中档市场的产品线向上、向下两个方向延伸。一方面增加高档产品,另一方面增加低档产品,扩大了市场阵容。

四、优化产品组合的技术

对产品线组合进行评价的方法有若干种,这里介绍简便实用的波士顿矩阵方法。

波士顿矩阵法由波士顿咨询公司(BCG)首创。矩阵主要分为四个象限:

(1) 问题类。这类产品线具有高的市场增长率和低的市场占有率,需要投入大量资金,以提高其市场占有率,但有较大的风险,需慎重选择。

(2) 明星类。这类产品线市场占有率和市场增长率都很高,具有一定的竞争优势。但是由于市场增长率很高,竞争激烈,为了保持优势地位需要许多资金,因而并不能为企业带来丰厚的利润。但当市场增长率放慢后,它就转变为金牛类,可为企业创造大量利润。

(3) 金牛类。这类产品线有低的市场增长率和高的市场占有率,收入多,利润大,是企业利润的源泉。企业常要用金牛类产品线的收入来支付账款和支持明星类、问题类和瘦狗类产品线。

(4) 瘦狗类。这类产品线的市场增长率和市场占有率都很低,在竞争中处于劣势,是没有发展前途的,应逐步淘汰。

对产品线进行这样的分类评价后,企业可以确定产品线组合是否健康。如果问题类和瘦狗类产品线较多,而明星类和金牛类产品线较少,则应当对不合理的组合进行调查:那些很有发展前途的问题类产品线应予以发展,努力提高其市场占有率,增强其竞争能力,使其尽快成为明星类产品线;金牛类产品线要尽量维持其市场份额,以继续提供大量的资金收入;处境不佳、竞争力小的金牛类产品线和一些问题类、瘦狗类产品线应实行收缩,尽量减小投资,争取短期较多的收益;没有发展前途又不能盈利的瘦狗类和问题类产品线应放弃,进行清理、淘汰,以便把资金转移到更有利的产品线上。

第二节 产品生命周期策略

一个产品从进入市场到最终退出市场,会经过一个导入、成长、成熟和衰退的过程,这就是产品生命周期。在产品生命周期的不同阶段,企业应该采取不同的营销战略。

一、产品生命周期理论概述

产品生命周期是指产品从进入市场到退出市场的周期化变化过程。产品的生命周期不是指产品的使用寿命,而是指产品的市场寿命,是市场营销学中一个非常重要的概念。

产品生命周期一般分为四个阶段:介绍期、成长期、成熟期和衰退期。

产品生命周期是营销学家以统计规律为基础的一种理论抽象。产品的销售额和利润在四个阶段顺次形成正态分布曲线,如图 6-2 所示。

1. 介绍期

是指新产品刚进入市场的时期。往往表现为销售量增长缓慢,由于销售量小,产品的开发成本又高,所以,新产品在介绍期只是一个成本回收的过程,利润一般是负的。

2. 成长期

是产品已开始为大批购买者所接受的时期。往往表现为销售量的急速上升。由于销售量的上升和扩大,规模效应开始显现,产品的单位成本下降,新产品的销售利润开始不断增加。

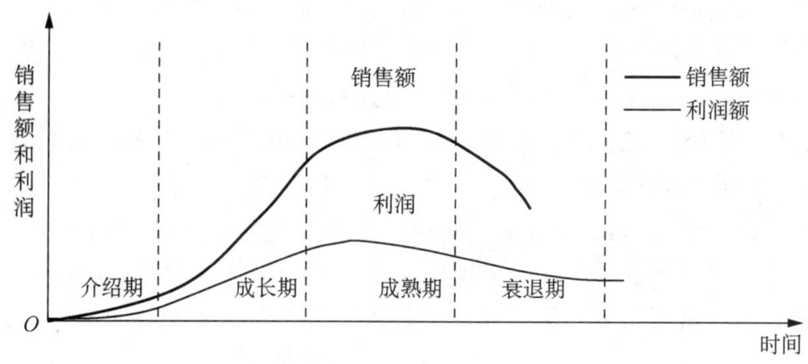

图 6-2 产品生命周期

3. 成熟期

由于该产品的市场已趋于饱和,或已出现强有力的替代产品的竞争,销售量增速开始趋缓,并逐步趋于下降。此时,产品为维持市场而投放的销售费用开始上升,产品的利润也随之下降。

4. 衰退期

由于消费者的兴趣转移,或替代产品已逐步占领市场,产品的销售量开始迅速下降,直至最终退出市场。

以上是典型的产品生命周期,非典型的产品生命周期有如下几种:在很长时期中延续的"平台型"生命周期;刚进入市场就马上终结的"夭折型"生命周期;在市场发展中销售量时起时伏的"波浪型"生命周期。(如图 6-3)

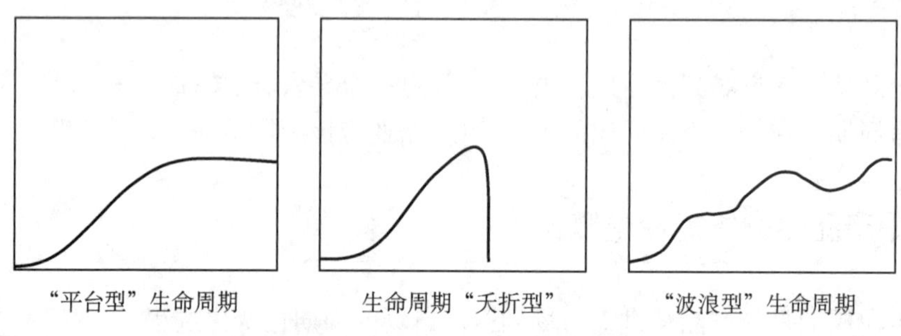

图 6-3 不同类型的产品生命周期

二、产品生命周期各阶段的特点与相应的营销对策

(一) 介绍期的特点及营销对策

新产品在刚刚推出市场时,销售量增长缓慢,往往可能是无利甚至亏损,其原因是:生产能力未全部形成,工人生产操作尚不熟练,次品、废品率高,增加了成本。加上消费者对新产品有一个认识过程,不会立刻接受它。该阶段企业的基本策略应当是突出一个"快"字,以促使产品尽快进入成长期。具体操作上一般可选择以下四种策略,如表 6-1 所示。

表 6-1 介绍期可供选择的策略

价格水平	促销水平(费用)	
	高	低
高	快速-掠取策略	缓慢-掠取策略
低	快速-渗透策略	缓慢-渗透策略

1. 快速-掠取策略

企业以高价格、高促销的方式推广新产品。高价格是为了迅速使企业收回成本并获取高的利润。高促销是为了尽快打开销路,使更多的人知晓新产品的存在。高促销就是要通过各种促销手段,增强刺激强度。除了大规模的广告宣传外,也可以利用特殊手段诱使消费者试用。如通过赠送样品,将新产品附在老产品中免费赠送等。

快速-掠取策略适用的市场环境:绝大部分的消费者还没有意识到该新产品,知道它的人有强烈的购买欲望而不大在乎价格,产品存在潜在的竞争对手,企业想提高产品的声誉。

2. 缓慢-掠取策略

企业以高价格、低促销的方式推广新产品。主要目的是为了获取最大的利润。高价格可迅速收回成本,加大利润,低促销又可减少营销成本。

缓慢-掠取策略适用的市场环境:市场规模有限,消费者的大多数已对该产品有所了解,购买者对价格不是很敏感,潜在的竞争对手少。

3. 快速-渗透策略

企业以低价格、高促销的方式推广新产品。这一策略的目的是为了获得最高的市场份额。所以,新产品的定价在一个低水平上确定,以求获得尽可能多的消费者的认可。同时,通过大规模的促销活动把信息传给可能多的人,刺激他们的购买欲望。

快速-渗透策略适用以下市场环境:市场规模大,消费者对该产品知晓甚少,购买者对价格敏感,潜在竞争对手多且竞争激烈。

4. 缓慢-渗透策略

企业用低价格、低促销的方式推广新产品。使用该策略的目的一方面是为了以低价格避免竞争,促使消费者尽快接受新产品;另一方面以较低的促销费用来降低经营成本,确保企业的利润。

缓慢-渗透策略适用的市场环境:产品的市场相当庞大,消费者对价格比较敏感,产品的知名度已经较高,潜在的竞争压力较大。

企业应该从整个生命周期过程中的总体战略去考虑,灵活地交替使用以上四种策略。同时,在实施上述策略时,还要配合其他策略,才能取得好的效果。

(二) 成长期的特点及营销对策

新产品经受住了市场的严峻考验,就进入了成长阶段,这一阶段的特点是:销售量直线上升,利润迅速增加。由于产品已基本定型,废品、次品率大大降低,销售渠道也已疏通,所以,产品经营成本急剧下降,产品的销售呈现出光明的前景。在这一阶段的后期,由于产品表现了高额的利润,促使竞争对手逐步加入,竞争趋于激烈化。这一阶段,企业应尽可能地维持销售的增长速度，同时突出一个“好”字，把保持产品的品质优良作为主要目标，具体策略有：

1. 改良产品

从质量、性能、式样、包装等方面努力加以改进，以对抗竞争产品，还可以从拓展产品的新用途着手以巩固自己的竞争地位。

2. 拓宽市场

使产品进一步向尚未涉足的市场进军。在分析销售实绩的基础上，仔细寻找出产品尚未到达的领域并作重点努力，同时，扩大销售网点，方便消费者购买。

3. 适时降价

产品在适当的时候降价或推出折扣价格，既吸引更多的购买者参加进来，又可以阻止竞争对手的进入。

4. 转移重心

广告宣传由建立产品知名度逐渐转向建立产品信赖度，增加宣传产品的特色，使其在消费者心目中产生与众不同的感觉。

在这一阶段，企业往往会面临高市场占有率和高利润的抉择。因为两者似乎是矛盾的，要获取高的市场占有率，势必要改良产品、降低价格、增加营销费用，这会使企业的利润减少。但是如果企业能够维持住高的市场占有率，在竞争中处于优势地位，将会有利于今后的发展，放弃了眼前的利润，将可望在成熟期阶段得到补偿。

(三) 成熟期的特点及营销对策

产品的销售增长速度在达到顶点后，将会放慢下来，并进入一个相对稳定的时期，这一阶段的特点是产品的销量大、利润大、时间长。在成熟期的后半期，销量达到顶峰后开始下跌，利润逐渐下滑。这一阶段的基本策略是突出一个“优”字。应避免消极的防御，而要采取积极的进攻策略，突出建立和宣传产品的特定优势，以增加或稳定产品的销售。具体做法有：

1. 市场改良策略

市场销售量＝某产品使用人数×每个使用者的使用率。

从上面公式可以知道，要增加销售量就在两个乘数上下功夫。

(1) 扩大使用人数。企业可以通过下列两种方法来增加它的值：争取尚未使用者，争取竞争对手的顾客。

(2) 提高使用率。企业可以用两种方法来增加它的值：促使使用者增加使用次数，增加产品每次的使用量。

2. 产品改良策略

产品改良是为了吸引新的购买者和扩大现有使用者的队伍。企业通过对产品的改良，使顾客对产品产生新鲜感，从而带动产品的销售。产品改良也是对付竞争对手的一个有效措施。产品改良主要侧重在质量、性能、特色、式样上。

3. 营销组合改良策略

企业的营销组合不是一成不变的东西，它应该随着企业的内外部环境的变化而作出相应的调整。产品的生命周期到了成熟阶段，各种内外部条件发生了重大的变化，营销组合也就要有一个大的调整。这是为了延长产品的成熟期，避免衰退期的早日到来。实际上，企业要使上述前面两个策略取得成功，不依靠营销组合的改良是很难做到的，所以，营销组合改良是和市场改良，产品改良策略相辅相成的。

(四) 衰退期的特点及营销对策

这一阶段的特征是销售额和利润额开始快速下降，企业往往会处于一个微利甚至于无利的境地。在衰退阶段，企业的策略应建立在"转"的基础上。产品的衰退是不可避免的，因此，到了这时，企业可采取的营销策略有：

1. 持续策略

继续沿用过去的策略，仍在原来的目标市场经营，使用相同的销售渠道、定价及促销方式，直到这种产品完全退出市场为止。

2. 集中策略

把企业的资源集中在最有利的子市场、销售渠道和最易销售的品种和款式上。这种策略既有利于缩短产品退出市场的时间，又能为企业创造更多的利润。

3. 收缩策略

大幅度降低促销水平，尽量减少销售和促销费用，以增加目前的利润。这样可能导致产品在市场的衰退加速，但又能从忠诚于这些产品的顾客中得到利润。

4. 放弃策略

对于衰老比较迅速的产品，应当当机立断，放弃经营。可以采取完全放弃的方式，如把产品完全转移出去或立即停止生产；也可以采取逐步放弃的方式，使其所占用的资源逐步转向其他产品。

第三节　新产品开发策略

由于当代科学技术水平的发展，产品生命周期迅速缩短，这已经成为当代企业所面临的现实。正是这种现实迫使每个企业不得不把开发新产品作为关系企业兴亡的大事来抓。

名人名言

你的产品可能是世界上最好的，但是，如果它们不是在顾客需要的地方和时间出现，那么它们就一钱不值了。

——麦卡锡

一、新产品开发概述

(一) 新产品的概念

市场营销学中的新产品，是从企业经营角度认识和规定的。它比因科学技术在某一领域的重大发展所推出的新产品所涵盖的范围要宽。

名人名言

每一家公司都必须开发新产品。新产品开发是公司将来生命的源泉。

——科特勒

市场营销理论规定了企业活动以市场需求为中心，因此，企业的产品只要在功能或形态上发生改变，与原产品产生差异，即可视为新产品。据此，新产品包括完全新产品、换代新产品、改良新产品、模仿新产品。此外，打入新市场的产品也可视作新产品。

1. 完全新产品

这同科学技术开发意义上的新产品完全一致，是指全部采用新原理、新材料及新技术制成的具有全新功能的产品，与现有的产品基本上无雷同之处。完全新产品往往表示了科学技术发展史上的一个新突破。比如，电话、飞机、尼龙、复印机、电视机、计算机等就是 19 世纪 60 年代到 20 世纪 60 代世界公认的最重要的新产品。这些新产品的诞生都是某种科学技术的新创造和新发明，因而极为难得，这也不是一般企业能够胜任的。因为一个完全新产品的出现，从理论到应用，从实验室试制到大批量生产不仅要很长的时间，而且要耗费大量的人力、物力及财力。

2. 换代新产品

这是指对产品的性能有重大突破性改进的产品。计算机问世以来，从最初的电子管(第一代)发展到现在的第四代(大规模集成电路)，其中经历了晶体管(第二代)、集成电路(第三代)这两个阶段。现在，世界各国都在积极开发第五代的电子计算机，即所谓的人工智能电脑。尽管从基本原理和基本功能上讲都是电子计算机，满足的是同一类型的需要，但是其所采用的技术和所形成的功能却有很大的不同。由于各个时期的换代新产品在原理、技术和材料上有一定的延续性，所以，企业开发换代新产品比开发完全新产品要容易得多，开发成本也比较低。

3. 改良新产品

这是指在产品的材料、结构、性能、造型甚至颜色、包装等方面作出局部改进的产品，改良新产品一般对产品的基本功能并无本质上的改进。比如，手表从圆形到方形，又发展到各种艺术造型都属于这种改良新产品。由于改良新产品对于科技开发的要求并不很高，所以企业依靠自身力量比较容易开发，在新产品的开发中，属于此类型的新产品要占绝大多数。

4. 模仿新产品

又称为企业新产品或地域性新产品，是指市场上已经存在而企业没有生产过的产品，或其他地区已经存在而在本地是第一次生产的产品。由于这些产品的开发与生产都是对已有产品的一种模仿，所以叫模仿新产品。模仿新产品在产品开发上仍然有着积极的意义，它能在一定的范围内满足消费者尚未满足的消费需求。它有利于企业技术水平的提高，对于企业竞争意识的增强、扩大销售收入也有很大的影响。特别是对先进国家已经推出市场而我国还没有生产的产品进行模仿研制，对于提高我国工业化、现代化发展的整体水平更具有重大意义。

(二) 新产品开发的意义

在科学技术迅猛发展、市场竞争日益激烈的今日世界，新产品开发对社会进步、生产力发展，对于一个国家和地区经济的发展，对于企业的生存和发展，对于满足消费者需求，都有着极其重要的作用。

1. 新产品开发能够推动社会进步和生产力发展

新产品尤其是完全新产品的出现是科学技术进步和社会生产力发展的结果，但新产品的出现又进一步促进了科学技术和社会生产力的发展，推动社会不断前进。因为有些新产品本身就是先进生产力的要素，人们利用这些要素取得科学技术的更大进步、生产力的更大进步。

2. 新产品开发能够促进国家振兴

开发新产品，采用新技术、新材料、新设备是衡量一个国家科学技术水平和经济发展水平的重要标志。当前形势下，我国企业要大力开发新产品，为国民经济发展提供更多新材料、新设备和新品种，以加快我国经济建设的步伐。

3. 新产品开发能够满足消费者不断增长的消费需求

由于社会生产力的发展和科学技术的不断进步，消费需求不断向多样化和高要求发展；而且人们生活水平的提高正是通过不断增长的收入转化为实际的购买所实现的。这就要求消费品的品种、规格不断丰富，产品质量不断改进提高，就要求大力发展新产品，为消费者提供日益增多和丰富多彩的产品来满足他们不断增长的消费需求。

4. 新产品开发有利于企业生存

随着科学技术的发展和经济全球化的浪潮，企业间的竞争将更加激烈，产品的生命周期将越来越短。西方发达国家的企业都设有强大的研究开发部门，并拥有雄厚的研究与开发经费和众多优秀的研究开发人员，就是因为它们认识到研究开发新产品是对企业生命攸关的大事。

名人名言

没有几种产品能够一成不变而在全世界畅通无阻。

——科特勒

二、新产品开发管理的程序

开发新产品是一项复杂的高风险工作。我国一家咨询公司 1968 年对 51 家公司的调查发现，开发新产品从构思到投入市场，成功率大约只有 1—2%。在 58 件新产品构思中，只有 12 件通过筛选，通过市场可行性研究的只有 7 件，通过试制的只有 2 件，通过市场销售获得成功的只有 1 件。据估计，70%的费用花在未成功产品上。

开发新产品必须按照一定的科学程序来进行，具体如图 6-4 所示。

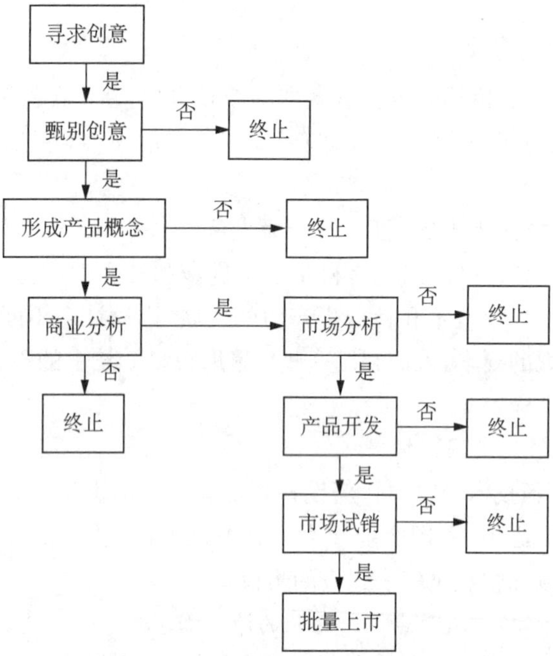

寻求创意 →(是) 甄别创意 →(否) 终止
甄别创意 →(是) 形成产品概念 →(否) 终止
形成产品概念 →(是) 商业分析 →(否) 终止
商业分析 →(是) 市场分析 →(否) 终止
市场分析 →(是) 产品开发 →(否) 终止
产品开发 →(是) 市场试销 →(否) 终止
市场试销 →(是) 批量上市

图 6-4 新产品开发管理的程序

(一) 寻求创意

新产品开发过程是从寻求创意开始的。所谓创意，就是开发新产品的设想。从一定的意义上讲，好的创意是产品开发成功的一半。但是，并不是任何一个创意都能符合市场的真正要求，从构思变成现实的产品，要经历一个艰难的过程。

1. 新产品构思的来源

新产品的构思从何而来？从营销观念的角度出发，主要应来源于对市场上未满足的消费需求的研究。具体而言，企业通常可通过以下渠道来获得产品的构思。

(1) 顾客。顾客的需求是寻求新产品构思的起点。事实上，通过对消费者的调查，了解消费者对现有产品的不满意之处，了解消费者新的消费欲望，就可能掌握消费者对新产品的期望，就可以产生某些新产品的构思。

(2) 竞争对手。通过对竞争对手产品的分析和调查，可以知道哪些产品是成功的，哪些产品是有缺陷的，对有缺陷产品的改进就是一种构思的来源。

(3) 中间商。中间商是与顾客直接打交道的，他们掌握顾客的第一手资料，同时也了解行业内竞争的动向。从中间商那里收集构思是一条有效的途径。

(4) 科技人员。科学技术的进步，新的材料与新的工艺的产生往往是新产品开发的基础，科学的发明与创造主要依靠科技人员的攻关。因此，科技人员的一个新设想很可能孕育着一件新产品。

(5) 企业营销人员与管理人员。这是来自企业内部的另外两个主要来源。营销人员与管理人员熟悉产品，也熟悉行业内的产品发展趋势，他们在综合各方面信息的基础上往往能够提供出好的产品构思来。

以上是主要的构思来源，其他像大学、科研机关、专利机关、咨询公司、广告公司等都是可能获得构思的渠道。

2. 创意的方法

(1) 垂直思维法(或称传统思维法)。主要是指根据本行业产品设计的传统思路来进行产品的创意，其比较侧重于对以前经验的继承和运用。垂直思维法的合理性在于其比较尊重事物发展的逻辑规律，但也可能由于因循守旧而使构思难以有所突破。

(2) 水平思维法(或称破格思维法)。主要是指用打破传统思维的方式进行构思和创意。有时创意者会从人们认为不可思议的角度去寻求新的构思，有时则比较注重对某些跨行业、跨学科知识的借鉴和运用。水平思维法的优点在于比较容易打破常规，增加构思的新颖性；其问题在于由于缺乏现有经验，往往会增加新产品开发的风险和操作难度。

(3) 联想思维法。主要是指受到某些客观因素的启发而形成的创意和构思。如人们会从动物的某些动作和习性上构思出适应人们需要的一些产品；会由自然界的某些现象诱发出新的创意，仿生学实际上就是一种联想思维的方式。联想思维要能得到很好地运用，关键在于构思者要有强烈的创造意识，以及对于周围事物敏锐的观察能力和理解能力。

(4) 会商思维法(又称头脑风暴法)。主要是指一种进行群体创意的思维方法。它是一种特殊的聚会，在这种聚会上与会者可以就某一创意目标任意地发表意见，提出自己的构思。这种类型的聚会有一个共同的规则：对于任何人的意见不得反驳，不得讥笑，所以，在这种会上人们的思路是最为活跃的，平时不敢轻易发表的意见可以毫无顾虑地在会上发表，一些成功的构思往往就会产生在这样的会上。

(二) 甄别创意

好的创意对于发展新产品十分重要，但有了创意并不一定能付诸实施，这要根据企业的目标和能力来进行选择。甄别的主要目的是尽可能早地发现和排除不合理的创意。所谓不合理的创意，一方面是指缺乏科学依据和可操作性的创意；另一方面是指同企业的基本目标不相吻合或企业一时无能力进行开发的创意。

甄别创意一般可分为两个阶段。先是由企业进行初选，淘汰那些明显不合理的创意；然后再对剩余创意进行认真地评价和甄别。

(三) 形成产品概念

产品概念和产品构思是有区别的，产品概念是对于产品构思的具体化，它离现实的产品又近了一步。产品概念是对于产品的功能、形态、结构以及基本特征的详细描述，是可立即照其进行生产的具体设计方案。消费者不会考虑购买产品的构思，却会对具体的产品概念产生兴趣。

一个创意有可能转化成多个产品概念，企业要尽可能地把各种产品概念的设计方案列出来，然后对产品概念进行定位，以确定最终的产品发展方向。比如，一个企业掌握了水解珍珠的技术，产生了液体珍珠营养补剂的构思。根据产品的销售对象、产品的核心内容(益处)及产品的使用时间可以进一步发展成好几种产品概念：康复补剂，适合老年人夜间就寝前服用；美容养颜补剂，适合年轻女性早晨服用，使皮肤细嫩；可口养脑补剂，适合学龄期儿童在中午饮用,可以提高儿童的记忆力。

产品概念形成以后,还必须对其进行评价和测试,以确定产品概念的发展前途和开发价值。产品概念的测试通常是从两个角度进行:一是从市场竞争的角度,主要是将所设计的产品概念放在市场定位图中,看其在某一位势上竞争的激烈程度,从而决定是否进行开发以及开发哪一种产品概念;二是从满足需求的角度,主要是将某些待开发的产品概念拿到消费者中去征求意见。如某种新型的电动汽车,其产品概念应当详细到外观的色彩、坐垫的皮料以及最高时速和耗电程度等。然后应了解消费者,看他们是否喜欢这样的汽车?会不会购买这样的汽车?以及对于这种产品还有什么不满意之处。只有在市场反馈意见比较良好的情况下,才能进行产品的进一步开发,否则,就会形成较大的风险。

(四) 商业分析

商业分析就是产品开发的效益分析,通过分析来确定新产品的开发价值。新产品的开发归根结底是为了给企业带来好的经济效益,如果一件新产品的投资开发最终要亏本或无利可图,这件新产品就不值得去开发。所以,企业在产品概念形成后必须要对新产品的投资效益和开发价值进行认真的分析。

商业分析的方法有很多,常用的有盈亏平衡分析法(量本利分析法)、投资回收期法、投资报酬率(资金利润率)法、净现值法、内部收益率法等。必须指出的是,任何数量分析的模型和方法都是有局限性的,最终还必须参照实际情况对数量分析的结果进行修正。因此,对于各种环境信息必须及时掌握,这样才能使商业分析更为准确。

(五) 市场分析

商业分析之后并不能马上进入产品的开发和试制,因为还必须对产品的市场前景作一番分析。只有那些市场情景比较好,营销渠道比较通畅的产品,才能积极地加以开发。

对新产品的市场分析首先是对产品市场容量的分析,看有多少消费者可能成为新产品的买主。当然,还必须注意到竞争者产品以及替代产品的分流因素;其次是要分析消费者的购买能力和可能接受的价位,看能否达到保证企业经济效益的水平;再次是可能利用的销售渠道及控制能力,以及同中间商的利益分配方式;最后还必须注意到产品进入市场的物流条件是否具备以及物流成本的高低。这些都影响着新产品开发的成功概率及企业的经济效益,是在产品正式开发之前必须要搞清楚的。

(六) 产品开发

经过商业分析和市场分析的新产品,就可以进入到具体的开发试制阶段。这是一个很关键的阶段,因为前面几个阶段的一系列活动可以说是“纸上谈兵”,产品开发则是要把新产品的构思设想转变成顾客真正能够消费的实体产品。

产品开发试制阶段必须要注意的问题是,生产出来的试制产品——新产品样品应当具有很强的普及意义。即它必须能在一切可能设想到的环境下正常使用,而不是只能在良好的环境下使用;它必须在正常的生产条件与成本水平(批量生产的条件和水平)下生产。所以,一些新产品的样品需要经过实地使用测试或实验室理化性能测试的阶段,即将其放在某种恶劣的环境下进行使用,看其环境的适应能力;或者用某些设备和仪器对产品进行破坏性试验,以检测新产品抗破坏的最大限度。

新产品的开发试制主要应由企业的科研部门和生产部门进行，但是，企业的最高管理部门与营销部门要共同参与，把握开发试制的进程，提供各种有用的信息，使新产品的开发试制顺利完成。

（七）市场试销

一件新产品开发出来后，最好不要急于推出市场，实践表明，很多产品试制出来后仍然会遇到被淘汰的命运，就是说，市场不能接受此种新产品。尽管企业在前面几个阶段做了大量的工作，也对顾客进行了直接调查，但是因为消费者对设想的产品和实体的产品的评价会产生某种偏差，所以仍然会有产品被消费者否定的可能。为了把这种可能性降到最低，避免批量生产后造成过大的损失，企业就要对试制出来的新产品进行试销。

市场试销包含几层含义：它可以是针对产品性能、质量的试销；可以是针对产品价格的试销；可以是针对销售渠道的试销；可以是针对产品广告促销方式的试销。实际上，市场试销就是对消费者对产品反应的测定。通过试销，既可以进一步改进新产品的品质，也可以帮助企业制定出有效的营销组合方案来。

当然，不并是任何产品都要进行市场试销，有的产品可以直接推出市场，如价格昂贵的特殊品及高档消费品以及市场容量不大的高价工业品等。市场试销主要是面对那些使用面较广、市场生命周期较长以及市场容量较大的产品。

由于市场试销要投入大量的资金，所以，是否进行市场试销应根据试销费用的数额与不试销可能造成的损失额的比较来决定，只有当不试销带来的损失大于试销费用时，企业才值得开展市场试销。市场试销中还必须加以注意的问题是，竞争者有可能立即对试销中的新产品进行仿制，一些仿制能力极强的企业很可能在新产品还未批量上市之前已抢先推出仿制产品。所以，企业对于进行市场试销的新产品一是要加强专利保护，二是要掌握关键技术。若无有效的反仿制保护措施，宁愿不进行市场试销。

（八）批量上市

这是新产品开发的最后一个阶段，即将产品成批地投放市场。新产品进入这一阶段意味着产品生命周期的开始。

产品的批量上市并不意味着新产品开发已经取得成功，因为此时正是产品能否真正被市场接受的关键时刻。如果策略不当，产品仍然可能存在销售不出去的危险。企业必须在批量上市的时间、地点、渠道、方式上正确决策，企业在组织新产品上市时一定要对市场的环境进行认真分析，准确把握时机，精心设计方案，以确保新产品顺利地进入市场。

三、新产品采用与扩散

（一）新产品采用过程

所谓新产品采用过程，是指消费者由接受创新产品到成为重复购买者的各个心理阶段，通常分为以下五个阶段。

1. 认识阶段

在认识阶段，消费者要受个人因素（如个人的性格特征、社会地位、经济收入、性别、年龄、文化水平等)、社会因素(如文化、经济、社会、政治、科技等)和沟通行为因素的影响。他们逐步认识到创新产品,并学会使用这种产品,掌握其新的功能。研究表明,较早意识到创新的消费者同较晚意识到创新的消费者有着明显的区别。一般地,前者较后者有着较高的文化水平和社会地位,他们广泛地参与社交活动,能及时、迅速地收集到有关新产品的信息资料。

2. 说服阶段

有时,消费者尽管认识到了创新产品并知道如何使用,但一直没有产生喜爱和占有该种产品的愿望。而一旦产生这种愿望,决策行为就进入了说服阶段。在认识阶段,消费者的心理活动尚停留在感性认识上,而在说服阶段,其心理活动就具备影响力了。消费者常常要亲自操作新产品,以避免购买风险。不过,即使如此也并不能促使消费者立即购买,除非市场营销部门能让消费者充分认识到新产品的特性。这包括:①相对优越性,即创新产品被认为比原有产品好。②适用性,即创新产品与消费者行为及观念的吻合程度。③复杂性,即认识创新产品的困难程度。④可试性,即创新产品在一定条件下可以试用。汽车的测试、免费赠送样品等都是为了方便消费者对新产品的试用,减少购买风险,提高采用率。⑤明确性,指创新产品在使用时,是否容易被人们观察和描述,是否容易被说明和示范。

3. 决策阶段

通过对产品特性的分析和认识,消费者开始决策,即决定采用还是拒绝采用该种创新产品。他可能决定拒绝采用,此时有两种可能:①以后改变了态度,接受了这种创新产品;②继续拒绝采用这种产品。他也许决定采用创新产品,此时也有两种可能:①在使用之后觉得效果不错,继续使用下去;②使用之后发现令人失望,便中断使用,可能改用别的品牌,也可能不使用这类产品。

4. 实施阶段

当消费者开始使用创新产品时,就进入了实施阶段。在决策阶段,消费者只是在心里盘算究竟是使用该产品还是仅仅试用一下,并没有完全确定。到了实施阶段,消费者就考虑以下问题了:“我怎样使用该产品?”“我如何解决操作难题?”这时,企业市场营销人员就要积极主动地向消费者进行介绍和示范,并提出自己的建议。

5. 证明阶段

人类行为的一个显著特征是,人们在作出某项重要决策之后总是要寻找额外的信息,来证明自己决策的正确。消费者购买决策也不例外。为了说明问题,这里借用一下不和谐理论中的认识不和谐概念。

认识不和谐是指两种或两种以上的认识互不一致或者其中某种认识与一个人的行为相抵触所产生的紧张不安的心理状态。这些认识包括人们对周围事物所持的观念、情感和价值取向等。只要这些认识相互不一致,或者某种认识与一个人的行为不相吻合,不和谐就产生了。不和谐是一种心理不平衡状态,它会造成心理紧张,而心理紧张又促使人们去努力消除这种紧张,从而使心理状态由不平衡(或不和谐)转向平衡(或和谐)。

在创新决策之后存在的不和谐,称为决策后不和谐。由于消费者面临多种选择方案,而每一种方案都有其优点和缺点,所以,只要消费者选择其中的一个方案,不和谐就会发生。在决策之后,消费者总是要评价其选择行为的正确与否。在决策后的最初一段时间内,消费者常常觉得有些后悔,他或她会发现所选方案存在很多缺陷,而认为未选方案有不少优点。事实上,如果再给一次机会,他或她会选择其他方案。不过,后悔阶段持续时间不长便被不和谐减弱阶段所代替。此时,消费者认为已选方案仍然较为适宜。

在整个创新决策过程中,证实阶段包括决策后不和谐、后悔和不和谐减弱三种情况。消费者往往会告诉朋友们自己采用创新产品的明智之处,倘若他或她无法说明采用决策是正确的,那么就可能中断采用。

(二) 新产品扩散过程

所谓新产品扩散,是指新产品上市后随着时间的推移不断地被越来越多的消费者所采用的过程。也就是说,新产品上市后逐渐地扩张到其潜在市场的各个部分。扩散与采用的区别,仅仅在于看问题的角度不同。采用过程是从微观角度考察消费者个人由接受创新产品到成为重复购买者的各个心理阶段,扩散过程则是从宏观角度分析创新产品如何在市场上传播并被市场所采用的更为广泛的问题。

1. 新产品采用者的类型

在新产品的市场扩散过程中,由于个人性格、文化背景、受教育程度和社会地位等因素的影响,不同的消费者对新产品接受的快慢程度不同。罗杰斯根据这种接受程度快慢的差异,把采用者划分成五种类型,即创新采用者(简称为创用者)、早期采用者、早期大众、晚期大众和落后采用者。同时,从新产品上市算起,采用者的采用时间大体服从统计学中的正态分布,约有68%的采用者(早期大众和晚期大众)落入平均采用时间加减一个标准差的区域内,其他采用者的情况类推。尽管这种划分并非精确,但它对于研究扩散过程有着重要意义。

(1) 创新采用者。该类采用者处于距离平均采用时间两个标准差以左的区域内,占全部潜在采用者的2.5%。任何新产品都是由少数创新采用者率先使用,他们具备如下特征:①极富冒险精神;②收入水平、社会地位和受教育程度较高;③一般是年轻人,交际广泛且信息灵通。

企业市场营销人员在向市场推出新产品时,应把促销手段和传播工具集中于创新采用者身上。如果他们的采用效果较好,就会大力宣传,影响到后面的使用者。不过,找出创新采用者并非易事,因为很多创新采用者在某些方面倾向于创新,而在其他方面可能是落后采用者。

(2) 早期采用者。早期采用者是第二类采用创新的群体,占全部潜在采用者的13.5%。他们大多是某个群体中具有很高威信的人,受到周围朋友的拥护和爱戴。正因如此,他们常常去收集有关新产品的各种信息资料,成为某些领域的舆论领袖。这类采用者多在产品的介绍期和成长期采用新产品,并对后面的采用者影响较大。所以,他们对创新扩散有着决定性影响。

(3) 早期大众。这类采用者的采用时间较平均采用时间要早,占全部潜在采用者的34%。其特征是:①深思熟虑,态度谨慎;②决策时间较长;③受过一定的教育;④有较好的工作环境和固定收入;⑤对舆论领袖的消费行为有较强的模仿心理。他们虽然也希望在一般人之前接受新产品,但却是在经过早期采用者认可后才购买,从而成为赶时髦者。由于该类采用者和晚期大众占全部潜在采用者的68%,因而,研究其消费心理和消费习惯对于加速创新产品扩散有着重要意义。

(4) 晚期大众。这类采用者的采用时间较平均采用时间稍晚,占全部潜在采用者的34%。其基本特征是多疑。他们的信息多来自周围的同事或朋友,很少借助宣传媒体收集所需要的信息,其受教育程度和收入状况相对较差,所以,他们从不主动采用或接受新产品,直到多数人都采用且反映良好时才行动。显然,对这类采用者进行市场扩散是极为困难的。

(5) 落后采用者。这类采用者是采用创新的落伍者,占全部潜在采用者的18%。他们思想保守,拘泥于传统的消费行为模式。他们与其他的落后采用者关系密切,极少借助宣传媒体,其社会地位和收入水平最低。因此,他们在产品进入成熟期后期乃至进入衰退期时才会采用。与一般人相比较,在社会经济地位、个人因素和沟通行为等方面存在着差异。这种比较为新产品扩散提供了重要依据,对企业市场营销沟通具有指导意义。

2. 新产品扩散过程管理

新产品扩散过程管理是指企业通过采取措施使新产品扩散过程符合既定市场营销目标的一系列活动。为了使产品扩散过程达到其管理目标,要求企业市场营销管理部门采取一些措施和战略。

(1) 实现迅速起飞,需要:①派出销售队伍,主动加强推销;②开展广告攻势,使目标市场很快熟悉创新产品;③开展促销活动,鼓励消费者试用新产品。

(2) 实现快速增长,需要:①保证产品质量,促进口头沟通;②继续加强广告攻势,影响后期采用者;③推销人员向中间商提供各种支持;④创造性地运用促销手段使消费者重复购买。

(3) 实现渗透最大化,需要:①继续采用快速增长的各种战略;②更新产品设计和广告战略,以适应后期采用者的需要。

(4) 要想长时间维持一定水平的销售额,需要:①使处于衰退期的产品继续满足市场需要;②扩展分销渠道;③加强广告推销。

第四节 品牌策略

为了使品牌在市场营销中更好地发挥作用,必须采取适当的品牌策略。

一、品牌化策略

对于一种新产品,有关品牌的第一个决策就是决定企业是否给产品建立品牌。企业为其产品设立品牌名称、品牌标志,并向有关机构注册登记取得商标专用权的业务活动,就称为品牌建立。现代市场营销认为,绝大部分产品和服务都应该建立自己的品牌。

二、品牌归属策略

一旦决定对产品使用品牌,企业对品牌归属就面临三种选择:

1. 制造商品牌

即由制造商对其产品确定品牌。由于该品牌可随产品的广泛销售分布到任何地方而无区域限制，所以也称为全国品牌。大多数产品使用的都是制造商品牌。

2. 中间商品牌（经销商品牌）

是指产品使用中间商的品牌进行销售。如英国的马狮百货公司的圣米高就是一种典型的中间商品牌。过去，由于中间商的市场覆盖面有一定的限制，所以称为私有品牌。同一企业生产的产品可能冠有不同的中间商品牌。

3. 混合品牌

也称制造商品牌与经销商品牌混合使用。这可能有三种情形：

（1）制造商品牌与经销商品牌同时使用，兼收两种品牌单独使用的优点；

（2）制造商在部分产品上使用自己的品牌，另一部分产品则以批量卖给经销商，使用经销商品牌，以求既扩大销路又能建立品牌形象；

（3）为进入新的市场，先采用经销商品牌，待产品在市场上受到欢迎后改用制造商品牌。

三、品牌名称策略

制造商在决定给产品使用自己的品牌之后，面临着进一步的抉择。

1. 个别品牌

主要是指企业对其所生产的不同产品使用不同的品牌（甚至是一品一牌），所以也称多品牌决策。采用个别品牌主要是为了体现不同产品之间的差异，以适应不同的目标市场。一般在产品差异性比较明显、消费者选择性比较强的情况下，使用个别品牌比较有效。

2. 单一品牌

主要是指企业对其所生产的同类产品（甚至全部产品）只使用一种品牌，所以有时也称单品牌决策。采用单一品牌可大大降低营销总成本，而且能使产品和企业的整体形象统一起来。一般在企业各种产品差异性不大的情况下，使用单一品牌比较有利。

3. 分类品牌

对所有产品使用不同类别的家族品牌名称，每类产品使用一个家族品牌。

四、品牌发展策略

根据产品与品牌的新旧两个维度，公司可以采取以下四种品牌发展策略。如图 6-5 所示。

1. 产品线扩展

产品线扩展是指公司在同样的品牌名称下面，在相同的产品种类中增加一个新的产品品种或品目。该新产品品种常常具有新的特性，如新的口味、形状、颜色、新成份、新包装等。

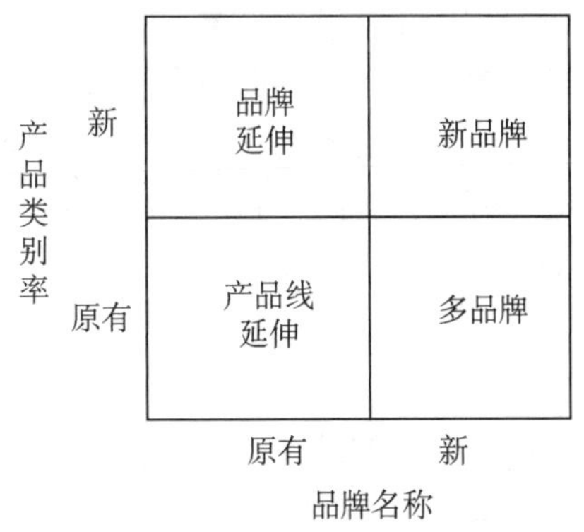

图 6-5 品牌发展策略矩阵

产品线扩展呈现如下特点：强品牌的产品线的拓展要比弱品牌的更成功；有标志性的品牌比无标志的品牌更成功；投入广告及促销多的品牌比少的更成

功；早进入市场的品牌比迟进入市场的要好，仅限于强势品牌；公司的规模和营销能力对一个企业的拓展起重要作用；较早的产品线拓展帮助了它的母品牌在市场上的扩张；产品线的拓展所带来的销售增加能弥补由于内部竞争而引起的原有品种销售的下降。

2. 品牌延伸策略

公司可能决定利用现有品牌名称来推出一个新的产品品目。

品牌延伸战略有许多优点：①一个受人注意的好品牌名称能给予新产品即刻的认知和较容易地被接受。它使企业更容易进入一个新的产品领域。②品牌延伸节约了大量广告费，而在正常情况下使消费者熟悉一个新品牌名称花费较大。

品牌延伸策略也有风险：①新产品可能使买者失望从而损坏对公司其他产品的信任。②原有品牌名称可能不适用于新产品。③过度延伸会使品牌失去在消费者中的特定的定位。④出现品牌稀释现象，消费者不再把品牌与一个特定的产品或类似的产品相联系。

3. 多品牌策略

多品牌策略就是企业的同类产品中同时使用两种或两种以上的品牌。这种经营实践为宝洁公司(P&G)所首创。这家公司在第二次世界大战前主要生产浪潮(Tide)牌洗涤剂，取得成功后，又推出快乐(cheer)牌洗涤剂，其结果虽使浪潮牌洗涤剂的销量略有下降，但两种品牌的销售总额却大大超过只经营浪潮牌的销售额。现在，宝洁公司生产 8 种品牌的洗涤剂。

多品牌策略有以下优点：①各种不同的品牌只要被零售商接受，就可占用更大的货架面积，从而相对减少竞争者的陈列面积。②多种不同的品牌可以吸引更多顾客，提高市场占有率。因为忠诚于某一品牌不考虑其他品牌的消费者是很少的，大多数消费者都是品牌转移者。只有发展多种不同的品牌，才能赢得这些品牌转移者。③发展多种品牌有助于企业内部各品牌负责人之间相互展开竞争，提高效率。④发展多种品牌可使企业深入到各个不同的市场部分，占领更大的市场份额。

采用多品牌的陷阱是：①每个品牌可能仅仅只占领了很小的市场份额，也可能毫无利润或利润下降。②资源分散，不能集中于高绩效的品牌。③可能是自相残杀而不是蚕食竞争者。

4. 新品牌策略

当公司在推出新产品种类的产品时采用一个全新的品牌。

采用的条件是：在推出一个新产品种类时，发现现有的品牌名称不适合于新产品，或现有的品牌形象不能帮助新产品时，最好创建新的品牌。

需要考虑的问题：引入新品牌的风险是否足够大？产品将持续多久？避免使用现有品牌是最好的选择吗？新产品所带来的收益能补偿建立新品牌的费用吗？

五、品牌再定位策略

随着时间的推移，原有顾客的需求已出现变化。对于市场和大众认知的变化，企业要及时作出反应，必须从消费者的角度去重新审视市场，切中营销的核心——需求。适时改善必须要改进的内容——不论是产品、包装、价格、渠道、广告、公关还是其他，力求使品牌在众多竞争对手之间确立其优势地位，赋予品牌新的个性。七喜饮料就是经过一段时间挣扎之后，通过品牌再定位的成功典型；而克莱斯勒汽车则是在经营失败退出市场之后，又痛苦地进行品牌重新定位，再度成为知名品牌。

六、数字时代的品牌年轻化策略

老化的品牌会遭遇销量下降、市场份额下降、分销渠道困难等问题。数字时代的到来改变了营销传播模式和大众的消费观念，也使品牌老化问题得到了业界的广泛关注。随着年轻消费者成为消费主力军，品牌年轻化的趋势日益凸显。

（一）品牌老化

1. 品牌老化的原因

所谓品牌老化，指的是品牌在进入成熟期后，随着营销力度和知名度的提高，销量增速减缓甚至衰退，即高知名度、低增长率。当消费者开始忽视一个品牌时，品牌则进入老化阶段。这并不是因为该品牌的产品质量差，只是因为产品的味道、外观或品牌形象与新产品相比比较老。

品牌老化的原因可以从宏观和微观两个层面进行分析。从宏观层面来说，由于线上线下融合，渠道垄断失利。电子商务的兴起削弱了大品牌线下渠道的垄断地位，电商、O2O、新零售、智慧零售、无界零售等渠道促进了图文、视频、直播等新媒体平台的蓬勃发展，万物皆渠道的趋势让很多传统品牌的渠道优势渐渐消失，众多新兴品牌借助线上渠道快速进入消费者的视野。此外，多元化的新媒体传播也是品牌老化的重要原因。相比传统单一媒介上较为集中的广告信息，如今多样且分散的传播媒介上充斥着庞杂的广告信息，抢占顾客心智越来越难。

从微观层面来说，品牌老化的原因主要在于消费分级和需求的多样化。随着科技和经济的迅猛发展，消费者的消费水平显著提高，需求也渐渐呈现出个性化、定制化的特点，以往大品牌仅靠一两款产品即可获得较高市场占有率的时代已一去不复返。主打产品落后、品牌形象僵化、客户关系薄弱，这样的企业无法满足日益变化的消费需求，更无法渗透到不同的细分市场，最终都会导致品牌老化，使企业不仅丢失原有消费者，也慢慢被新一代消费者抛弃。

2. 品牌老化的对策

（1）利用多品牌策略，充分满足消费者的需求。当原有品牌或产品无法应对消费分级带来的多样化需求时，企业可以采取推出多个品牌或产品的策略来满足不同的细分市场，在留住原有消费者的同时吸引更多的潜在消费者，避免品牌老化的发生。跨界营销目前被很多企业采用，众多品牌强强联合，可以曝光多个品牌，是提升每个品牌知名度的双赢之举。

（2）利用新媒体、新渠道，增加消费者互动。市场营销的关键是挖掘并满足消费者需求。在数字时代，企业可以利用一切新媒体、新渠道，搜集消费者的信息，建立客户数据库，进而与消费者进行个性化互动，分析消费者偏好、品牌态度等，即时维护品牌形象，推出新产品，改进产品体验，实现知名度与增长率齐头并进。近两年，短视频、直播带货已成为拉近消费者互动的重要途径。

(3) 利用怀旧营销,增进与消费者的情感联结。对于老品牌来说,品牌老化会带来两种截然不同的命运。一种结果是,消费者需求改变,现有产品无法满足需求,品牌管理者作出停止品牌的战略决策,从而品牌可能彻底消失。另外一种结果是,品牌管理者利用老品牌多年积累的资产,采用怀旧营销,唤起怀旧情绪,让消费者记住"美好的旧时光",从而征服新旧消费者,在情感方面建立联结,降低品牌老化的负面影响,使品牌营销的效果最大化。

(二) 品牌年轻化

1. 品牌年轻化的必要性

品牌年轻化策略被企业视为注入新的生命,其不仅能够帮助企业增加销售额,也能改善品牌形象。如今,年轻消费者拥有较强的购买力和可塑性,他们的消费观更加开放,更加注重精神层面的消费,也更加重视愉悦自我。品牌要想保持吸引力,抓住年轻消费者的心,就必须与时俱进,进行年轻化建设,更新自身的文化价值理念,创新产品设计和体验,采取更高效的营销策略,塑造年轻活力的品牌形象。品牌必须进行年轻化建设的原因包括:

(1) 企业正努力从现有产品中创收,但竞争对手已经接管了该产品品类,为了重新获得市场份额,企业采取品牌年轻化策略,及时推出新产品。

(2) 企业想传达品牌在品类中的领导地位,开发一个充满活力的新的视觉识别系统,统一品牌在所有消费者中的表达方式,此时,品牌年轻化是必要的。

(3) 由于品牌形象与大众的相关性越来越低,品牌年轻化可能只是增加市场份额的需要。客户品牌意识肯定会转化为市场占有率,因此,品牌年轻化很可能带来促销活动的高峰。

(4) 品牌或许已经失去了独特的差异化优势,想通过新的形象使产品或品牌年轻化。

(5) 品牌的目标市场已经老化,但品牌未能像以往那样在下一代消费者心中重新定位。

(6) 消费者需求从价格转向价值,品牌可能无法充分满足消费者的需求或欲望,因此,消费者已经转向其他平台。

(7) 客户对产品缺乏了解,客户参与不足,客户体验不充分,促使企业必须开发一个新的具有较高影响力和认可度的概念。

(8) 品牌年轻化可能使品牌身份更加现代化,并且使其更容易接近。一种有效的做法是重新定位或彻底改变包装设计系统,包括品牌标识。

除上述原因外,如果品牌过度自信,认为品牌已经建立并可以自我维持,而忽视了客户关系管理及竞争水平提升,品牌必须采取年轻化策略。

2. 品牌年轻化对策

(1) 管理消费者品牌感知,塑造年轻的品牌态度,刷新良好认知。对于消费者来说,关于品牌过去的记忆和对产品的积极认知被唤起后,消费者将更愿意接受营销人员发出的任何新信息。所以,企业可以借助怀旧营销,基于顾客情感洞察,关注消费者的自我表达和自我彰显,为品牌塑造年轻的态度和活力的形象。通过传递品牌态度让消费者形成认同感,在认同中寻求自我表达。

将品牌与相关目标或新用途联系起来。随着时间的推移,消费者的需求会发生变化。

有时候，一个老的成熟品牌必须将自己重新定位为实现新目标的有效工具。例如，大众对健康的关注使饮食习惯发生改变，消费者对低盐、低糖等食品的需求不断攀升，食品相关企业可以专注于产品成分、功能特性，重新设计广告，将自己的品牌与健康联系起来。

(2) 整合传播渠道，扩大品牌知名度。对于一个衰落的品牌来说，问题往往不是品牌知名度的深度，品牌知名度的广度才是绊脚石，消费者往往只会以非常狭隘的方式思考品牌。因此，只有增加品牌知名度的广度，才能确保品牌不被忽视。在数字时代，企业可以通过新媒体、短视频、直播等传播渠道呈现品牌信息；利用社交平台（如微信、微博、小红书等）进行内容输出和形象管理，发展社群经济，打造私域流量，将信息通过各种渠道传达到消费者端，扩大品牌知名度。

(3) 改善品牌形象，提升用户体验。为了提高品牌形象，企业可以从品牌联想的力度、好感度和独特性三个方面入手，加强任何已经消失的积极联想，中和任何已经产生的消极联想，创造额外的积极联想。如今，许多年轻消费者有钱、有闲、有追求，他们更注重情感交流和思考体验，更在意参与感。因此，企业可以借助 VR、AI、虚拟场景、体感交互等数字化技术，在体验过程中注入科技感，营造虚拟场景，带给消费者沉浸式体验。与此同时，体验增加了消费者互动，企业在传递价值理念的同时，也了解了年轻消费者的需求和反馈，建立了良好的客户关系，创建了积极的品牌联想，从而实现品牌年轻化。

(4) 改变品牌元素，重视视觉营销。如果产品或营销计划发生变化，企业必须改变一个或多个品牌元素来传达新的信息，或者告知消费者品牌已经有了新的含义。在所有品牌元素中，品牌名称最难改变，包装、商标和其他字符比较容易改变。在颜值经济时代，年轻消费者对于产品的外观包装有极为挑剔的要求。因此，品牌年轻化必须重视视觉营销。例如，当今国潮风盛行，许多品牌纷纷搭上了国潮的快车，推出自己古风古色的系列产品，以独特风格和怀旧情怀吸引消费者。也有许多特色门店根据颜色对产品分类，呈现有序、多彩的视觉感知，为消费者创造良好的视觉体验。

(5) 坚持产品创新，开拓新的细分市场。一个品牌的目标市场通常不会构成整个市场的所有细分市场。企业往往有其他品牌瞄准这些剩余的细分市场。企业可以使产品年轻化，以更好地满足年轻消费者的新需求。年轻的消费者对于新事物具有较高的关注度和接受度，因此，产品创新是吸引他们的有效手段。产品创新不仅仅是品类创新，也包括外观、包装、服务、体验等方面。另外，在开拓新的细分市场时，除了关注消费者对产品功能的需求，企业更应该关注消费者精神层面的需求，通过传递情感、理念来打动消费者。

第五节 品牌管理

一、品牌设计

品牌设计不仅需要非常熟悉产品的特性，而且需要有较高的文字和艺术修养，有丰富的人文、社会和生活知识。

(一) 品牌设计要简明醒目

品牌的重要作用是有助于识别商品，为此，要使人们见到后能留下深刻的印象，起到广告宣传的作用，就必须简洁明了，一目了然。在语言上，文字要精练，要易于拼读、辨认、记忆，并琅琅上口、悦耳动听；画面要色彩匀称，图案清晰，线条流畅，和谐悦目。

(二) 品牌设计要构思新颖、特色鲜明

只有构思上勇于创新，才能够推出美观大方、风格独特的品牌设计，给消费者以美的享受。

(三) 品牌设计要体现企业或产品特色

一个品牌设计不是凭空创造的，它要与企业或产品的风格相匹配，比如花花公子是一个很著名的品牌，但用在机床产品上就十分不妥。好的品牌设计对此要求更高，它要能充分显示企业或产品的特色，使消费者能从中认识到企业及产品的形象和特点，产生购买欲望。

(四) 品牌设计要与目标市场的文化背景相适应

尤其是出口商品品牌的设计特别要注重避免使用当地忌讳的图案、符号、色彩，以及令顾客产生异义的文字内容。我国企业在语言方面不光要注意翻译成外文时是否产生了异义，还要注意会不会因汉语拼音与英文混淆而产生异议。

(五) 品牌设计切忌效仿和过分夸张

效仿他人就会缺乏新意、毫无特色，过分夸张最终是自欺欺人，两者都不会有好的收效。而且，对商标来说，它是受到法律保护的，不可与别的商标雷同，否则是侵权行为，会受到法律制裁。

二、品牌资产

品牌资产是公司价值的重要构成部分已成为大多数人的共识，因此，评价品牌的价值显得相当重要。

(一) 品牌资产的测试

品牌的价值由多种因素决定。由于要预测净利润等指标，不确定的成分相当大。有一种较直观的品牌资产测试法，即将测试内容分为品牌知名度、品牌忠诚度、品牌联想、品牌知觉及法律资产(如商标权)。其中，品牌忠诚度是品牌最核心、最具价值的内容。通过横向比较品牌的这些因素，就可以得出品牌的价值。

1. 品牌知名度

品牌知名度是一个品牌首先追求的，是其他内容的基础，可分四个等级：第一提及知名度、未提及知名度、提及知名度和无知名度。

第一提及知名度是消费者在没有任何提示下，想到某一产品类别立刻就会想起的品牌。比如说到香皂，就想到了力士；提及搜索引擎，第一反应就是百度。

未提及知名度也是消费者在没有任何提示下，想到某一产品类别就会想起的品牌，只是

没有第一个想起而已。虽然达到这一级别的品牌够不上产品类别的代名词，但也相当可贵了。

提及知名度就是经过提示后，消费者表示知道该品牌。这是一个品牌最基础的目标。

无知名度即经过提示后，消费者毫无反应，这样的品牌资产可能只是等于它的商标价值了。

2. 品牌忠诚度

按消费者对品牌的忠诚度从低到高的顺序，可以将消费者划分为无品牌忠诚者、习惯消费者、满意消费者、情感消费者和承诺消费者。可依据品牌拥有的消费者的类型判断品牌忠诚度。

无品牌忠诚者对品牌的认识没有任何差异，会随时经常地更换品牌。只拥有这样的消费者的品牌毫无忠诚度可言，只能盼好运的降临。

习惯消费者的品牌倾向若有若无，他们会在惯性状态下重复购买某一品牌，属于无意识的品牌忠诚者。

满意消费者对品牌相当满意，而且已经产生了品牌转换成本。

承诺消费者不仅对品牌产生了感情，更以拥有品牌而骄傲，如人头马 XO 是高贵的象征、派克金笔是成功人士的象征。

3. 品牌联想

品牌联想是消费者在想起某一品牌时所勾起的所有印象、意义、联想的总和。当联想组合成一个完整、综合、有意义的品牌印象时，就称之为品牌形象。

4. 品牌认知度

品牌认知度是指消费者对某种品牌在品质上的整体印象。它不仅包括产品本身的品质，还包括产品服务的品质。比如，宝洁(P&G)是“世界一流产品”，海尔代表星级服务，这些都是消费者对品牌的认同。

消费者对品牌的认知一般通过以下几个方面：产品的功能和结构、适用性、可信赖度、耐用度、外观包装、价格、销售服务。

5. 法律资产

法律资产主要是指品牌的商标权。

(二) 品牌资产的测算方法

1. 会计方法

如果能精确地计算出品牌的价值，就像列在企业资产负债表中的资产一样，当然是最完美的了。如果品牌的价值在于能提供源源不断的潜在收益，就可以采用会计的方法计算它的直接收益。但是，不可否认，无论运用多么先进的模型来做这个工作，某些主观和不确定的因素都是不可避免的。比如，我们很难准确区分收益中哪一部分是来源于品牌资产，哪一部分属于公司的其他方面的。而且，不同的企业会给其他企业的品牌定不同的价值。如蔓登琳这一品牌对联合利华(著名冷饮品牌和路雪的拥有者)的价值显然大大超过它对其他企业的价值，和路雪收购蔓登琳，使这一国际知名品牌在亚洲冰淇淋市场上获得不可动摇的主导地位。因此，虽然用会计方法评估得出的品牌资产由于用数字表示看起来确定无疑，其实含有相当的不确定因素。

2. 多重准则法

在多重准则法中，有一个著名的英国模型，这是适合专家品牌公司的国际品牌使用的模型。国际品牌模型有三个基本的输入因素：

(1) 品牌的估值。品牌所赚取的净利润的估值。

(2) 品牌的优势。它以如下七大因素为评价品牌的基础：领导地位、稳定性、市场、国际化程度、趋势、支持、保护。每个因素允许的最大取值范围从 5 到 25 不等(如领导地位的最大值为 25，而保护因素的最大值为 5)，也即给定了不同因素的相对权重。

(3) 收益的倍数。它通常以品牌实力的得分为基础，以税前净收益的倍数来确定品牌的价值。

三、企业品牌溢价管理

企业打造知名品牌的一个重要动力是品牌可以产生溢价，同样的质量，知名品牌可以比一般品牌或没有品牌的产品售价高出很多。消费者对知名品牌的价格溢价部分往往敏感度较低，而且更容易产生品牌承诺和品牌忠诚。可以说，消费者进行品牌消费的过程，就是一个品牌价格溢价的过程。

企业可以从以下五个方面来提高品牌溢价。

(1) 提高产品功能与质量。质量是一组固有特性满足需求的程度，是一种标准。这种标准的达成需要一定的投入，并能达到一定的产出，品牌质量可能的一种产出。质量是品牌的基础，有质量不一定有品牌，但没有质量肯定没有品牌。从符号学的角度来讲，品牌是一种信号传递，是帮助消费者决策的信号。品牌信号不是自发形成的，质量属性、利益、价值、文化、个性、用户等都是品牌信号形成的重要影响因素。在市场交易中，质量属性是品牌最基础的信号。长期交易的结果，产品的质量属性逐步从企业的质量能力，演变为消费者的质量信任和质量承诺。而消费者的信任和承诺，是企业品牌资产的重要组成部分。质量是品牌得以延续与发展的根本保证，离开质量谈品牌，品牌也就只是企业设计出来的一个图案或符号，终究会被市场所埋没，被消费者所抛弃。

大部分企业产品/服务的品牌溢价来源于社会、情感需求，但是产品服务的品质是品牌的基础。例如手机的强大拍摄功能，有助于促进消费者对手机品牌整体硬性属性的正面感知。

(2) 提高品牌知名度。采取有效措施(如广告、赞助活动等)提高消费者对企业产品/服务的认知程度。加强消费者品牌认知，促成先入为主效应，提高品牌的可记忆性、可识别性，提高品牌美誉度。

(3) 增加品牌真实性。品牌真实性首先要求企业必须追求货真价实，在功能属性上提高原创性；其次要求企业必须对质量、价值观保持持续性；再次，要求企业行使更多的社会责任，持之以恒地开展亲社会行为。

(4) 开发社会价值营销元素和情感价值营销元素。企业产品/服务的顾客感知价值主要来源于关系网络、人际互动等社交属性和快乐、兴奋等情感属性，这就要求企业在提高功能质量的基础上，设计出更多的社会价值元素和情感价值元素，并通过适当的渠道进行整合传播。

(5) 提升消费者的品牌契合度。消费者对企业的契合度，是提高品牌忠诚度的重要手段。首先，在认知契合的层面，可以着重推广企业的创新价值；其次，在情感契合的层面，通过广告与其他整合传播工具，与消费者产生某种联系，支持消费者实现自我；最后，在行为契合的层面，企业管理层、员工应该更多地与消费者互动，在互动行为中提高消费者的行为契合度。

四、国家品牌战略管理

经济发展质量、国家治理质量、社会发展质量体现了国家宏观管理的品质。国家宏观品牌战略管理，将有助于国家品牌、企业品牌的形成，有助于个人和家庭生活品质的提升。

(一) 树立工匠精神和精品意识

质量是品牌的基础。要打造知名品牌，必须要有好的质量，而质量首先是一个价值观问题。不管是产品质量、服务质量、过程质量还是系统质量，任何一个组织想要提高质量，必须在思想上树立质量导向和质量意识。

要造就和培育全社会的工匠精神和精品意识，首先必须使各组织和个人重视质量、监督质量，树立工匠精神。精品意识要渗透到生产、交换、分配、消费的每个环节，促进全民、全社会牢固树立精品意识的氛围。

工匠是中国社会对手工艺职业者的称呼，如泥瓦匠、木匠、铜匠、铁匠、石匠、篾匠等，各类手工匠人用他们精湛的技艺为社会带来优秀的产品。随着时代的发展，社会由农业时代进入工业时代和后工业时代，很多手工艺职业已经消失了，但这些匠人们追求产品质量的精神却永远留下来了，而且在未来的社会发展中将大放异彩。

在 2016 年的政府工作报告中，李克强总理说："要鼓励企业开展个性化定制、柔性化生产，培育精益求精的工匠精神"。党的十九大报告指出，要"建设知识型、技能型、创新型劳动者大军，弘扬劳模精神和工匠精神，营造劳动光荣的社会风尚和精益求精的敬业风气。"

工匠精神是一种职业精神，它是职业道德、职业能力、职业品质的体现，是从业者的一种职业价值取向和行为表现。新时代的工匠精神的基本内涵，包括爱岗敬业的职业精神、协作共进的团队精神、精益求精的品质精神、追求卓越的创新精神这四个方面的内容。

(1) 培养爱岗敬业的职业精神。党的十八大报告提出了社会主义核心价值观，其中，敬业是对中国公民职业道德的核心要求。要做到爱岗敬业，就必须要有一种职业使命感。所谓职业使命感，就是一种来源于自我、并超越自我的卓越召唤，其目的在于通过追求目的感和意义感而形成特定的生活角色，以实现利他性的价值观和目标。工匠精神最根本的内涵就是爱岗敬业的职业精神。

(2) 培养协作共进的团队精神。爱岗敬业要求每个人在各自岗位上尽职尽责，但是在新时代，企业管理已经超越了过去的手工作坊，现代企业是社会分工的产物。一个企业产品/服务品质是各个岗位共同奋斗的结果。这就要求每个人除了做好本职工作之外，必须要有团队意识和团队精神，做到"1＋1＞2"的团队作战效果。

（3）培养精益求精的品质精神。爱岗敬业是企业品质的精神保障，如果企业每个员工在各自的岗位上都做到爱岗敬业，企业的产品、服务将会得到极大地提升。质量是一个相对概念，符合基本质量要求的产品即为合格品。但在市场竞争中，只有树立精品意识，只有做到比竞争对手更好，才能在众多同质化的产品中脱颖而出。

（4）培养追求卓越的创新精神。要提高品质，打造精品，仅仅满足标准、符合要求是远远不够的。企业只有勇于创新、追求卓越，才能给消费者带来惊喜。正如乔布斯所说，“消费者并不知道自己真正需要什么，直到我们拿出产品，他们就发现，这是我想要的东西”。要给消费者带来惊喜，企业仅仅满足消费者的需要当然是不够的，企业必须在继承的基础上不断创新。因为只有在继承基础上的创新，才能跟上时代前进的步伐，推动产品的升级换代，以满足社会发展和人们日益增长的对美好生活的需要。

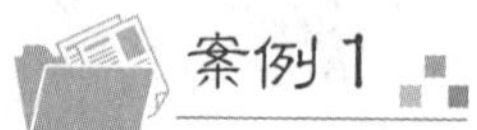

提起工匠精神，我们总是想起德国可以用五十年的热水器、意大利很受欢迎的奢饰品、日本的寿司之神等。中国，作为五千年历史的泱泱大国，我们的工匠精神又体现在什么地方呢？央视热播纪录片“大国工匠”给了我们答案。

图 6-6　发动机焊接第一人——高凤林

“大国工匠”系列节目讲述了为长征火箭焊接发动机的“发动机焊接第一人”高凤林等八位来自不同岗位的劳动者，用他们的朴实而灵巧的双手，筑就“中国梦”的故事。孟剑锋，经过百万次的精雕细琢，才制作出令人叹为观止的“丝巾”。彭祥华，二十年如一日地坚守在铁路爆破工程一线，用一生的严谨保障了每一次任务的安全。高凤林，作为国家特级技师，他心怀国家，焊接飞天神箭……这些工匠们以他们对本职工作的专注和一丝不苟的态度，点滴筑起最美“中国梦”。

工匠精神在企业中，就是要求企业如同一个工匠，认真琢磨企业的产品，做到精益求精，要经得起市场的推敲和反复考验。正如日本企业家稻盛和夫所说的那样：“企业家要像匠人一样，手里拿着放大镜仔细观察自己的产品，用耳朵能静听到产品的哭泣声。”

庖丁解牛的故事

厨师给梁惠王宰牛。牛的形体十分复杂，但在厨师手中却能刀刀到位，甚至没有一丝不和谐的声音，梁惠王很诧异，问道：“你解牛的技术如此高超，是如何做到的呢？”厨师回答说，要依照牛体本来的构造去解，刀刃就会像刚磨过一样锋利。厨师还说，每当碰到筋骨交错、很难下刀的地方，他便十分小心，动作放慢，提高注意力，把视力集中到一点……庖丁解牛的故事告诉我们一个道理，做任何事只有做到心到、手到、神到，才能达到轻松熟练的境地。工匠精神的核心便是：不仅仅是把职业当作赚钱的工具，更要树立一种对社会负责，对所做事情、所造产品精益求精、精雕细琢的精神。

（二）实施国家质量战略

1. 品质革命

2018年3月，国务院总理李克强在政府工作报告中指出："深入推进供给侧结构性改革。坚持把发展经济着力点放在实体经济上……进一步激发市场主体活力，提升经济发展质量。""加快制造强国建设。全面开展质量提升行动，推进与国际先进水平对标达标，弘扬劳模精神和工匠精神，建设知识型、技能型、创新型劳动者大军，来一场中国制造的品质革命。"

改革开放40多年来，我国经济取得了快速发展，但同时也带来了环境污染等一系列社会问题。近年来，随着中国经济由高速增长转向新常态发展，中国政府对制造业发展提出了转型升级的新要求，这彰显了推动中国制造迈向高质量发展的决心。

品质革命是个系统工程。从过程质量的5W1E来讲，要提升制造业的整体质量，必须从产业内部的人员素质、机器设备、原材料、方法工艺、生产环境、检测方法等着手。对政府而言，则需要制定质量战略，为企业高质量发展提供良好的政策环境，同时还需要保护知识产权，从严打击假冒伪劣行为。

为了推动品质革命，各国都高度重视质量发展。日本设立了戴明奖，欧洲设立欧洲质量管理基金会卓越奖。中国已经进入质量时代，质量提升已经是国家战略。党的十九大报告明确提出："我国经济已由高速增长阶段转向高质量发展阶段"，"必须坚持质量第一、效益优先，以供给侧结构性改革为主线，推动经济发展质量变革"。

2. 国家质量发展纲要

2012年2月，国务院发布了《质量发展纲要（2011—2020年）（汉英版）》，其主要内容包括：质量发展的基础与环境、指导思想、工作方针和发展目标、强化企业质量主体作用、加强质量监督管理、创新质量发展机制、实施质量提升工程、优化质量发展环境等。

国家质量发展纲要的目标是：到2020年，建设质量强国取得明显成效，质量基础进一步夯实，质量总体水平显著提升，质量发展成果惠及全体人民。形成一批拥有国际知名品牌和核心竞争力的优势企业，形成一批品牌形象突出、服务平台完备、质量水平一流的现代企业和产业集群，基本建成食品质量安全和重点产品质量检测体系，为全面建设小康社会和本世纪中叶基本实现社会主义现代化奠定坚实的质量基础。为了提高产品质量、服务质量和工程质量，该纲要设计了质量发展的主要指标。

《质量发展纲要（2011—2020年）》发布以来，在各方的努力下，我国产品质量已经取得了显著提高，但离十九大报告中提出的社会主要矛盾的要求还很远。为了进一步提高全社会的发展质量，满足人民日益增长的美好生活需要，还需要从以下几个方面开展工作：

第一，提升高端制造业产品质量。高端制造业是价值链顶端的具有高技术含量、高附加值的行业，高端制造业的显著特征是高技术、高附加值、低污染、低排放，具有较强的竞争优势。大力发展高端制造业，是制造业品质革命的必要要求。

第二，进一步提升消费者普遍关注的产品质量。除了高端制造业之外，必须高度重视人民美好生活的需要，随着经济发展和人民收入水平的提高，人民对原有产品提出了更高的要求，消费升级倒逼企业进行供给侧革命，进一步提升消费者普遍关注的产品质量，如空气净化器，电饭煲，智能马桶盖，智能手机等。

第三，高水平大学与职业教育并举。高水平大学的高水平研究是创新之源。要在国际竞争中成为科创源，必须大力发展高水平研究。我国的关键零部件、智能装备、新能源汽车、船舶工程、轨交工程、航空航天等高端制造业，要在全球取得竞争优势，靠模仿吸收的老路已经不行了，必须吸收高水平大学的高水平研究，开展创新。

除了高端制造业之外，我国还需要发展普通制造业。普通制造业要取得竞争优势，必须大力提高劳动技能和知识素养，而这就需要大力发展职业教育。国家需要推动职业教育发展，实施实施国家高技能人才振兴计划，培养专门性的人才，还需要促进高级技能人才的培养，鼓励和引导企业开展技术比拼和岗位练兵，开展质量素养的提升行动，追求质量的工匠精神。

第四，知识产权是高质量发展的保障。《国务院关于新形势下加快知识产权强国建设的若干意见》提出，“要实行严格的知识产权保护……加强新业态新领域创新成果的知识产权保护……研究完善商业模式知识产权保护制度和实用艺术品外观设计专利保护制度”。当我国企业走到国际产业前沿，要进一步参与国际竞争时，必须通过研发创新来实现。知识产权保护能让企业的创新成果持续保持市场优势，弥补失败的损失，让企业愿意投入大量资源和时间进行创新。

3. 完善国家质量管理体系

(1) 政府如何进行质量管理。市场经济条件下，物质产品极其丰富，市场竞争也愈发激烈。提高产品质量是企业取得竞争优势最有效的途径之一，有人说，产品质量的提高主要依靠市场竞争机制的作用。但是，政府作为社会宏观经济活动的组织者和管理者，也必须对产品质量实施必要的监督和宏观管理。政府实行质量管理既能满足促进国民经济良性循环、提高经济运行质量和效益的需要，也是增强综合国力和增加国际竞争力的必然要求。

我国政府管理质量工作的职权主要包括：

一是对产品质量工作进行统筹规划和组织领导。质量管理的好坏关系国计民生，在制定社会发展规划和发展目标时，必须把提高产品质量工作放在重要的位置，并切实贯彻落实，确保管理目标的实现。

二是制定相关法律法规，引导、督促生产者、销售者加强产品质量管理，提高产品质量。政府不能代替企业进行产品质量管理，而是通过制定相关法律法规，帮助企业发现问题、改正问题，提高企业产品质量意识。对于一些有严重质量问题的产品，政府要依法严格处理，绝不姑息。

三是统一组织政府内有关职能部门在各自的职责范围内充分行使职权，切实加强产品质量监管。尤其是一些涉及人体健康、人身财产安全的产品实行生产许可证、产品质量安全认证等行政许可制度，进行严格审查。各级质量监督部门做好各自的质量监督工作，对于一些特殊产品（食品、药品）依照有关特别法的规定执行。

图 6-7　央视“315 晚会”曝光“危险的辣条”

2019 年 3 月 15 日，央视“315 晚会”曝光了“虾扯蛋”辣条生产环境极其恶劣，卫生条件严重不合格。此外，“虾扯蛋”辣条还涉及虚假宣传，外包装上印着虾和蛋的图片，其实原料只是面粉和添加剂。3 月 16 日，乌海市海勃湾区市场监督管理局针对“危险辣条”开展了市场清查活动，以校园及周边摊贩、小超市、副食品批发店为重点区域开展全面清查。孩子是祖国的未来，不卫生的小零食对孩子的身体健康带来极大的威胁，政府相关职能部门有义务为孩子的成长保驾护航。

(2) 中介组织如何进行质量管理。市场经济的特点是开放，需要自由的竞争环境，如果品牌产品质量只依赖于政府监管，不但很难真正地保证和提高产品质量，而且会破坏市场环境。这就增加了政府监管产品质量的难度。只有把政府监管和行业自律、产业监督有机结合，才能真正规范市场经济秩序、提高产品质量水平。

首先，要使产业组织、行业协会等中介组织与政府部门合理分权。加快政府部门职能转变，把中介组织能管好的交给它们管理。这样既能够更有效地促进行业的发展，激发企业参与积极性和参与活力，又可以减少政府行政成本。行业协会也需要摆脱对政府主管部门的过度依赖，逐渐由政府办会转为企业家办会，由政府部门的附属组织真正转变为市场独立的中介组织，使行业协会、产业组织成为行业利益的代表。

其次，行业协会要通过制定行业自律规则发挥相应的作用。比如，向全行业发出质量承诺的倡议，建立企业质量信用档案信息系统，制定行业质量标准，要求企业建立完善的保证产品质量安全的制度，加强对企业承担产品质量责任的宣传等。行业协会、产业组织组建的首要目标就是为了协调行业、产业间的竞争关系，增进企业间的合作共赢，促进健康发展，所以，中介组织必须参与有关行业发展的政策法规和标准的监督执行。

最后，行业条例的制定要遵循国家相关标准。行业条例不得与国家标准相抵触，有关行业标准之间应保持协调、统一，不得重复。行业标准由相关归口部门统一管理。

(三) 推动国家品牌计划

2014 年 5 月，习近平总书记在河南考察时提出：“推动中国制造向中国创造转变、中国速度向中国质量转变、中国产品向中国品牌转变”。2016 年 6 月 20 日，国务院办公厅印发《关于发挥品牌引领作用　推动供需结构升级的意见》；经国务院批准，自 2017 年起，将每年 5 月 10 日设立为“中国品牌日”。品牌战略日益上升为国家的重要战略，中国企业的品牌意识也空前觉醒。

“国家品牌计划”应势而生，立足于央视国家平台的主流媒体价值，寻找、发现、培育能够代表当今中国国家实力参与世界竞争、参与国际事务的一部分国家品牌。从 2016 年 9 月 20 日向社会公开发布至今，得到了社会各界的高度认可，是中国经济和企业发展的强大助推器。

“金杯银杯不如百姓的口碑”，“国家品牌计划”就是在广大的消费者中树立起优质品牌的口碑。无论是从项目设置、资源配比，还是从社会影响、价值创造来评估，国家品牌计划都已经成为一个典型的品牌公益传播工程，体现出央视广告的价值和责任。华为、海尔、美的、格力、伊利、京东、阿里巴巴等来自各行各业的领军企业，在“国家品牌计划”中树立优质国家品牌形象。

精准扶贫也是“国家品牌计划”的重要组成部分，广告精准扶贫旨在帮助贫困地区的名优农副产品登陆央视，以央视强大的品牌传播撬动地方产业发展。贵州猕猴桃、宁夏的枸杞、青海的高原菜籽油、云南的花椒等十余个农副产品先后免费登陆央视，为这些省份和贫困地区的扶贫攻坚注入了强劲推动力。

2018年,中央电视台进一步优化了"国家品牌计划"的品牌体系、强化其品牌服务,提出"四点坚持""六项创新"。"四点坚持"即坚持广告精准扶贫的初心不变、坚持公益的理念不变、坚持入选企业的四个先决条件不变、坚持最优质资源服务最优秀企业的立场不变。"六项创新"是指:做精国家品牌形象宣传片;讲好国家品牌故事;推出国家品牌行动;举办国家品牌盛典;开办国家品牌课堂;完善"国家品牌计划"理事会服务体系。

本章小结

产品是能够满足一定消费需求并能通过交换实现其价值的物品和服务。我们把服务也作为一种产品,因为它具有产品的基本属性,通过劳动而产生,能满足一定的消费需求,能被用来交换并实现价值。

产品组合策略就是企业根据现有产品的销售额、利润状况及未来发展趋势,研究产品组合的广度、深度、长度和相关度,选择最佳的产品组合方案。

产品生命周期是指产品从进入市场到退出市场的周期化变化过程。产品生命周期一般分为四个阶段:介绍期、成长期、成熟期和衰退期。

新产品的开发必须按照一定的科学程序来进行。这一科学程序一般可以分成构思、筛选、产品概念、商业分析、市场分析、产品试制、市场试销和批量上市等八个阶段。

品牌策略是一系列能够产生品牌积累的企业管理与市场营销方法,包括4P与品牌识别在内的所有要素。品牌管理策略包括:品牌化策略、品牌归属策略、品牌名称策略、品牌发展策略和品牌再定位策略、品牌年轻化决策。

思考题

1. 什么是产品整体概念?
2. 什么是产品组合?它包括哪些要素?
3. 产品生命周期一般经历哪几个阶段?这些阶段有何具体特征?
4. 举例说明一种产品在介绍期应采取何种策略?
5. 新产品开发需要经过哪几个程序?
6. 企业可以采取哪几种品牌发展策略?
7. 简述国家品牌战略管理。

古代营销故事

买椟还珠

一个有一颗漂亮的珍珠的楚国人打算把这颗珍珠卖出去。

这个楚国人找来名贵的木兰,为珍珠做了一个盒子(椟),用桂椒香料把盒子熏得香气扑鼻。然后,用翠鸟的羽毛在盒子的外面精雕细刻了许多好看的花纹。

一个郑国人将盒子拿在手里看了半天，爱不释手，终于出高价将楚人的盒子买了下来，郑人交过钱后，便拿着盒子往回走，可是过了几天回来了。

楚人以为郑人后悔了要退货，没等楚人想完，郑人已走到楚人跟前，只见郑人将珍珠交给楚人说："先生，我买的只是盒子，您将一颗珍珠忘放在盒子里了，我特意回来还珠子的。"于是郑人将珍珠交给了楚人，一边往回走去。

楚人拿着被退回的珍珠，十分尴尬地站在那里。

"三碗不过冈"的营销策略

武松在路上行了几日，来到阳谷县地面，离县城还远。正是晌午时候，武松走得肚中饥渴，望见前面有一家酒店，门前挑着一面旗，上头写着五个字："三碗不过冈。"

武松走进店里坐下，把哨棒靠在一边，叫道："主人家，快拿酒来吃。"只见店家拿了三只碗，一双筷子，一盘熟菜，放在武松面前，满满筛了一碗酒。武松拿起碗来一饮而尽，叫道："这酒真有气力！主人家，有饱肚的拿些来吃。"店家道："只有熟牛肉。"武松道："好的，切二三斤来。"店家切了二斤熟牛肉，装了一大盘子，拿来放在武松面前，再筛一碗酒。武松吃了道："好酒！"店家又筛了一碗。

恰好吃了三碗酒，店家再也不来筛了。武松敲着桌子叫道："主人家，怎么不来筛酒？"店家道："客官，要肉就添来。"武松道："酒也要，肉也再切些来。"店家道："肉就添来，酒却不添了。"武松道："这可奇怪了！你如何不肯卖酒给我吃？"店家道："客官，你应该看见，我门前旗上明明写着'三碗不过冈'。"武松道："怎么叫作'三碗不过冈'？"店家道："我家的酒虽然是村里的酒，可是比得上老酒的滋味。但凡客人来我店中，吃了三碗的，就醉了，过不得前面的山冈去。因此叫做'三碗不过冈'。过往客人都知道，只吃三碗，就不再问。"武松笑道："原来这样。我吃了三碗，如何不醉？"店家道："我这酒叫作'透瓶香'，又叫作'出门倒'，初入口时只觉得好吃，一会儿就醉倒了。"

武松在景阳冈"上三碗不过冈"酒楼喝醉后空手打死一只吊睛白额虎，"三碗不过冈"遂为世人所熟知。正是这个挑衅意味满满、社交闯关游戏意味浓的酒旗广告成功地把武松坑进了店，他抱着不服来战的心态连灌几碗，这才有了后头的醉酒打虎、功成返乡、怒而杀嫂、逼上梁山。连带这家擅长营销的酒馆也跟着一起红了，成了噱头广告界响当当的 NO.1。

"三碗不过冈"打出自己的品牌，以此表明此酒馆的酒既浓又烈，树立了自身的品牌形象，在武松打虎之后达到了众人皆知的营销效果。

案例分析

文案像秋天的第一杯奶茶一样火起来

有的产品文案四两拨千斤，以很少的预算引爆市场；有的产品文案花费巨大，效果却似石沉大海。在互联网时代，新产品上市的营销文案可以从以下几个方面来思考。

一、分解产品属性

互联网初创公司无不把产品分割成一个个独立属性。小米先是给我们普及了 CPU、

GPU 等,到了小米 4,竟然开始给我们普及材料学知识——“小米 4,奥体 304 不锈钢,8 次 CNC 冲压成型”。

为什么互联网文案需要分解产品属性?

因为这有助于它们弥补和大品牌的劣势。

消费者选购产品时有两种模式——低认知模式(不花什么精力去思考)和高认知模式(花费很多精力去了解和思考)。

大部分时候,消费者处于低认知模式,他们懒得详细了解并比较产品,更多的是简单地通过与产品本身无关的外部因素来判断——“这个是大品牌,不会坑我,就买这个!”“这个是德国产的,质量肯定比国产好,就买这个!”

在这种情况下,小品牌是打不过大品牌的,因为消费者直接通过品牌来推测产品质量,而不是详细地比较产品本身。

怎么办呢?应该把消费者变到高认知模式,让他们花费很多时间精力来比较产品本身,而不是简单地通过品牌和产地来判断。

而分解产品属性就是一个很好的方法,可以让消费者由一个模糊的大概印象到精确地了解。

所以,在苹果产品发布会上,就开始巧妙地列出 CPU、内存、电池、屏幕、摄像头、定价等来分解产品属性。

这就是为什么大品牌的广告往往强调一个整体的印象(“再一次,改变一切”“极致设计”等),而小品牌往往会详细地分解产品属性,让消费者进入高认知模式。

同样的道理也适用于招聘,假设一个名牌大学的毕业生和一个普通大学的毕业生去应聘,HR 只有 10 秒钟来判断要谁,普通大学的毕业生毫无机会——10 秒钟只能对比“品牌”了;但是如果 HR 有 1 小时来判断要谁,就得看个人能力了。

二、指出利益:对消费者有什么用

文案进行分解产品属性还不够,你需要把利益点说出来——这样的属性具体可以给对方带来什么。

无数销售员败在了这一步,他们详细地介绍了产品,但是顾客抱怨说:“你说的这些特点都不错,可是对我来说有什么用呢?!”

无数的应聘者也败在了这一点,他们详细地介绍了自己的经历,但是 HR 抱怨说:“你的社团、实习经历都不错,可是对我们公司具体有什么用?”

如果想写出好文案,你需要转变思维——不是向对方描述一个产品,而是告诉对方这个产品对他有什么用!

三、定位到使用情景

当被要求描述一款产品时,大部分人首先想到的是:

“这一个 XX”(定位到产品属性)

有些人还会想到——“这是一款专门为 XX 人群设计的产品!”(定位到人群)

其实还有第三种——“这是一款可以帮你做 XX 的产品”。(定位到使用情景)

实际上,针对互联网产品的特点(品类复杂、人群分散),你应该更多地把产品定位到使用情景——用户需要用我的产品完成什么任务?

比如如果我描述“这是一款智能无线路由器!”(产品类别),你可能不知道我在说什么。

但是如果我说“你可以在上班时用手机控制家里路由器自动下片”(使用情境),你可能就会心动。

所以,最重要的并不是“我是谁”,而是“我的消费者用我来做什么?”

四、找到正确的竞争对手

消费者总是喜欢拿不同的产品进行比较,因此,写文案时需要明确:我想让消费者拿我的产品跟什么对比? 我的竞争对手到底是谁?

假想两种加多宝凉茶的文案,前一种是跟预防上火的中药比,虽然更加突出了“防上火”功能,但是人觉得“是药三分毒”,可能不敢喝;后者跟饮料比,增加了“防上火”功能,给人感觉“不再为喝不健康饮料而有负罪感”了。

无数的行业创新产品都涉及这样的竞争对手比较:

在线教育的竞争对手其实并不是线下培训,因为对那些肯花这么多时间和金钱参加培训的人来说,在线教育显然满足不了其对质量的要求;它的竞争对手其实是书籍、是网络论坛,因为它的客户是因为没钱、没时间而无法参加培训,以至于不得不看书自学的人。

太阳能的竞争对手最初并不是火电,因为对于性能稳定的火电来说,太阳能太不靠谱了;它的竞争对手是“没有电”——太阳能最初在美国失败,但是却在非洲首先商业化,对美国人来说,太阳能太不稳定了,但对没有电网的一些非洲国家来说,自建太阳能发电器总比没有电用要好。

凡客抗皱衬衫的竞争对手其实并不是价值几千元的商务衬衫(像它宣传的那样),因为肯用这些商务衬衫的人瞧不起凡客;它更可能的竞争对手是T恤和POLO,因为它的消费者是那些因为害怕挤地铁把衬衫挤皱而不得不穿T恤的人。

第一代iPhone真正的竞争对手并不是诺基亚手机,因为比起诺基亚手机,它续航不行、通话质量不行;它真正的竞争对手是华尔街日报、游戏机、视频播放器。在当时的主流观点下,作为一款手机,它有无数缺点,但比起其他视频播放器、报纸等却好多了,还有打电话功能。

所以,构思好文案、好宣传,先找到你产品真正的竞争对手。

五、形象化

人天生讨厌抽象的东西,因此,如果你的观点能够做到让人感觉“一幅画面出现在眼前”,就更加具备了可传播的条件。

表6-2　两种文案对比

A文案	B文案
美丽具有的深度仅仅是皮肤特性上的	美貌不过一张皮
给一只退休的狗灌输革命性的行动是无效的	老狗学不了新把戏
从含碳的材料上发出的看得见的气体是要着火的预兆	有烟的地方就有火
一个滚动的石头的物体不会附着苔藓植物	滚石不生苔

实际上,如果你的观点不符合直观的视觉逻辑,这个观点不光难以传播,更会让人难以

相信。

20世纪80年代,澳大利亚的两位医学研究员发现,胃溃疡是由细菌引起的,可以很容易被抗生素治好。他们对这个发现非常激动,但是当时的现实却给了他们重重的一棒:没有人相信他们。

他们拿出了详细而严谨的实验数据,仍然没有人相信他们,当时甚至没有任何医学期刊愿意发表他们的这篇论文。

为什么呢?因为他们的研究结果根本不符合视觉逻辑。

在我们的感知中,胃酸是非常强大的物质,它可以把一整块牛排消化掉,甚至会在一定程度上腐蚀掉铁钉,细菌这么弱小的生物怎么能在这种强酸环境下生存?这也太不符合视觉感知上的逻辑了!

经过不懈的努力,直到10年后,他们的研究才得到认可,并且他们在2005年得到了诺贝尔医学奖。

他们的研究严谨、翔实、有强大的数据支撑和说服力,但是因为完全不符合我们视觉感知上的逻辑,结果难以被接受。

相反,一些完全没有被任何证据证明过的观点,仅仅因为其符合视觉感知上的逻辑,就得到了大量的传播和盲目相信。比较以下两个文案。

文案A:足低反射区——通过按压足部的某些穴位,可以使这些穴位对应的脏器得到健康,对应心脏、肝脏等。

文案B:我们的各个脏器每天产生各种毒素,这些毒素顺着经脉积淀到足部,通过按压足部的特定区域,就会将淤堵按通,便于毒素的排出,从而畅通对应的经脉。

显然,文案B的这个解释更形象化,多么符合视觉逻辑!跟着这段话的解释,我想每个人都自然而然地在大脑中形成了具体的画面,并且在接受足底按摩时幻想自己的经脉被按通的感觉。

同样,把刮痧造成的局部毛细血管破裂出现的淤青,解释为"说明这里有毒素被刮出来了",多么形象化。

为了便于传播,甚至无数的商业理论都给自己形象化了,比如原名叫《价值创造》的书改名叫《蓝海战略》,还有大量的《长尾理论》《蝴蝶效应》,就连我们的一篇文章由《苹果的企业使命和营销三原则》变成了《乔布斯毕生都在追随的一页纸》。

马云说:"Ebay是海中的鲨鱼,我是扬子江中的大鳄。在海里你会赢,在扬子江我会赢。"而不是说:"你比我规模大,在美国我打不过你,但是我比你更懂中国,在中国你打不过我。"

文艺青年吹自己的生活方式时,这样在表达:"你写PPT时,阿拉斯加的鳕鱼正跃出水面;你看报表时,梅里雪山的金丝猴刚好爬上树尖;你挤进地铁时,西藏的山鹰一直盘旋云端;你在会议中吵架时,尼泊尔的背包客一起端起酒杯坐在火堆旁。有一些穿高跟鞋走不到的路,有一些喷着香水闻不到的空气,有一些在写字楼里永远遇不见的人。"而不是说:"你赚你的钱,但是我享受了生活。"

《奔跑吧兄弟》电影版的文案说"笑出腹肌",而不是"非常搞笑"。

如果你的观点或者文案能够符合视觉上的逻辑,让人看到后有画面感,就更加容易得到传播，这甚至比观点本身是否正确还要重要。

六、视觉感

你的文案必须让读者看到后就能联想到具体的形象，优秀的文案看到后能让人联想到具体的情景或者回忆，但是太多文案写得抽象、模糊、复杂、假大空，让人不知所云：

教育课程广告："我们追求卓越，创造精品，帮你与时俱进，共创未来！"

mp3 广告："纤细灵动，有容乃大！"

芝麻糊广告："传承制造经典！"

男生求婚："我们一定会幸福生活，白头到老！"

政治演讲："我希望追求平等，减少种族歧视！"

面试者："我有责任感、使命感、一丝不苟、吃苦耐劳！"

如果同样的意思，加入视觉感的描述，效果就显着不同：

教育课程广告："我们提供最新的知识，以帮你应对变化的世界。"

mp3 广告："把 1 000 首歌装到口袋里！"(来自乔布斯)

芝麻糊广告："小时候妈妈的味道"

男生求婚："我想在我们老的时候，仍然能牵手在夕阳的余晖下漫步海滩。"

政治演讲："我梦想有一天，在佐治亚的红山上，昔日奴隶的儿子将能够和昔日奴隶主的儿子坐在一起，共叙兄弟情谊。"(来自马丁路德金)

面试者："我为了 1%的细节通宵达旦，在让我满意之前决不放弃最后一点改进。"

为什么视觉感这么重要？

因为形象化的想象是我们最基本的需求之一，人天生不喜欢抽象的东西。所以，古代几乎所有的抽象理念都被形象化。例如，因为"正义慈悲"太抽象，所以直接创造一个形象化、人格化的神出来；因为下雨过程太抽象，所以虚构出"雷公电母"。

心理学中有鲜活性效应，是指我们更加容易受一个事件的鲜活性(是否有视觉感)影响，而不是这个事件本身的意义。

当年伊拉克战争时，美国记者不停地报道"数千美国人死亡"，但是少有美国人动容；一旦报道某个家庭妻子失去了丈夫的故事，整个国家反战的情绪就起来了。这不是因为一个丈夫的生命比几千人的生命重要，而是因为这样的故事显得更加鲜活。

所以，写文案一定要有视觉感，否则，别人看了不知道你到底在说些什么。

七、附着力——建立联系

作为小公司，你可能会发布全新的创新产品。但是人们不喜欢陌生，从而经常不买账。这时候你就应该为文案建立附着力——将信息附在一个大家熟知的物品上。

假设你完全不了解电视机顶盒，它宣传"自由遥控"，你可能没什么概念；但是如果说"让电视 1 秒变电脑"，你就明白了——原来是可以像电脑一样自由操控电视啊！

你很想让自己的产品文案流行起来，但是一个让人陌生的东西是难以流行的。为了让全新的产品或者概念流行，你需要把它同一个大家熟知的东西联系起来。比如：

乔布斯发布第一代 iPhone 时，并没有直接推出 iPhone 讲解功能，而是说要发布 3 个产品—1 个电话、1 个大屏幕 iPod、1 个上网设备，这 3 个产品都是大家熟悉的。然后乔布斯才说，实际上我们只发布一个产品，它具备上面 3 个产品的功能，那就是——iPhone。

为了让陌生的新兴球星火爆起来，媒体往往给他们起一个外号——“智利C罗桑切斯”“德国梅西马林”。这是为了把陌生小将同知名球星联系起来，让大众更容易理解。

同理，你知道为什么有中国科技圈的“雷布斯”了吧？

为什么附着力这么重要？这是因为人的记忆模式。人的大脑记忆就像高坡上的一条条河流，新记忆就像一滴水，这滴水如果滴到土地上，就会立刻蒸发；如果能够滴到河流里，就能融为一体，到达大海。同样，如果新知识无法同旧知识建立联系，人很快就会忘记它；如果和旧有的熟悉的东西建立了联系，人就容易记住它。

所以，你需要提高文案的附着力，让它和旧有的东西联系起来——甚至就连电话发明者贝尔当年申请的电话专利，名字都叫“一种新型电报改良技术”。

八、提供“导火索”

文案的目的是为了改变别人的行为，如果仅仅让别人“心动”，但是没有付出最后的“行动”，可能让文案功亏一篑。最好的办法就是提供一个显著的“导火索”，让别人想都不用想就知道现在应该怎么做。

假设这是在微信主页发的文章，为了让你关注该微信主页，肯定是右边的文案更有效，它让你想都不想就知道现在怎么做。

无数现象证明了这一点：

之前美国某大学设计了破伤风疫苗宣传手册，但是问题是每年无论如何提高手册的警示力——使用患病者的恐怖图片，都难以让学生们去打疫苗。最后问题解决了，在手册附了一张校医院地图以及疫苗时间——原来学生们只不过是懒得去网站查地图和时间而已。

心理学家还做过这样一个实验——在透明玻璃门的冰箱内放满食物，很多人去偷食物；但是给这个冰箱上个锁，在把锁的钥匙放在锁旁边，结果几乎没有人去偷食物了。因为偷食物这件事由“想都不用想就知道怎么做”变成了“需要想想才知道怎么做”，就显著降低了别人做这件事的欲望。

所以，永远不要低估“伸手党”的“懒惰程度”，必要时在文案中明确告诉别人：现在你应该怎么做！

资料来源：https://www.sohu.com/a/255730100_654899

讨论：虚拟或找一个产品，为其设计一份新产品上市的文案。

第七章

价 格 策 略

学习要点

- 理解定价的目标、程序和方法；
- 理解企业定价的影响因素；
- 掌握定价的主要策略；
- 理解企业的价格变动策略。

定价策略是市场营销组合策略中的又一重要策略，它是唯一不需要付费但却能有效地增加企业收益的因素。同其他三种策略相比，它具有买卖双方双向决策的特征，因而它是企业四大可控策略中最难确定的策略。

第一节　定价的目标、程序与方法

每个企业在进行定价决策时，总要以定价目标为出发点和归宿，不同的企业，同一企业在不同时期、不同的市场条件下可能有不同的定价目标。通过对定价目标、程序和方法的研究，可以使企业更科学地制定价格，把握市场机会。

一、定价的目标

企业可供选择的定价目标有维持生存、当期利润最大化、市场占有率最大化、产品质量最优化、社会利益为先等。

(一) 维持生存

在企业产量过剩或面对激烈竞争或要改变消费者的需求时，需要把维持生存作为主要目标。企业必须制定较低的价格来确保工厂继续开工和使存货出手。通常，企业通过用大规模的价格折扣来保持企业的运作。只要这个价格可以弥补可变成本和一些固定成本，企业的生存就可以得到维持。

(二) 当期利润最大化

利润是企业从事经营活动的主要目标，也是企业生存和发展的源泉，在市场营销中，不少企业以获取利润作为定价目标。

1. 以获取投资收益为定价目标

任何一个企业都期望在一定时期内收回投资并获得一定数量的利润。按投资收益为目标定价，企业以获取投资收益为定价基点，加上总成本和合理的利润作为商品的销售价格。投资收益的高低由投资收益率来衡量，计算公式为：

$$投资收益率=\frac{总投资/投资回收年限}{总投资}\times 100\%$$

确定投资收益率至少应掌握以下原则：①当投资为银行借贷资金时，投资收益率要高于同期贷款利率；②当投资为企业自有资金时，投资收益率要高于银行存款及其他证券利率；③当投资为政府调拨资金时，投资收益率要高于政府投资时所规定的收益指标。

实行这种定价目标的企业应具备较强的实力，因为这种方法较少考虑市场需求。如杜邦公司和埃克森等大公司就采用这一定价目标。汽车市场占有率最高的通用汽车公司董事长认为，判断企业经营成果最好的办法是看投资收益率的高低。如果在同类企业中的地位不高、实力不强的企业实行这种定价目标，常常会遭到强有力的竞争或消费者的拒绝。

2. 以获取最大利润为定价目标

获得最大利润是营利性企业最重要的目标，这个利润应该是长期的最大利润，而不是短期的最大利润；应该是整体的最大利润，而不是个别产品的最大利润。最大利润并不等于制定最高价格，任何企业想长期保持不合理的高价是不可能的。有时单位产品的低价，也可以通过扩大市场占有率，推动更大的需求量和销售规模，从长期看有可能获得最大利润。将获得最大利润作为定价目标，企业应该以总收入减去总成本的差额最大化为定价基点，确定单位商品的价格，争取最大利润。

3. 以获取合理利润为定价目标

有些经济学家对企业单纯以追求最大利润为目标提出了批评，认为这会给消费者、企业以及社会带来严重后果。为此，著名的管理学家西蒙教授提出了合理利润的概念。

以合理利润为定价目标，是指企业在激烈的市场竞争压力下，为了保全自己，减少风险，同时限于力量不足，只能在补偿正常情况下的社会平均成本的基础上，加上适度利润作为商品价格。这一目标价格适中，避免了不必要的竞争，消费者愿意接受，是一种兼顾企业利益和社会利益的定价目标。

(三) 市场占有率最大化

指企业以巩固和提高市场占有率，保持和扩大市场销售量为制定商品价格的目标。市场占有率是企业经营状况和产品竞争力状况的综合反映。提高市场占有率为提高企业盈利率提供了可靠保证。

近年来一些营销研究表明，市场占有率与利润率之间存在着很高的内在关联度。当市场占有率在10%以下时，投资收益率大约为8%；市场占有率在10%—20%时，投资收益率在14%以上；市场占有率在20%—30%时，投资收益率约为22%；市场占有率在30%—40%，投资收益率为24%；市场占有率在40%以上时，投资收益率约为29%。因此，以市场占有率为目标具有获得长期较高利润的可能性。在西方国家，大公司为了垄断市场，拼命扩大市场占有率。为此，西方国家的政府制定反托拉斯法，市场占有率大于20%的企业，不许与同类企业合并。

提高市场占有率通常是企业普遍采用的定价目标。以低价打入市场，开拓销路，逐步占领市场，是以提高市场占有率为定价目标时普遍采用的方法。例如，西尔斯(Sears)、印第安纳标准石油(Standard oil of Indiana)等大公司都采用提高市场占有率为定价目标。

提高市场占有率最有效的方法之一就是采用低价策略，当企业具备下述条件之一时，企业就可以考虑低价来实现占有率的提高。

(1) 市场对价格高度敏感，因此，低价能刺激需求的迅速增长。

(2) 生产与分销的单位成本会随着生产经验的积累而下降。

(3) 低价能吓退现有的和潜在的竞争者。

(四) 产品质量最优化

企业着眼于产品质量，在生产和市场营销过程中始终贯彻产品质量最优化的指导思想。通过高价来弥补高质量和研究开发的高成本。在产品优质的同时，还要辅之以相应的服务。

(五) 社会利益为先

是指有些行业或产品对消费者和社会承担着某种义务，放弃追求高额利润，遵守以消费者和社会的最大利益为企业的定价目标。如各国的公共交通系统、自来水供应企业、电力供应公司、水利设施、养老院、企业培训机构等公共事业型企业和政府服务机构。在我国，这些行业要特别提倡将社会效益放在第一位，提倡优质服务。

二、定价的程序

由于定价涉及企业、竞争者、购买者三者之间的利益，因而为产品定价既重要又困难，掌握定价的一般程序，对于制定合理的价格是十分必要的。定价程序可分为以下五个步骤。

(一) 确定目标市场

定价的第一步要明确目标市场，目标市场是企业的产品所要进入的市场。具体来讲，就是谁是本企业产品的购买者和消费者。目标市场不同，定价不同。分析目标市场一般要分析该市场消费者的基本特征、需求目标、需求强度、需求潜量、购买力水平和风俗习惯等情况。

(二) 分析影响产品定价的因素

影响产品的定价因素包括成本、需求、竞争、产品生命周期等一系列因素，在本章第二节中会详细讲述。

（三）确定定价目标

定价目标是在对目标市场和影响定价因素综合分析的基础上确定的。定价目标是合理定价的关键。不同的企业、不同的经营环境和不同经营时期，其定价目标是不同的，在某个时期，对企业生存与发展影响最大的因素通常会被作为定价目标。

（四）选择定价方法

定价方法是在特定的定价目标指导下，根据对成本、供求等一系列基本因素的研究，运用价格决策理论，对产品价格进行计算的具体方法。定价方法一般有三种，即成本导向定价法、需求导向定价法、竞争导向定价法。这三种方法能适应不同的定价目标，企业应根据实际情况择优使用。

（五）确定价格

通过上述四个步骤的执行，企业还要考虑消费者心理因素、产品新旧程度等其他因素。最后经过分析、判断以及计算活动，为产品确定合理的价格。

第二节　定价的影响因素

商品价格的高低，主要是由商品中包含的价值量的大小决定的。从市场营销角度来看，商品的价格除了受价值量的影响，还要受到以下几种因素的影响和制约。

一、成本

成本包括固定成本和变动成本，它们对定价起着不同的影响作用。

固定成本是指在既定生产经营范围内，不随产品品种及数量的变化而变化的成本。如折旧、产品设计、市场调研、管理人员工资等项支出。

变动成本是指随着产品种类及数量的变化而相应变动的成本。主要包括用于原材料、燃料、运输、存储、生产工人工资、部分市场营销费用等。变动成本随产量变化而按比例发生。

固定成本与变动成本之和为总成本。一般来讲，企业定价必须首先使总成本得到补偿。如图 7-1，E 点是盈亏分界点。当销量小于 Q_E 点时，企业销售收入不能补偿固定成本和变动成本。当销量为 Q_E 点时，销售收入刚好能补偿固定成本和变动成本。当销量大于 Q_E 时，销售收入除补偿固定成本和变动成本，还有盈利。

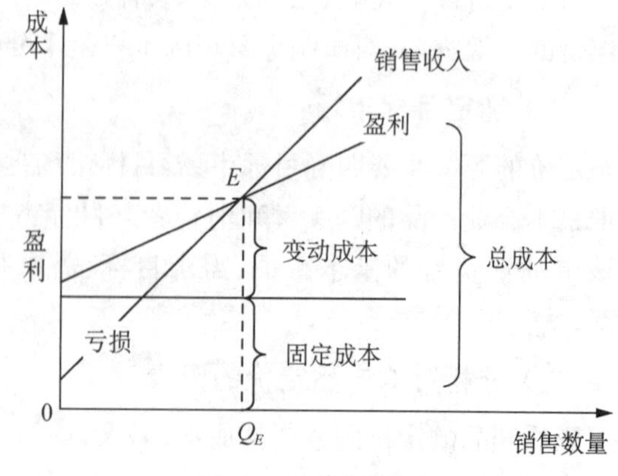

图 7-1　盈亏平衡点

二、需求

影响企业定价的市场因素主要是需求弹性。在其他条件不变时，某一商品自身价格的变动、消费者收入的变动和相关商品价格的变动都会引起该种商品需求量的变动，需求对上述因素变动的反应程度，称需求弹性(Elasticity of demand)。需求弹性一般分为需求价格弹性(Price elasticity of demand)、需求收入弹性(Income elasticity of demand)和需求交叉弹性(Cross elasticity of demand)。

(一) 需求价格弹性

简称价格弹性，指因价格变动而引起需求量相应的变动率，反映需求变动对价格变动的敏感程度。其计算公式为：

$$E_p=\frac{\text{需求量变动的百分比}}{\text{价格变动的百分比}}=\frac{\Delta Q}{Q}\Big/\frac{-\Delta P}{P}$$

式中，ΔQ 为需求变动的数量；ΔP 为价格变动的数量。

其一，$|E_p|>1$，称富有弹性。反映需求量的相应变化大于价格的变化。对于这类商品(如选购品)，价格的上升(下降)会引起需求量较大幅度的减少(增加)。定价时，应通过降低价格、薄利多销达到盈利的目的。提价务求谨慎。

其二，$|E_p|=1$，称单一弹性。反映需求量与价格成等比例变化。对于这类商品，价格的上升(下降)会引起需求等比例的减少(增加)。因此，价格变化对销售量的影响不大。

其三，$|E_p|<1$，称缺乏弹性。反映需求量的相应变化小于价格的变化。对于这类商品(如生产资料、消费必需品)，价格的上升(下降)仅会引起需求量较小程度的减少(增加)。定价时，可用较高的价格增加盈利，薄利并不能多销。

(二) 需求收入弹性

简称收入弹性。指因收入变动而引起的需求量的相应变动率。反映需求量的变动对收入变动的敏感程度。

$$E_m=\frac{\text{需求变动百分比}}{\text{收入变动百分比}}=\frac{\Delta Q}{Q}\Big/\frac{\Delta M}{M}$$

不同的商品有不同的收入弹性，主要有三种类型：

其一，$|E_m|>1$，称富有弹性。随收入的增加(降低)，需求量较大幅度的增加(减少)。如选购品、高档特殊品等。

其二，$|E_m|=1$，称单一弹性。收入变化和需求量变化等比例。

其三，$|E_m|<1$，称缺乏弹性。随收入的增加(降低)，需求量有较小幅度的增加(减少)。如生活必需品。

收入弹性的强弱主要取决于各项商品支出在既定收入中的重要性及构成。如表 7-1 所示。

表 7-1 不同支出与收入弹性

	重要性	构成比重	收入弹性
固定支出:正常生存需要	重要	固定	弱(低)
灵活性支出:改善日常生活	次之	递增	较强(较高)
潜在支出:享受和发展需要	再次之	递增	强(高)

在收入水平既定的条件下,降低高收入弹性商品的价格,需求将呈现大幅度增长,可薄利多销。当收入水平较快增长时,用于高收入弹性商品的支出会增加,适当地提高这类商品的价格,对需求量并无影响,企业仍可获厚利。

(三) 需求交叉弹性

简称交叉弹性。指因一种商品价格变动而引起其他相关商品需求量的相应变动率。

$$E_{xy}=\frac{\text{X 商品需求量变动百分比}}{\text{Y 商品价格变动百分比}}=\frac{\Delta Q_x}{Q_x}\bigg/\frac{\Delta P_y}{P_y}$$

相互关联的商品一般有两种:互替商品、互补商品。

互替商品是消费中使用价值可以相互替代的商品,如毛料服装与化纤服装、猪皮皮鞋与牛皮皮鞋。互替商品的交叉弹性为正值。即伴随着一种商品价格的变化,另一种商品的需求量呈同方向变化。例如,毛料服装价格上升,一部分消费者会限于收入水平而消费化纤服装,从而化纤服装需求上升。

互补商品是消费中使用价值互相补充的商品,如照相机与胶卷、手电筒与电池等。互补商品的交叉弹性为负值。即伴随着一种商品价格的变化,另一种商品的需求量呈反方向变化。例如,照相机价格下降,需求会上升,胶卷的需求量也会上升。

针对交叉弹性的规律,企业在营销中要注意:

(1) 考虑市场上相关商品价格对其需求量的影响。假如互替商品价格下降,本企业商品也要采取对策,否则会影响销量。

(2) 如果本企业产品线多,且产品相关程度高,更要注重交叉弹性的影响。互替商品的定价要同时兼顾各品种间需求量的影响,选择恰当的比价。互补商品定价可以以一种商品需求的扩大带动另一种商品需求的增加。如西方国家一些厂家廉价供应罐装生产线,高价供应浓缩液;低价倾销汽车,高价供应零配件等。

三、竞争

价格竞争是同类产品竞争的一个方面,另外还包括质量、规格、品种、地点、促销等竞争。消费者对某一企业商品的认识和购买,是各种因素综合作用的结果。企业定价时要全面考虑。另外,竞争者定价行为也影响本企业产品的定价,迫使本企业作出相应的反应。

四、产品生命周期

在介绍期，企业要补偿成本费用，价格相应要高些。但应主要考虑变动成本的补偿，将固定成本补偿建立在大量销售的基础上。在成长期，是实现企业目标利润的好时机，应以目标利润率为目标制定相应的价格。在成熟期，固定成本得到补偿，盈利目标已实现，应以维持市场占有率为目标，采用竞争性的低价。在衰退期，应以收回资金为目标，大幅度降低价格。

企业在定价时还要考虑法律和政策因素、货币数量因素和购买者心理因素。市场价格与宏观调控并不矛盾，各国都不同程度地加强了物价管理，国家的政策、法规是各类企业制定价格的重要依据。商品的市场价格受到市场货币流通量的影响。企业在制定价格时，应认真分析货币流通状况以及物价水平和物价变动的成因，根据不同物价水平和变动趋势，制定正确的商品价格和价格策略。消费者的购买心理是企业定价必须考虑的重要因素之一。随着社会经济的发展，消费水平不断提高，收入结构多层次化，消费者购买心理日益复杂，心理因素对定价的影响越来越大。

第三节　定 价 方 法

定价方法是指企业为了在目标市场上实现定价目标，而给产品制定一个基本价格或浮动范围的方法。影响价格的因素有很多，在制定价格时主要考虑的因素是产品成本、市场需求和竞争情况。产品成本规定了价格的最低基数，竞争者和代用品的价格提供了企业在制定其价格时必须考虑的参照点，在实际操作中往往侧重于影响因素中选定若干定价方法，以解决定价问题。

一、成本导向定价法

定价过程中的一个传统是以成本为基础。主要理论依据是，在定价时，首先要考虑收回企业在生产经营中投入的全部成本，然后再考虑获得一定的利润。

以成本为基础的定价方法主要有以下三种。

（一）成本加成定价法

成本加成定价法是一种比较简单的定价方法。它是指单位产品成本加上一个固定的百分比，作为产品的价格。这个百分比就是加成率，即毛利率。

成本加成定价法的计算公式是：

$$\begin{aligned}\text{单位产品价格} &= \frac{\text{总成本} \times (1 + \text{成本利润率})}{\text{产品数量}} \\ &= \text{单位成本} \times (1 + \text{单位成本利润率})\end{aligned}$$

例如，某皮鞋公司的每双皮鞋单位成本为15元，加成率20%，则：

$$皮鞋价格 = 15 + 15 \times 20\% = 18(元)$$

这种定价方法的关键是确定加成率。一般而言，需求弹性大的商品，加成率宜低，由此薄利多销；需求弹性小的商品，加成率不宜低，否则会减少盈利。

成本加成定价法的优点是：简便易行、计算简单；对生产者和消费者都较公平，此价格消费者易接受；一般情况下，生产者也可以得到预期盈利。商业企业大多采用这种方法制定批发价和零售价格。

成本加成定价法的缺点是：忽视市场竞争和供求状况的影响，在产品滞销、市场竞争激烈时，难以采用此方法。

（二）投资收益率定价法

这是一种以投资额为基础计算加成利润（投资收益）后，再计算出商品价格的方法。其特点是：企业首先确定自己期望的投资收益率，再根据企业能力测算生产（销售）量，然后选定在哪个价格点上能够实现预期的收益目标。这样就有了相应的定价。其单位产品定价的具体计算公式如下：

$$单位产品价格 = \frac{固定成本 + 投资收益}{销售量} + 单位变动成本$$

例如，某企业生产经营某产品，固定成本为10万元，单位产品的变动成本为20元，企业的年投资收益率定为10%，当市场销售量为1万件时，按投资收益率定价。

先计算投资收益：　　$10万元 \times 10\% = 1万元$

某单位产品价格：　　$\frac{10万元 + 1万元}{1万元} + 20元 = 31元$

即该企业投资生产某产品，只有当每件产品价格为31元时，才能获得预期的投资收益。

（三）边际贡献定价法（边际成本定价法）

它是指企业在制定价格时，只考虑产品的变动成本，不考虑固定成本。只要价格高于变动成本，就可以进行生产和销售。

$$边际贡献 = 价格 - 单位变动成本$$

当边际贡献为正数时，便可用此定价法。如果边际贡献为负数，企业生产越多，便亏损越大。

这种方法的使用场合是：现有产品销路不好，而又无别的产品可以生产。在这种情况下，虽然价格低于总成本，企业亏损，但只要边际贡献是正的，它就可以补偿一部分固定成本，减少企业亏损，维持生产，保住市场，避免或推迟企业破产，等待复兴的机会。这也是一种在卖主竞争激烈的情况下，企业为迅速开拓市场而采取的较为灵活的方法。

例如，一个企业某产品的年固定成本为300万元，每年可销售1万件，变动成本为每件200元，售价为每件400元。

$$每件总成本=\frac{300万元}{1万件}+200元=500元$$

每件亏损=500 元－400 元=100 元

总共亏损=100 元×1 万件=100 万元

似乎应停止生产。但若不生产，就会亏损 300 万元。

每件边际贡献=400 元－200 元=200 元

共可补偿固定成本=200 元×1 万件=200 万元。

二、需求导向定价法

需求导向定价法是指企业在制定商品价格时，以消费者需求的变化和消费者心理为依据，分别确定商品价格。其特点是灵活有效地运用价格差异，对平均成本相同的同一产品，让其价格随市场需求的变化而变化。

(一) 理解价值定价法

是以消费者对商品价值的感受及理解程度作为定价依据。消费者对商品价值的理解不同，会形成不同的价格限度。

企业要搞好产品的市场定位，突出产品特征，加深消费者对产品的印象，提高消费者愿意支付的价格限度。进而估算成本、销售及盈利状况，最后确定实际价格。

国内某公司，以每台拖拉机高出竞争者同类型产品 4 000 元的价格，成功地推销了自己的产品。该公司在推销宣传中影响用户价值观念的主要定价内容是：①本企业产品与竞争者产品质量相同，应定价 20 000 元；②耐用性高于竞争者产品，应加价 3 000 元；③可靠性高于竞争者产品，应加价 2 000 元；④维修服务周到，应加价 2 000 元；⑤零部件供应期较长，应加价 1 000 元；⑥为顾客提供价格折扣，企业减利 4 000 元。所以，拖拉机实际售价 24 000 元。这样，加深了顾客对该企业产品的理解，顺利地推销了产品。

(二) 需求差异定价法

指同一产品，不同需求的顾客采取不同的价格。也就是说，价格差异并非取决于成本的多少，而是取决于顾客需求的差别。价格差异的基础是地点差异、时间差异、产品差异、顾客需求差异等。这样，同一种产品就可以按两种或两种以上的价格出售。主要有以下四种形式：

(1) 因地点而异。例如，同种商品对不同的国家和地区可以制定不同的售价。

(2) 因时间而异。例如，许多季节性的商品在淡季和旺季可以分别规定不同的价格。在许多服务性行业中，白天与夜间、平时与节假日可以制定不同的收费标准。

(3) 因产品而异。比如质量和规格相同的商品，因为外观和式样不同，可以制定不同的价格。

(4) 因顾客而异。可以根据不同顾客的购买能力、购买目的、产品用途不同制定不同的价格。

实行需求差异定价法需要具备一定的条件：

(1) 市场要能够细分,而且不同的细分市场要能看出需求程度的差别。

(2) 细分市场要能隔离,防止低价细分市场的中间商和买主向高价细分市场转售;同时,要注意高价细分市场的竞争者以较低价格竞销。

(3) 经济上要有合理性,不能因为细分市场而增加开支。

(4) 不能引起顾客的反感,否则会减少销售量。

(三) 反向定价法

指企业依据消费者能够接受的最终销售价格,计算出自己的经营成本和利润后,逆向推算出商品的批发价和出厂价。这种定价方法不以实际成本为主要依据,而以市场需求为出发点定价,力求价格被消费者接受。市场营销渠道中的批发商和零售商较多地采用此种定价方法。

例如,某产品零售价为 11 元,零售商加成 20%,批发商加成 15%,求批发价、出厂价。

设批发价为 X_1,则: $X_1 \times (1+20\%)=11$,得出 $X_1=9.17$(元)。

设出厂价为 X_2,则: $X_2 \times (1+15\%)=9.17$,得出 $X_2=8$(元)。

三、竞争导向定价法

指企业在制定价格时,主要以竞争对手的价格为基础,有针对性地确定同类商品的价格。这种定价法的特点是:价格与成本和需求不直接发生联系。产品成本和市场需求变动了,由于竞争者价格未变,就维持原价;反之,需求与成本未变,由于竞争品价格变动,应相应调整价格。这种定价法具体包括以下三种类型。

(一) 随行就市定价法

指企业把自己产品的价格保持在同行业平均价格水平上的定价方法。实际上,就是按竞争品现行价或类似价来定价。这种定价法的好处是:平均价格在人们观念中常被认为是合理价格,易为消费者接受;避免在同行业内挑起价格竞争,减少风险;一般能为企业带来适度、合理的利润。这种较为稳妥的定价方法常为小企业所采用。

(二) 倾销定价法

指一国企业为了进入或占领某国市场排斥竞争对手,以低于国内市场的价格,甚至低于生产成本的价格向国外抛售商品而制定的价格。

采用这种定价法制定的价格,一般使用的时间比较短。一旦达到预期的目的,占领了国外市场后,企业就会提高价格,以收回在倾销中的损失,并获得应得的利润或垄断利润。采用这种方法制定的价格易受反倾销制裁,因而风险较大。

(三) 密封投标定价法

这是买方企业不预先制定价格,而是引导卖方定价,然后从中选取有利的价格成交的方法。这种定价方法主要用于建筑施工、工程设计、设备制造、政府采购等需要投标以取得承揽和承包资格的项目。这种定价方法主要包括以下三个步骤:

(1) 招标。由买方发布招标公告,提出征求什么样的商品和劳务以及具体条件,引导卖方参加竞争。

(2) 投标。卖方根据招标公告的内容和要求，结合自己的条件，考虑成本、盈利以及竞争者可能的报价，向买方密封提出自己的书面报价。

(3) 开标。买方在招标期限内，积极进行选标。审查卖方的投标报价、技术力量、工程质量、信誉好坏、资本大小、生产经验等，从而选择承包客商，并到期公布中标企业名单。

企业参加投标总是希望中标。而能否中标在很大程度上取决于企业与竞争者投标报价水平的比较。因此，投标报价要尽可能地准确预测竞争者的报价意向，然后，在正确估算完成招标任务所耗成本的基础上，定出最佳报价。

(四) 拍卖定价法

这是指卖方预先展示所出售的商品，在一定的时间和地点，按照一定的规则，由买主公开叫价竞购的定价方法。一般卖方报出一个较低的起价，众多买主竞相抬高价格竞购，一直到没有竞争的最后一个竞价，即最高价格时，卖主把现货售给出价最高的买主。在艺术品、古董、房地产交易中常采用这种定价方法。

第四节　定价策略

一、新产品定价策略

新产品定价是营销策略中一个十分重要的问题。新产品上市之初，定价没有借鉴。价格高了，难以被消费者接受；定价低了，则将影响企业的效益。新产品定价决定其能否在市场上站住脚，进而影响企业的市场竞争和前途。新产品定价策略有撇脂定价、渗透定价、满意定价三种。

(一) 撇脂定价策略

这种策略将新产品初上市的价格定得很高，尽可能在产品生命周期的初期赚取最大的利益，尽快收回投资。这一名称来自从牛奶中撇取所含奶油，含有提取精华之意。一般来说，新产品多从高收入阶层引入市场，这一市场对价格的敏感度低。只要高价未引起顾客的反感与抵制，即可维持一段时间，获得可观盈利。

撇脂定价的优点是：

(1) 新产品具有独特性与优越性，竞争者尚未进入市场，冲淡了人们对价格的敏感。在预期价格范围内，利用求新心理，以高价刺激顾客，配合高质量，有利于开拓市场。

(2) 采取高价策略，价格本身留有余地，便于在不同的地区实施差异价格；如果定价不当，可适当降价，使企业在市场竞争中居于主动地位。

(3) 高价如被市场接受，可获得丰厚的利润，有利于企业筹集资金，扩大生产规模。

(4) 具有高新技术或专利性的新产品，定价要高一些，以避免市场产品供不应求。

撇脂定价的缺点是：如果价格远高于价值，会影响市场需求，不利于企业的长远发展；新产品信誉尚未确立之时,定价过高,不利于市场开拓;如果高价投放销路旺盛,极易诱发竞争,仿制品纷纷进入市场,反而会引起价格下跌。

撇脂定价策略的适用条件如下:

(1) 市场有足够的购买者,他们的需求缺乏弹性,即使把价格定得很高,市场需求也不会大量减少。

(2) 高价使需求减少一些,因而产量减少一些,单位成本增加一些,但这不会抵消高价带来的利益。

(3) 在高价情况下,仍然独家经营,别无竞争者。有专利保护的产品即是如此。

(4) 某种产品的价格定得很高,使人们产生这种产品是高档产品的印象。

(二) 渗透定价策略

这种策略是把新产品价格定得很低,吸引广大消费者,迅速扩大市场占有率。同时,低价低利可有效地排斥竞争对手,能较长期地占有市场。渗透定价的缺点是:新产品定价较低,企业资金回收期长;企业在市场竞争中的回旋余地不大。

渗透定价适用于以下情况:

(1) 需求价格弹性大的产品或者消费者购买力低的市场,因为在这种情况下购买者对价格十分敏感。

(2) 生产与销售成本可因大量生产、大量销售而降低。

(3) 市场潜量大,竞争者容易进入,实行低价可使竞争者望而却步。市场地位稳固后,可通过提高质量或改型变异产品,再逐步提高价格。

撇脂定价策略和渗透定价策略各有利弊,如表7-2所示。

表7-2 新产品定价策略的选择

考虑因素	策略	
	撇脂定价(高价)	渗透定价(低价)
企业生产能力	小	大
新产品技术状况	新技术尚未公开,专利技术,技术复杂,不易仿制	技术已公开,不复杂,易仿制
需求弹性	需求弹性小,消费者对该产品价格不敏感	需求弹性大,消费者对该产品价格敏感
产品生命周期	短	长
竞争者	少	多

(三) 满意定价策略

又称温和定价策略或君子定价策略。撇脂定价的价格过高,对消费者不利,既容易引起竞争,又可能遭到消费者的观望和拒绝,具有一定的风险。渗透定价价格过低,对企业的最初收入不利,资金回收期长,如果企业实力不强,将承受不起。因此,不少企业的定价介于以上两种之间,价格定得适中,既能吸引顾客购买,又可博得顾客好评,有利于扩大市场,也能弥补投入期的高成本，顾客和企业都满意，故称满意定价策略。

以上三种新产品定价策略的价格与销量的关系，如图 7-2 所示。

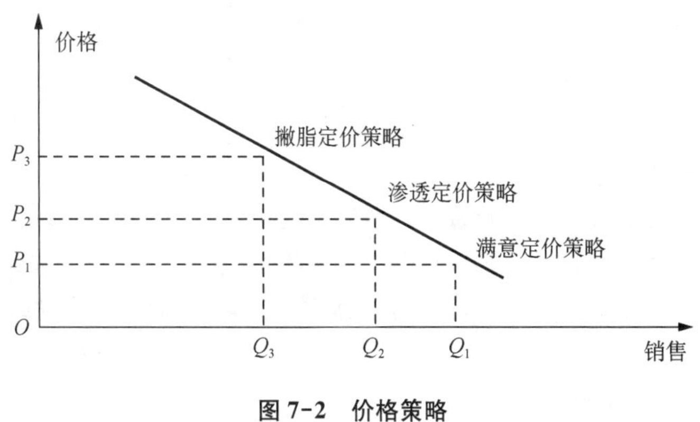

图 7-2　价格策略

二、产品组合定价

（一）产品线定价

当企业生产的系列产品存在需求和成本的内在关联时，为了充分发挥这种内在关联性的积极效应，采用产品线定价策略。

首先，将某一种或某几种产品定为最低价格，以吸引消费者购买产品线中的其他产品；其次，将某一种或某几种产品定为最高价格，使它们在市场上创立名牌，这类产品也承担着回收投资的任务；最后，产品线中的其他产品分别依据其具体情况而制定不同的价格。这样，各种产品价格有高有低，各自承担不同的角色，遥相呼应，能更好地实现企业的总利润目标。

（二）选择品定价

许多企业在提供主要产品的同时，还会附带一些可供选择的产品或特征。例如，顾客去饭店吃饭，除了要饭菜之外，可能还会购买酒类。许多饭店的酒价很高，而食品的价格相对较低。食品收入可以弥补食品的成本，酒类则可以带来利润。也有饭店会将酒价定得较低，而对食品制定高价，以吸引爱饮酒的顾客。

（三）补充产品定价

对于互补商品，有意识地降低购买频率低、需求弹性高的商品价格，同时提高购买频率高，需求弹性低的商品价格，会取得各种商品销售量同时增加的良好效果。

我国一家制造剃须刀的企业，把刀架的价格定得很低，因其刀架必须配备它制造的刀片，因而将其刀片的价格定得较高。

柯达公司生产一种 110 型照相机，必须使用小型号专用胶卷。公司把 110 型照相机的价格定得很低，而胶卷价格定得高于其他品牌的胶卷。由于相机价廉物美，销路甚佳，结果带来专用胶卷的销量大大增加。

(四) 副产品定价

在生产加工肉类、石油产品和其他化工产品的过程中,经常有副产品。如果副产品价值很低,处理费用昂贵,就会影响到主产品的定价。制造商确定的价格必须能够弥补副产品的处理费用。如果副产品对某一顾客群有价值,就应该按其价值定价。副产品如果能带来收入,将有助于公司在迫于竞争压力时制定较低的价格。

(五) 产品系列定价

企业经常以某一价格出售一组产品,如化妆品、计算机、旅游公司为顾客提供的一系列活动方案。这一组产品的价格低于单独购买其中每一产品的费用总和。因为顾客可能并不打算购买其中所有的产品,所以这一组合的价格必须有较大的降幅,以此来推动顾客购买。

三、折扣定价策略

折扣(Discount)和让价(Allowance)都是减少一部分价格来争取顾客的定价策略。

(一) 价格折扣与折让

1. 主要类型

(1) 现金折扣。对按预定日期付款的顾客给予一定的折扣,目的在于鼓励提前偿付欠款,加速资金周转。

(2) 数量折扣。按购买数量的多少,分别给予不同的折扣,购买数量越多,折扣越大,目的在于鼓励大量购买,或集中向本企业购买。数量折扣又可分为累计数量折扣与非累计数量折扣两种:

① 非累计数量折扣。规定一次购买某种产品达到一定数量,或一次购买多种产品达到一定金额,给予折扣优惠。目的是鼓励顾客一次大量购买,从而减少企业的销售费用。

② 累计数量折扣。规定顾客在一定期间购买商品达到一定数量或一定金额时,按总量多少给予不同的折扣。这可以鼓励顾客经常向本企业采购,成为可信赖的长期顾客。

(3) 功能折扣。根据各类中间商在市场营销中担负的功能不同,给予不同的折扣。折扣的大小要依据中间商所承担的责任大小而定。如果中间商承担较多的运输、促销、资金等功能,则给予的折扣较大,反之则小。一般说来,给予批发商的折扣较多,给予零售商的折扣较少。

(4) 季节折扣。生产季节性商品的企业,对淡季来采购的买主给予折扣优惠,鼓励中间商及用户提早采购。这样有利于减轻仓储压力,加速商品销售,调节淡季与旺季之间的生产和销售的均衡,充分发挥企业的能力。

(5) 价格折让。这是另一种类型的价目表价格的减价。例如,一辆自行车标价为1 000元,顾客以旧车折价300元购买,只需付700元,这叫以旧换新折让。如果经销商同意参加制造商的促销活动,则制造商卖给经销商的物品可以打折扣,这叫促销折让。

2. 价格折扣的影响因素

(1) 竞争对手以及联合竞争的实力。市场中竞争对手的实力强弱会威胁到折扣的成效,一旦竞相折价,要么两败俱伤,要么被迫退出竞争市场。

(2) 折扣的成本均衡性。销售中的折价并不是简单地遵循单位价格随订购数量的上升而下降这一规律。对生产厂家来说,有两种情况是例外的。一种是订单量大,很难看出连续订购的必然性,企业扩大再生产后,一旦下季度或来年订单徒减,投资难以收回;另一种是订单达不到企业的开机指标,开工运转与分批送货的总成本有可能无法用增加的订单补偿。

(3) 市场总体水平下降。由于折扣战略有较稳定的长期性,当消费者用折扣超需购买后,再转手将超需的那部分商品转卖给第三者,这样即会扰乱市场,导致市场总体价格水平下降,给采用折价战略的企业带来损失。

四、差别定价

差别定价指企业采用两种或两种以上的价格销售同一种产品或服务。

1. *差别定价的主要形式*

(1) 顾客差别定价。企业按照不同的价格把同一种产品或服务卖给不同的顾客。例如,企业对老顾客和新顾客采用不同的价格,对老顾客给予一定的优惠价格。

(2) 产品形式差别定价。企业对不同型号或形式的产品分别制定不同的价格。但是,不同型号或形式产品的价格之间的差额和成本费用之间的差额并不成比例。例如,百货公司最贵的电熨斗是 54.98 元,比低一档的电熨斗贵 12 元。最高级的型号有一个自洁功能,不过这个额外功能的制造成本只需几元。

(3) 产品部位差别定价。企业对于处在不同位置的产品或服务分别制定不同的价格,即使这些产品或服务的成本费用没有任何差异。例如,剧院中不同座位的成本都一样,但是不同座位的票价有所不同,这是因为人们对剧院的不同座位的偏好有所不同。

(4) 时间差别定价。企业对于不同季节、不同时期甚至不同钟点的产品或服务分别制定不同的价格。例如,公共水、电、气公司对不同时间的商业用户收取不同的费用,周末和工作日价格不一样;电话公司非高峰时间收取较低的费用;旅游点根据季节制定价格。

2. *差别定价的适用条件*

(1) 市场必须是可以细分的,而且各个市场部分须表现出不同的需求程度。

(2) 以较低价格购买某种产品的顾客没有可能以较高的价格把这种产品倒卖给别人。

(3) 竞争者没有可能在企业以较高价格销售产品的市场上以低价销售。

(4) 细分市场和控制市场的成本费用不得超过因实行价格歧视而得到的额外收入。

(5) 价格歧视不会引起顾客反感而放弃购买。

(6) 采取的价格歧视形式不能违法。

五、地区定价

因为商品从生产地运往买主所在地要花费一定的运费,尤其是当运费占变动成本的比重较大时更必须考虑。地区定价策略就是依据商品的运费负担而定价的策略。主要的地区定价策略有:

1. FOB(Free On Board)定价

FOB定价又称离岸价，即卖主负责将产品送到某一运输工具上交货，并承担此前的风险和费用，交货后的一切风险和费用由买方承担。这一国际贸易中的价格术语用到国内市场营销中，就是指商品价格按卖方定的出厂价格或产地价格计算，运费全都由买方负担。这种定价策略对买主最为简便，而且可以适用各地区的买主，所以应用最为普遍。但有失去远途顾客的危险，特别是易损品的远方客户。

2. CIF(Cost Insurance and Freight Pricing)定价

这一国际贸易术语用在国内市场营销中也叫目的地交货定价，是指交货价由卖方商品的出厂价、运费和运输保险费组成，卖方承担了交货前的运输风险，采用这种方法要预先由合同加以规定。这一定价策略对远途顾客有一定的吸引力，易损商品也多采用此法。

3. 统一交货价

与FOB原产地价相反，就是不论路途远近，商品都由卖方送到买方所在地，收取同样的价格。这种定价又称邮资定价(如我国平信邮资，全国各地都是0.80元)。这种策略适用于运费不大且只占变动成本的一小部分的商品。这也是生产企业为用户服务的一种方式，它有利于扩大市场，增加销量。

4. 分区定价

就是卖主将市场划分为几个大的区域，按各区与卖主距离远近定价，距离企业远的价格区，价格定得较高；距离企业近的区，价格定得较低，在各区域内则实行统一定价。企业采取分区定价也存在问题：

(1) 在同一价格区内，有些顾客距离企业较近，有些顾客距离企业较远，前者就不合算。

(2) 处在两个相邻价格区界两边的顾客，他们相距不远，但是要按高低不同的价格购买同一种产品。

5. 基点定价

企业选定某些中心城市作为基点，然后按一定的价格加从基点城市到顾客所在地的运费来定价。某些国家的制糖、水泥、钢铁、汽车等行业多年来一直采取基点定价。有些公司为了吸引客户，扩大销售，选定多个基点城市，按离顾客最近的基点来计算运费。

6. 运费定价

这是一种运费让价策略。就是在商品按出产地价格统一出售时，对那些离出产地路程较远、运费较高的买主，卖方给予一部分或全部运费作为津贴。西方国家的有些卖主认为，如果生产扩大，其平均成本就会降低，因此，足以抵偿这些运费开支。这种策略有利于争取更多的买主，尤其是远处的买主，所以，有利于扩大和保持一定的市场占有率。

六、心理定价

主要是零售商针对顾客消费心理采用的定价策略。是运用心理学的原理，依据不同类型的消费者在购买商品时的不同心理要求来制定价格，以诱导消费者增加购买，扩大销售量。

1. 声望定价

是指企业利用消费者仰慕知名商店或名牌商品所产生的某种心理来制定商品的价格。一家商店经营多年，在消费者心目中有了声望，它出售的商品价格可以较一般商店稍高。市场上的优质名牌产品，消费者对它产生了信任感，售价也可以较高，这就是声望价格。为了提高其形象，这类商品往往采用整数或高价。声望价格商品的购买者，不在于价格的高低，而在于商品是否能显示其身份和地位，商品的商标、品牌以及价格能否炫耀其“豪华”。因此，定价较高，不仅能增加盈利，还能给予顾客心理上的满足，有利于销售。比如，一些高级轿车、高级手表、高级服装、珍贵工艺品、书画、名酒、名烟等，往往都利用其声望制定较高的价格。

2. 尾数定价

也称奇数定价。指保留价格尾数，采用零头标价。根据一些市场学家调查，零售价4.97元一件的商品，不仅比5元一件卖得快，也比4.96元一件卖得快。据介绍，在我国市场上，5元以下的商品，末尾是99的定价最受顾客欢迎；5元以上的商品，末位是95的最受顾客欢迎。人们喜欢奇数结尾的价格，因为，一是人们想买便宜的商品，认为4.99比5元便宜；二是认为奇数比偶数少；三是认为奇数是经过认真计算的，给消费者以定价准确的信任感。近年来，国内市场上常采用8作为尾数定价，由于8与广东话的“发”同音，在定价的心理上赋予发财吉利的意思，可以促进购买。

3. 整数定价

即采用合零凑整的方法，采用整数标价。如将价格定为100元，而不是99.89元。这样使价格上到较高一级档次，借以满足消费者的高消费心理。事实上，对于耐用品和选购品，顾客关心质量的差异超过关心价格的差异，以尾数定价要找零头反而显得麻烦。整数定价便于顾客从种类繁多的商品中进行选购，从而迅速作出购买决定，同时也增加了企业盈利。

4. 招徕定价

零售商利用部分顾客的求廉心理，将少数商品降价，借此吸引顾客登门，同时也带动了其他正常商品的销售。例如，许多地方的超级市场每周都向顾客邮寄不同削价商品的广告。有的零售商利用节假日或换季时机举行“节日大酬宾”“换季大减价”等活动。

采用招徕定价要注意：

(1) 减价商品应是顾客的生活必要品，否则没有吸引力。

(2) 减价商品的品种要多，商店所经营的产品面要广，使顾客有较多的选购机会。

(3) 减价品的价格应尽量接近甚至低于成本，不能搞名誉上的削价。

(4) 减价商品应是合格的，而非次品。如果是次品，要明确告知顾客。

(5) 减价品数量要适当。太少了不易吸引顾客，太多了企业损失太大。

5. 分级定价

指在定价时，把同类商品分成几个等级，不同等级的商品，其价格有所不同。这种定价策略能使消费者产生货真价实、按质论价的感觉，因而容易被消费者接受。

采用这种定价策略，等级的划分要适当，级别不能太大或太小。否则，起不到应有的分级效果。

6. 习惯定价

即按照消费者习惯价格心理制定价格。市场上有许多产品，由于销售已久，形成一种习惯价格或便利价格，消费者习惯按此价格购买。如各地的风味小吃就是习惯价格。对于此类产品，任何生产者要进入市场，必须按照习惯价格定价。

采用习惯定价法时，商品价格要力求稳定。高于习惯价格，常被认为是不合理的涨价；低于习惯价格，又使消费者怀疑是否货真价实。在由于成本因素涨价，原售价已无利可图时，只能采取降低品质、减少份量的办法，率先涨价会失去顾客。在必须变价时，应同时采取改换包装或品牌等措施，避开习惯价格对新价格的抵触心理，引导消费者逐步形成新的习惯价格。习惯价格不是一成不变的，当大多数产品因成本上升均已涨价时，消费者又会形成新的习惯价格。

第五节 价格变动

由于企业处在一个不断变化的环境之中，为了生存和发展，有时候需要主动降价和提价，有时候又需对竞争者的变价作出适当的反应。

一、企业降价与提价

在环境发生改变时，企业通常通过主动地降价或提价来应对竞争和顾客需求的改变，这种做法往往能使企业占有先机。

（一）发动降价的原因

1. 生产能力过剩

企业需要扩大销售，但是又不能通过产品改进和加强销售工作等来扩大销售。这种情况下，企业就需要考虑降价。

2. 市场份额受到威胁

在竞争对手降价或者新加入者增多的强大竞争压力下，企业的市场占有率下降，迫使企业以降价方式来维持和扩大市场份额。

3. 通过低成本在市场上居于支配地位

企业通过降价来掌握市场或提高市场占有率，从而扩大生产和销售量，降低成本。在这种情况下，企业往往发动降价攻势，控制市场。

（二）发动提价的原因

1. 成本推进

这是企业调高价格的最主要原因。如果企业的原材料、工资等费用上升，导致成本提高，如果产品继续维持原价，会妨碍企业合理利润的获得，甚至会影响企业再生产的进行。这时企业只好通过涨价来转嫁成本上涨的压力，维持正常的盈利水平。

2. 需求拉动

当产品供不应求、市场需求旺盛时，企业通过调高价格，抑制部分需求，以减少生产能力不足造成的损失，进而获得超额利润。

二、顾客对企业变价的反应

顾客对价格调整的反映是检验调价是否成功的重要标准，因此，必须对此进行认真分析和研究。

（一）顾客对降价的反应

顾客对于企业某种产品的降价可能会这样理解：

(1) 这种产品的式样老了，将被新产品所替代。

(2) 这种产品有某些缺点，销售不畅。

(3) 企业财务发生问题，难以经营下去。

(4) 价格可能还会进一步下跌。

(5) 这种产品的质量下降了。

（二）顾客对提价的反应

企业提价通常会影响销售，但是购买者对企业的某种产品提价也可能会这样理解：

(1) 这种产品很畅销，不赶快买就买不到了。

(2) 这种产品很有价值。

(3) 卖主想要获得更大的利润

一般地，购买者对于价值高低不同的产品价格的反应有所不同。对于那些价值高、经常购买的产品的价格变动较敏感；对于那些价值低、不经常购买的小商品，即使单位价格较高，购买者也不大注意。

三、竞争者对企业变价的反应

企业在考虑价格变动时，不但要考虑消费者的反映，还必须关注竞争者的反应，当价格变动影响到的企业较少，产品的一致性较高，购买者的信息充分的时候，竞争者最容易作出反应。

竞争者和消费者一样，会对企业的降价活动有多种看法，它可能认为该企业试图抢占更大的市场份额；认为该企业经营不善，因此想要扩大销售；或者认为该企业想让全行业降低价格以促进总需求。

当有几个竞争者时，公司必须预测每个竞争者可能的行动，如果竞争者做法类似，只需分析一个典型竞争者就够了。相反，如果竞争者由于具有不同的规模、市场份额或是政策而做法不同，就必须分别进行分析。但是，如果有一部分竞争者追随价格的变化，有理由相信其他竞争者也会跟着变动价格。

四、企业对竞争者变价的对策

在现代市场经济条件下，企业经常会面临竞争者变价的挑战。如何对竞争者的变价作出及时、正确的反应，是企业定价战略的一项重要内容。

（一）不同市场环境下的企业对策

1. 在同质市场上

如果竞争者降价，企业必须随之降价，否则，顾客就会购买竞争者的产品，而不购买企业的产品。如果某一个企业提价，且提价对整个行业有利，其他企业也会随之提价，但是如果某一个企业不随之提价，最先发动提价的企业和其他企业也不得不取消提价。

2. 在异质市场上

企业对竞争者变价的反应有更多的选择余地。因为在这种市场上，顾客选择卖主时不仅考虑产品价格因素，而且考虑产品的质量、服务、性能、外观、可靠性等方面的因素。因而在这种产品市场上，顾客对于较小的价格差异并不在意。

面对竞争者的变价，企业必须认真调查研究如下问题：

(1) 竞争者为什么变价?

(2) 竞争者打算暂时变价还是永久变价?

(3) 如果对竞争者变价置之不理，将对企业的市场占有率和利润有何影响?

(4) 其他企业是否会作出反应?

(5) 竞争者和其他企业对于本企业的每一个可能的反应又会有什么反应?

（二）市场主导者的对策

1. 维持价格不变

市场主导者认为，如果降低价格，就会减少利润收入；维持价格不变，尽管对市场占有率有一定的影响，但以后还能恢复市场阵地。当然，在维持价格不变的同时，还要改进产品质量、提高服务水平、加强促销沟通等，运用非价格手段来反击竞争者。许多企业的市场营销实践证明，采取这种战略比降价和低利经营更合算。

2. 降价

市场主导者之所以采取这种战略，主要是因为：①降价可以使销售量和产量增加，从而使成本下降；②市场对价格很敏感，不降价就会使市场占有率下降；③市场占有率下降之后，很难得以恢复。但是，企业降价以后，仍应尽力保持产品质量和服务水平。

3. 提价

提价的同时，还要致力于提高产品质量，或推出某些新品牌，以便与竞争者争夺市场。

（三）企业应变需考虑的因素

(1) 产品在其生命周期中所处的阶段及其在企业产品投资组合中的重要程度。

(2) 竞争者的意图。

(3) 市场对价格和价值的敏感性。

(4) 成本随着销量和产量的变化而变化的情况。

本章小结

商品价格的高低，主要是由商品中包含的价值量的大小决定的。但是，从市场营销的角度来看，商品的价格除了受价值量的影响之外，还要受到成本、需求、竞争和产品生命周期等因素的影响和制约。

在市场营销实践中，企业还需考虑或利用灵活多变的定价策略，修正或调整产品的基础价格。其中包括新产品定价策略、产品组合定价、价格调整策略等。

在定价以后，由于企业处在一个不断变化的环境之中，为了生存和发展，有时候需要主动降价和提价，有时候又需对竞争者的变价作出适当的反应。企业的主动提价和降价、顾客对价格变动的反应以及竞争者对价格变动的反映都是企业需要关注的问题，只有及时地作出反应才能在市场上立于不败之地。

思考题

1. 简述企业的定价目标。
2. 影响企业定价的主要因素有哪些?
3. 简述新产品定价的主要方法。
4. 简述主要的心理定价方法。
5. 企业如何应对环境的变化作出相应的价格变动?

古代营销故事

每天一款特价海鲜

宋朝，有一渔夫投资大量金钱兴建了第一家南海渔村酒家，但生意平平，头三个月就亏了本。一天。他在集市看到两家绸缎店，一家生意兴隆，另一家却相当平淡。他走进那家旺店一看，原来里面除了高档货外还有几款特价布料。

他受到了启发。于是就创出了“低价吸引顾客”的点子。每天有一款海鲜是特价的，售价远远低于同行的价格。不出所料，这一招果然成功，很多食客就冲着那一款特价海鲜走进了南海渔村酒家的大门。由于吃的人多，每月销出大量的特价海鲜，结果他们不但没亏，反而还赚了。自此以后，门庭若市，生意络绎不绝。

“无敌居贵，薄利多销”

朱元璋的军师刘伯温在出山之前郁郁不得志，不能施展抱负，遂弃官归隐家乡青田山中，发愤而著《郁离子》。《郁离子》不仅集中反映了作为政治家的刘伯温治国安民的主张，也反映了他的人才观、哲学思想、经济思想、文学成就、道德为人以及渊博学识。在写作《郁离子》的过程中，刘伯温的整个思想体系尤其是对社会、政治方面的看法及主张更加成熟，也更加系统。朱元璋读了刘伯温的《郁离子》，深为他的学识震撼，重金请他出山，于是刘伯温成为朱元璋的亲信谋士，协助朱元璋建立了统一的明王朝。

在《郁离子》中，有这样的记载：

蜀地有三个商人，都在市上卖药。“其一人专取良(好药)，计人以为出，不虚价亦不过取赢。”“一人良不良皆取，其价之贱贵，惟买者之欲，而随以其良不良应之。”“一人不取良，惟其多卖，则贱其价，请益(添饶)则益之不较。”第三个商人顾客盈门，门槛一个月就得更换一次，一年多就发了大财。第二个商人发得稍迟，两年也富了起来。第一个商人的店肆，“日中如宵”，吃了早饭，晚饭米就供不上。郁离子见而叹曰：“今之为士者亦若是夫!”“昔之楚鄙(边远地区)三县之尹三：其一廉而不获于上官，其支也(离任)，无以(租)舟，人皆笑以为病。”“其一择可而取之，人不尤(怨)其取而称其能、贤。”“其一无所不取，以交于上官，子(侍之如子)吏卒，而实富民，则不待三年，举而任诸纲纪之司(主簿，综理一府之事)，虽百姓亦称其善。不亦怪哉!”

刘伯温的本意是说买好药的没好报，卖次药的赚了钱，是在愤懑世道的黑暗，但是他从反面也说明了这样的商业规律：在商业经营中，经营商品不能贪图过高的利润率，而应当积少成多。上文提到的三个商人一起在市上做生意经营药品，其中一人卖大家都买得起的，价格低的药品，顾客都来买，一年时间就发了财；另两个商人中，一个人即卖价格高的好药又卖价格低的次药，虽然经过一段艰难，也最终发了财。还有一个人只卖价格贵的好药，结果生意清淡，门可罗雀，结果赔的连饭都吃不上。

这就是司马迁说的：“贪买三元，廉买五元。”就是说企图贪得厚利的商人只能获利30%，而薄利多销的商人却可获利50%，这就是“无敢居贵，薄利多销”的道理。

案例分析

怎样的价格策略会打动消费者

价格是产品魅力来源之一，它在吸引消费者、加强竞争优势、塑造良好形象等方面有着不容低估的作用。价格是竞争的重要手段，产品一旦在价格策略上失误，会给产品竞争力、公司盈利能力及活力带来直接的负面影响。

一、渗透定价

1. 小米

小米一经面世，就给广大用户树立了“高性能、低价格”的品牌印象，旗舰机型只卖1 999元，小米2A、MAX等更是降到了1 699、1 499，更不用提定位更低端的红米系列了。一方面，小米通过浓厚的社区基因给自己的用户打上手机发烧友的标签，在此前提下，又有如此有竞争力的价格护航，撒豆成兵，迅速占领了市场，尔后凭借越发成熟的产研供系统，手机生产与分销的单位成本会随生产经验的积累而下降，可谓是渗透定价的完美执行者了。

2. 淘宝“九块九包邮”类

此类产品如果只卖给一个人一件那估计得亏了，实际上它们的货单价很低，但是客单价很高，综合起来就赚钱了。这就是赚钱的基点。

货单价就是一件商品的本身价格(如一双袜子 10 元),客单价就是一个客人所成交的价格(比如一个人一次买了 3 双这款袜子共花费 30 元)。

部分商家可能前期不赚钱,但是它们的活动吸引了不少人,从而提高了他们的知名度或者拉动店铺内其他商品的销量。以做天猫保健品为例,5 元成本的减肥药,标价 69 元,拍下减 65 元,4 元全国包邮,再加上好评返现,瞬间冲到上万笔,抢下关键词第一名,每天搜索“减肥”进宝贝访客数达到 2.5 万。每天卖 800 单到 1 千(价格回到 69 元),前期亏得 5 天内已经回本。

3. 360 杀毒软件

渗透定价法的极致就是免费。再借用雷军的一句话:“互联网公司从来不打价格战,我们直接免费。”

周鸿祎开始做安全软件的时候,正是直接把杀毒软件免费,把原来很难撼动的瑞星、金山和江民这三座大山推到了,带动了杀毒行业的免费趋势,将 360 安全软件布满电脑终端。360 敢于免费,是因为他们有二段收费,不需要用户付钱。

二、撇脂定价

1. iPhone

与前文小米形成鲜明对比,iPhone 则采取了典型的撇脂定价。以在中国市场的发售为例,iPhone 13 在苹果官方商店的零售价八千多元人民币,黄牛市场更是炒到万元上下,即使对于多年果粉来说,也是属于高价位产品,但是一经推出,首批供货立马抢购一空。苹果的撇脂定价取得了成功,而且屡试不爽,可以预见的是随着 iPhone 热度逐渐下降,明年此时仍会有一款新的机型刺激果粉们的钱包。

2. 限量款运动鞋

从正代乔丹到 yeezy,再到 off-white 联名,这些产品刚一推出时都采取了限量摇号的方式,吊足了广大 sneaker 的胃口,而如果想尝鲜,则需要付出远大于其单纯物品价值的价格。同时,各限量鞋款不缺乏其忠实拥趸,而且这部分人对价格又相对不敏感,基本每双鞋都能达到利益最大化。随着时间的推移,以前的鞋不免烂大街,这时候厂家就会推出各种“标新”的复刻版,如法炮制,再次“撇脂”。

三、价格歧视

1. 打车券、外卖券

还记得曾几何时 O2O 大战、打车大战时各种各样的优惠券么?有同学可能会问,我们用优惠券都是占便宜了呀,怎么会是被歧视了呢?奥妙正在于每个用户的“重要程度”和“付出成本”不同。

(1) 优惠券金额

我们都知道一般优惠券金额是不固定的,我有可能“幸运的”抢到 10 元,也有可能“倒霉的”只得到几角,然而这真的只跟运气有关么?不尽然。笔者也曾经有幸是那段 O2O 烧钱大战的小小参与者,考虑到资金池毕竟是有上限的,怎么合理的烧钱就成为了一个课题,当时就是把用户分成了“老用户”“沉睡用户”“单产品活跃用户”“新用户”等等,对于忠实的老用户,券的多少并不会影响这部分人的决策,所以他们抢券时总是“倒霉的”;反之,对于一位我们平台的新用户,他往往就是“很幸运的”了。这就是通过“重要程度”的价格歧视。

(2) 优惠券分享

现在我们打完车或者点完外卖,如果分享到朋友圈,依然会收到平台的优惠券奖励。待下一次消费时,我就比没有券的人多享受到一些优惠,这其实就是因为两者的“付出成本”不同。

2. 机票、电影票、门票各种票

(1) 机票商务舱、公务舱

一直怀疑,是先有商务需求才有这么几排商务舱,还是先有了商务舱人们才有了这个需求呢?飞机设置商务舱和公务舱,成本少量增加,但利润却数倍增加,同样的航班,商务舱票价翻倍还要多。

(2) 首映场电影票

首映电影并不会多什么彩蛋,但却要贵于普通票价,这是利用了“先后顺序”不同造成的价格歧视。

(3) 儿童票、学生票、成人票、老人票、会员票

我们经常能看到,1 米 2 以下儿童免票、持学生证半价、成人全价,坐公交有老人卡,各种线上线下商店有会员价。虽然政治正确的说人是不分三六九等的,但这类操作实际上是利用了“阶层分级”不同进行的价格歧视。

四、动态定价

1. 普通动态定价

在线打车公司当某一区域刮风下雨下冰雹早晚高峰时,叫车人增多,为了刺激更多的司机来这里提供服务,对车费实行动态加价,周边区域的司机会因为更高的车费而开往此地,空车数量增加,最终供需平衡。本质就是人会对激励作出反应。

2. 个性化定价(其实也利用了价格歧视)

为实现对每个区域的“量身定制”,在线打车公司建立了大规模的计量经济模型和数据库,量化不同区域中乘客/司机对价格的敏感度、候车时间等相关变量,并随变量的改变即时调整算法,以适应不断变动的市场情况。

具体做法是,在乘客叫车的时候,事先对里程和时间做估算,并结合动态加价的系数,生成一个一口价车费。而一口价的普及极大地拓展了公司在定价方面的产品空间,从而可以根据公司所知的用户信息对不同用户有不同的定价策略。

五、组合定价

麦当劳的单品价格,汉堡售价是 12 元,薯条售价 10 元,可乐售价 6 元。开发一个套餐,包括了汉堡、薯条和可乐,这个套餐一共只需要 15 元钱。此时,单品的销量一般非常小,只是作为一个价格比较存在。当消费者感觉到比买单品划算时,就会更加倾向于购买组合商品。依此策略,企业可以将多个单品进行组合,开发出不同的套餐,满足不同需求的消费者。

资料来源:http://www.woshipm.com/operate/877386.html

讨论:不同的定价策略有什么使用条件?企业该如何选择适当的定价策略?

第八章

渠 道 策 略

学习要点

- 了解渠道的主要概念；
- 掌握渠道设计方法；
- 理解渠道冲突管理；
- 理解新零售管理。

分销渠道策略是市场营销组合中的一个重要策略。企业生产出来的产品，必须通过适当的分销渠道才能以最高的效率和最低的费用，在适当的时间送到适当的地点，最终到达消费者的手中。可以说，分销渠道策略是企业面临的最复杂、最具有挑战性的策略之一，应该引起企业的高度重视。

名人名言

从企业整体和长远发展角度看，厂商之间没有永远的朋友，也没有永远的敌人，只有永远的利益。这种利益就是相互服务、相互支持、平等互惠的利益互动和共同发展。……厂商之间有利益之争，但双方要把利益的创造摆在首位，创造利益、分享利益的合作是长远的，单方面追求利益再分配、利益最大化的合作是难以长久的。……渠道本身存在竞争，但不是消灭对手的问题，而是如何培育市场。

——张近东

第一节 营销渠道概述

营销渠道(也称分销渠道)是企业营销管理的落脚点和着力点，也是营销管理中的一大难题。清楚地认识营销渠道的内涵、特点、功能及结构，对作出正确的营销渠道决策起着决定性作用。

一、营销渠道的内涵

营销渠道是指某种产品或服务从生产者转移到消费者的过程中，取得这种产品或服务的所有权或协助所有权转移的所有组织和个人。

二、营销渠道的特点

营销渠道具有以下四个特点。

（1）营销渠道反映某一特定产品价值实现的全过程。一种产品的分销渠道的起点是该产品的生产者，终点是该产品的消费者或用户。

（2）营销渠道主要由直接卷入商品流通过程的各种类型的组织或个人组成。包括生产者、代理商、批发商、零售商和消费者，他们都可以称为渠道成员，各类中间商是其中最活跃的成员。渠道成员有各自独立的经济利益，他们之间有时也会发生矛盾和冲突，需要进行管理和协调。

（3）在营销渠道中，产品的运动以其所有权的转移为前提。商品的所有权至少需转卖一次，在特定的条件下，生产者可将产品直接销售给消费者（用户），一次转卖其所有权，这时营销渠道最短。但在更多场合中，生产者须通过一系列中间商转卖或代理转卖产品，这种营销渠道相对较长。

（4）在营销渠道中，除了商品所有权转移的商品流外，还隐含其他使生产者和消费者相联结的流通形式，如物流、货币、信息流、促销流等。

三、营销渠道的功能

营销渠道的作用就是实现产品从生产者到消费者转移的过程。它主要执行以下功能。

（1）信息的收集。渠道成员可以收集和传播营销环境中有关潜在与现行顾客、竞争对手和其他参与者力量的营销调研信息。

（2）沟通与传播。渠道成员发展和传播有关供应物的富有说服力的吸引顾客的沟通材料。

（3）促成协议。渠道成员尽力达成有关产品的价格和其他条件的最终协议，以实现所有权或者持有权的转移。

（4）辅助配合。使所供应的物品符合购买者需要，包括分类、分等、装配、包装等活动。

（5）运输仓储。渠道成员提供与产品实体有关的一系列的仓储、运输工作。

（6）资金流动。渠道成员在不同的营销渠道层面收付存货或资金。

（7）融资功能。有些渠道成员还通过银行或其他金融机构为买方付款。

(8) 承担风险。渠道成员在执行渠道任务的过程中承担有关风险。

(9) 物权转移。渠道成员让物权从一个组织或个人转移到其他人。

四、营销渠道的流程

在营销渠道中,一般会有"五流"流转,即实物流—所有权物流—付款流—信息流—促销流。如图 8-1 所示。

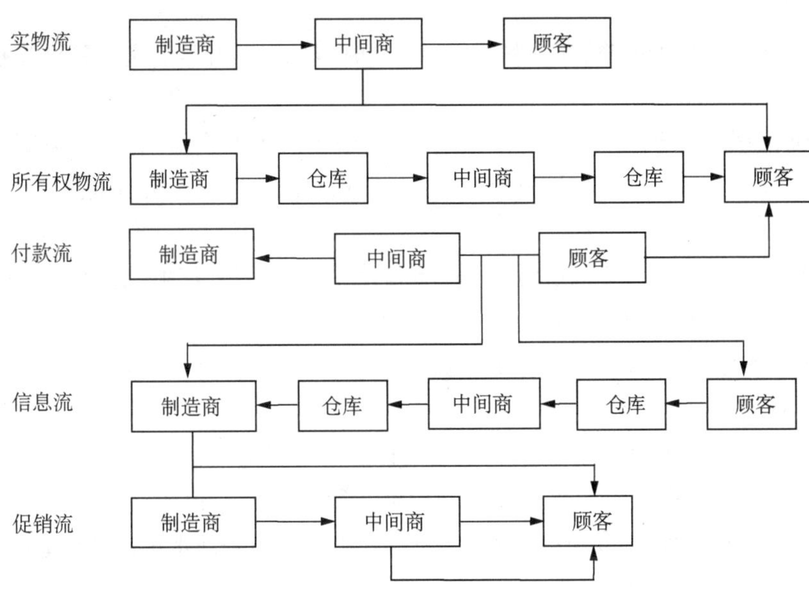

图 8-1 营销渠道的流程

五、营销渠道的结构

按照不同的标准,企业的营销渠道可以划分为不同类型。按流通环节,可以将营销渠道划分为直接渠道和间接渠道;按层次多少,可以将营销渠道划分为短渠道和长渠道;按各环节中间商数目的多少,可以将营销渠道划分为宽渠道和窄渠道。

(一) 直接渠道和间接渠道

1. 直接渠道

直接渠道指没有中间商参与,产品由生产者直接销售给消费者或用户的渠道类型。

直接渠道是生产资料的主要渠道类型。这是因为:

(1) 有些产品用途单一,比如大型设备、专用工具等。生产厂家根据用户的特殊需求进行组织加工和供应。

(2) 有些产品的技术复杂。许多高技术产品的服务要求高,需要组织销售、安装、调试、维护、指导和人员培训。

(3) 有些产品的用户集中。生产资料市场用户集中，生产者可集中向用户直接供货。在消费品市场，直接渠道也有扩大趋势，主要是受到传统产业和新兴服务业两方面的影响。新技术在流通领域中的应用，使邮购、电话、电视销售以及计算机联网销售等销售方式蓬勃开展。厂家通过这种方式将产品直接出售给消费者。

使用直接渠道的好处是：

(1) 销售及时，中间环节少。生产资料市场，用户要求明确，直接渠道便于依照顾客要求供货，指导使用和维修。对鲜活商品、时尚商品，直接渠道可以保证投入市场及时，减少损耗、变质等损失。

(2) 减少费用。减少运输、存储费用，减少中间商赚取的利润，有利于降低售价，提高产品的竞争力。

(3) 加强推销。对于技术性强的产品，生产企业拥有推销人员，有利于说服用户，扩大产品销路。不少批发商、零销商往往经营许多不同企业的同类产品，不可能专门为某一家的产品进行周到的推销宣传。

(4) 便于提供服务。直接渠道便于生产者与使用者、消费者接触，更加快速的了解他们的要求和问题，提供更好的售后服务。

(5) 便于控制价格。直接渠道由于企业对生产成本、销售成本、销货量、市场供求状况比较了解，可制定更切合实际的价格。

因此，资金雄厚、规模大的企业都应当建立自己的销售网，培养自己的高质量的推销人员。但是，直接渠道需要生产者花费较多的投资、场地和人力，营销管理业务也大大增加。事实上，对于许多消费面广，市场规模大的商品，企业也无法做到把产品全部直接销售给顾客，还需要同时使用间接渠道。

2. 间接渠道

间接渠道指有一层或多层中间商参与，产品经由一个或多个中间商环节销售给消费者或用户的渠道类型。

间接渠道是消费品分销的主要类型，许多工业品也采用间接分销渠道，其主要原因在于间接渠道发挥了中间商的作用。大多数缺乏直接市场营销财力和经验的生产者，采用间接渠道，能够利用中间商的销售网络、业务经验、专业化和规模经济优势，会获得高于自营销售所获得的利润。此外，利用中间商能减少交易次数，简化销售手续，提高销售效率。

(二) 长渠道和短渠道

营销渠道的长短通常按经过的流通环节或层次的多少划分。显然，其长短只是相对而言的。

1. 长短渠道的划分

有些学者以中间机构层次的数目来确定渠道长短。这样，就可以划分零级渠道、一级渠道、二级渠道、三级渠道。有的学者为了分析和决策方便，把上述零级渠道也称为直接渠道；把一级渠道称为短渠道；而将二级、三级渠道称为长渠道。

2. 渠道级数

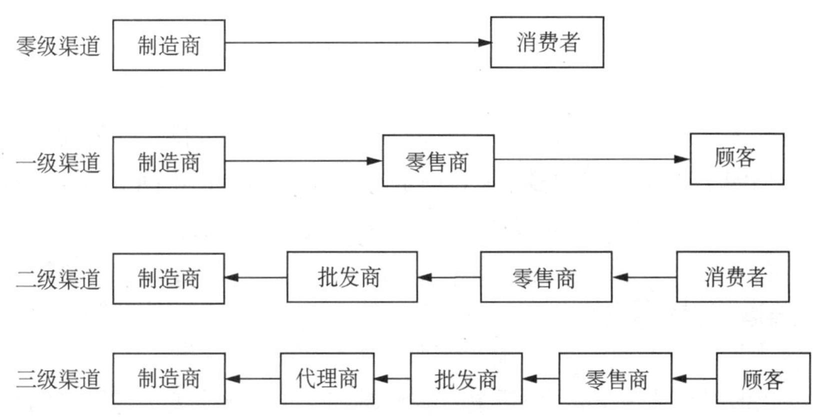

图 8-2　不同层级的市场营销渠道

(三) 宽渠道和窄渠道

渠道宽度取决于渠道的每层次(环节)中使用同种类型中间商数目的多少。如果某种产品(如日用小商品)的制造企业,通过许多批发商和零售商,将其产品送到广大消费者的手中,这种营销渠道较宽;如果某种产品(如工业设备)的制造厂家只通过很少的专业批发商推销其产品,甚至在某一地区直接给一家中间商总经销,这种产品的营销渠道就较窄。

分销渠道宽度同制造商的战略是相关联的。制造商的分销战略通常有以下三种。

1. 密集性分销

是指生产厂家尽可能地通过许多批发商、零售商推销其产品,这种渠道最宽。这种策略的重心是扩大市场覆盖或快速进入一个新市场,使众多的消费者或用户能随时随地购买到这种产品。消费品中的便利品(如香烟、牙膏、糖果等)多采用宽渠道密集分销。

2. 选择性分销

是指生产厂家在某一地区仅通过挑选几位最合适的中间商推销产品。这一策略的重心着眼于市场竞争地位的稳固,维护本企业产品在该地区的良好信誉。选择分销策略,适合于消费品中的选购品和特殊品(如时装、鞋帽、家用电器等)和工业品中的零配件。新产品试销也可采用这一策略。

3. 专营性分销

是指生产厂家在某一地区仅通过一家中间商推销其产品,这种渠道最窄。通常双方签订独家经销合同,规定在该地区内经销商不得经营竞争者的产品,制造商则只对选定的经销商供货。这一策略的重心是控制市场和货源,或是彼此充分利用对方的信誉和经营能力,增强自己的推销能力。独家分销在许多情况下是由于产品和市场的特异性(如专利技术、专门用户、品牌优势、特殊商品等)而采用的。

以上三种策略的选择,主要取决于产品类型和消费者或用户的选购水平。消费者或用户选购水平低的方便商品,宜采用密集性分销策略;消费者或用户选购水平一般的选购品,宜采用选择性分销策略;消费者或用户选购水平高的特殊用品,宜采用专营性分销策略。

第二节　营销渠道设计

分销渠道策略是市场营销组合中的一个重要策略，也是最具挑战性的战略。在现在经济体系中，企业出售产品的方式大多是通过一定的分销渠道，借助中间商实现销售。本节将从渠道设计的目标、影响因素、具体方案以及渠道评估体系来阐述。

一、渠道设计的目标

追求最大化的利润是企业的营销目标，当然，营销渠道设计也要考虑到利润最大化的目标。一般来讲，为了实现利润目标，企业营销渠道设计可以分解为以下四个指标。

（一）达到顾客期望的服务水平

这是最为关键的一点，在整个渠道的设计过程中，企业的营销人员要先了解顾客需要的服务产出水平，这样才能使顾客期望得到的服务产出水平的整个渠道费用最小化，即最大化利润。渠道可以为消费者提供五种服务产出：批量大小、等候时间、空间便利、产品品种、服务支持。

（二）营销渠道的功能和效率

营销渠道的功能和效率也是企业追求利润最大化的一个元素，在渠道设计时，自然以渠道的销量最大、渠道的覆盖率最高作为营销渠道的设计目标。

（三）成本费用最小化

要做到成本费用最小化，不仅渠道的成本要达到最低，渠道的信誉也应达到最佳。

（四）安全性要求

渠道设计时要考虑安全性，需做到渠道的控制最强、渠道的冲突最低、渠道的合作程度最好。

二、渠道设计的影响因素

企业在进行渠道设计时，会受到一系列主客观因素的制约，具体如表 8-1 所示。

表 8-1　影响渠道选择的因素

因素	宜用直接渠道	宜用间接渠道
产品	技术复杂；特殊产品、选购商品、时尚商品；单位价值高；笨重；附加服务多	技术简单；便利商品、大众商品；耐久；单位价值低；轻便；附加服务少
市场	市场潜量大；集中；需求特殊，偶尔订货；生产者市场	市场潜量小；分散；无特殊需求，频繁订货；消费者市场

（续表）

因素	宜用直接渠道	宜用间接渠道
企业自身	企业具有营销技术和经验；需要高度控制其产品的市场营销情况；企业财力雄厚；声誉高	企业缺乏营销技术和经验；企业对市场营销控制要求不高；企业资金紧张；知名度低
宏观环境	经济萧条	经济繁荣

（一）产品因素

（1）产品用途。一般来说，工业品适合于直接渠道或短渠道，消费品适合于间接渠道或长渠道。据有关部门的统计，95%的生活消费品是通过中间商销售的，80%的生产资料是生产企业直接销售给用户的。

（2）产品价格。一般来说，单位产品价格高的产品宜用较短的渠道，单位产品价格低的产品宜用长渠道。比如，昂贵的机械设备一般由生产者直接卖给用户；高档耐用消费品、高级服装一般由生产企业卖给大型百货公司和专营商店，然后再由它们出售给消费者；单位价值低的日用品、一般选购品，生产企业一般先卖给批发公司，再由批发公司卖给零售商，最后由零售商卖给最终消费者。

（3）产品体积和重量。一般来说，体积小、重量轻、比较容易运输和储存，所需费用低的产品，销售渠道可长可短。体积大、笨重的产品，销售渠道应短些，以减少中间装卸、储存费用。如煤炭、水泥、建筑材料、大型设备等，一般应由生产企业直接卖给用户。如果用中间商，最好用代理商，不宜用批发商。

（4）产品款式和时尚。一般来说，时间性很强的新潮时尚商品，市场需求变化快，应尽量选择短渠道，以免失去销售机会，造成积压。如时令时装以及季节性、节目性的产品等。款式不易发生变化的产品，销售渠道可以长一些。

（5）产品耐用性。一般来说，容易损坏和腐烂的产品，应尽量选择短渠道，以免转手太多，反复装卸，造成损坏或腐烂。如水果、蔬菜、玻璃器皿、精密仪器等，销售渠道越短越好。

（6）产品技术和售后服务。一般来说，技术复杂的产品，售前、售后服务要求多的产品，销售渠道应该尽量短些，以免中转过多，生产者和用户信息交流不够，影响产品的使用和维修。比如各种技术复杂的机电设备，最好由生产企业直接销售给用户。对于技术复杂的家用电器等高档消费品，一般需要通过中间商销售，但是生产企业应在尽量减少中间环节的同时，设法在各地成立维修中心，解决购买者的后顾之忧。

（7）标准品和定制品。一般来说，标准品使用量大、使用面广，销售渠道可以长些、宽些。定制品是专用品，不同的用户对产品的性能、结构、品质、规格要求不同，一般应采用直接渠道。

（8）新产品。一般来说，处于介绍期的产品的设计还未定型，企业需要了解新产品的销售情况和消费者的反映和要求，因此，渠道应短些。

（二）市场因素

（1）市场面的大小。产品销售的市场面广、地域广，分销渠道就应短些、窄些。比如，产品在全国或出口国销售，就应通过代理商、批发商等销售。如果只在某一地区销售，则可采用直接渠道或通过零售商销售。

(2) 顾客的集中程度。如果顾客集中，则可采取直接渠道。如果顾客较分散，则宜采用间接渠道。

(3) 用户购买数量的大小。如果用户每次购买量大，企业应采用短渠道，直接供货或由代理商、批发商销售给顾客。如果用户每次购买量小，宜用长渠道，可以通过批发商、零售商销售。

(4) 用户的购买习惯。对于一般日用品，在发达国家，由于交通方便，人们习惯去超级市场、购物中心购买，生产企业可大批量直接销售给这些零售商，渠道较短。在我国，人们习惯就近购买，销售网点则应尽量分散，通过若干批发商和更多零售商去销售，即宜采取长渠道、宽渠道。对于高档商品、名牌产品，人们习惯到大商店和声誉好的商店去购买，生产企业则应设法把产品销售给这些零售商，即采用短渠道。

(5) 市场销售的季节性。不论生产资料还是消费品，其中有些产品的销售有淡季和旺季之分。一般在旺季时应多选择一些零售商，即采用宽渠道。像我国的春节，西方的圣诞节都是购物旺季，企业应充分扩大销售渠道，满足用户需求，增加销售量。

(6) 竞争者的分销渠道。一般来说，如果自己的产品比竞争者的好，则可选择同样的销售渠道，以利于消费者比较选择。如果自己的产品不如竞争者的，则应伺机寻找有独到之处的销售渠道。

(三) 企业自身的因素

(1) 企业的规模和声誉。一般来说，企业的规模大、声誉好、资金雄厚时，可选择较固定的中间商，甚至建立自己的销售系统从事批发和零售，渠道可能短一些。如果企业规模小、资金有限，则应更多地依赖中间商，渠道则长一些。

(2) 企业的销售力量、销售技术。有较强销售力量、较高销售技术和经验的企业，可以自行销售产品，采用短渠道或直接渠道。当企业缺乏足够的销售力量或销售经验不足时，就应当利用中间商的优势，采用较长的渠道。

(3) 企业对渠道控制的愿望。如果企业希望严格控制产品的零售价格和新鲜程度，了解产品在市场上的销售情况，则应选择短而窄的分销渠道。如果企业不希望控制渠道，则可以权衡成本因素，选择长而宽的分销渠道。

(四) 宏观环境因素

(1) 经济形势。如果整个社会，经济繁荣，市场旺盛，分销渠道选择的余地就大。如果经济疲软，企业效益滑坡，市场需求下降，企业就应当减少不必要的流通环节，选择较短的渠道。

(2) 有关法规。国家政策、法律，如转卖制度、反垄断法、进出口规定、税法等，也会影响分销渠道的选择。如一些国家实施医药品、烟酒专卖制度等，对产品的分销渠道就必须依法选择，其分销自由度大大降低。

三、渠道评估体系

渠道评估体系主要有以下三个标准：

(一) 经济性标准

企业追求的是利润而不是对渠道的控制与适应。判断一个渠道方案的好坏,不仅仅是它能否有较高的销售额或较低的成本,还要看它是否取得最大利润。考虑经济性标准时,首先是比较不同渠道的销售额水平,其次是比较每种渠道不同的销售成本,最后是比较销售量与销售成本的盈亏临界点。如果销售量高于盈亏临界点,则可以利用中间商分销。

(二) 可控性标准

使用代理商无疑会增加控制上的问题。销售代理是一个独立的企业,它所关心的是如何实现利润最大化。它们最感兴趣的是利润高、周转快的商品;它们可能对生产商的产品不进行认真推销;代理商的推销员可能无心了解与委托人产品相关的技术细节,也很难认真地对待委托人的促销资料。因此,必须加强对中间商的控制。

(三) 适应性标准

在评估各渠道选择方案时,还需要考虑适应性标准,即考虑生产者是否具有适应环境变化的能力及应变能力如何。每个渠道方案都会因某些固定期间的承诺而失去弹性。而且企业一旦选定某一中间商,便很难更换。当某一制造商决定利用代理商推销产品时,可能要签订 5 年的合同。这段时间内,即使采用其他销售方式会更有效,但制造商也不得任意取消代理商。所以,企业要寻求能适应不断变化的环境的渠道结构和政策。

第三节 营销渠道管理

越来越多的企业开始注重利用渠道成员销售产品或服务,渠道种类繁多,功能各异,如果能够有效地管理渠道成员,就可以提高企业的销售效率。

一、营销渠道成员管理

确定了分销渠道以后,企业还要开展渠道管理工作,这一工作包括对各个营销渠道成员的选择、激励、评估,以及必要时进行渠道调整。

(一) 选择渠道成员

企业可供选择的中间商包括代理商、批发商、零售商等。对于生产企业来说,中间商能力高低、服务态度好坏以及是否坚守信用,直接关系到企业整个市场营销的成败,所以,企业选择中间商应特别慎重。

1. 中间商的经营方向

中间商的经营方向一定要与企业的产品相一致,中间商应有经营这类产品的能力和经验。这是挑选中间商最基本的条件。

2. 中间商的经营能力

考察中间商的经营能力包括提供服务的能力、促销能力、管理能力、运输和储存能力。

(1) 提供服务的能力。服务是延伸产品,尤其是高档、技术复杂的商品。如果中间商不能提供很好的服务,则会大大影响产品的销售。

(2) 促销能力。中间商是否有能力进行广告等促销活动,是否愿意承担全部或部分促销费用,尤其是技术性能高的产品,中间商有没有懂技术的人员来推销产品等,都反映出中间商的促销能力。

(3) 管理能力。中间商的管理水平也是产品销售的决定性因素,如果中间商管理水平高,精通业务,具有开拓创新精神,它们必然会把产品销售得更好。反之,则意味着依赖它们有失去市场的危险。

(4) 运输能力和储存能力。具有一定运输能力和储存能力的中间商,才能保证在销售淡季时能适量进货,在销售旺季时不脱销。这既有利于企业平衡生产,也有利于提高销售量。

3. 中间商的信用

只有那些财力雄厚、经营状况良好、恪守信用的中间商,才能保证按时付款,而且在必要时给企业以必要的财务帮助。经营状况不好,又不守信用的中间商,则可能拖欠货款,尽量少用,最好不用。

4. 中间商的合作态度

合作态度即合作意愿,中间商的合作意愿是企业在选择中间商时不可忽略的一个重要因素。中间商合作意愿高,就会积极主动地推销企业的产品,为企业的销量作出很大贡献。中间商的合作态度在很大程度上决定了企业产品的销量。企业在选择中间商时要慎重考虑。

名人名言

市场占有率是衡量企业综合实力的唯一标准。

——盛田昭夫

中　间　商

1. 批发商

广义而言,批发商是指把商品卖给除最终消费者以外的任何购买者,是从事批发活动的个人或企业。狭义而言,批发商是指专门从事批发交易,即将商品供应给商业单位(零售商、其他批发商)用于转卖,或供应给生产单位用于生产、加工,或供应给公共事业单位、政府机构等用作事业需要的商业类型的个人或企业。

批发商可以分为两大类:

● 商人批发商

商人批发商又称独立批发商或批发商。它们对经营商品有所有权,即买下所经销的商品,然后销售出去,取得进销之间的价格差额。商人批发商按其职能和提供的服务是否完全来分类,可分为完全服务批发商和有限服务批发商两类。

● 代理批发商

它们对经营的商品没有所有权，而是为买卖双方提供交易服务，收取一定的佣金。其主要类型有制造商代理商、销售代理商、经纪商、寄售代理商、拍卖商、进货代理商。

2. 零售商

零售商是指从事直接为最终消费者销售商品和劳务的一切活动的企业。零售商处在商品流通的终点，把商品从生产领域送到消费领域。零售商既是制造商和批发商的推销者，为它们提供服务；又直接向最终消费者供应商品，给消费者提供各种购买方便。

零售商的种类大致分为以下五类：

百货商店经营范围不同的各类商店
- 专业商店
- 超级市场
- 方便商店

以廉价招揽顾客的商店
- 折扣商店
- 仓库商店
- 样本售货商店

不设店铺的各种零售商店、连锁商店
- 邮购商店
- 自愿连锁店
- 零售商合作组织
- 特许代营组织

自愿连锁店、零售组织
- 消费合作社
- 零售商合作组织
- 特许代营组织
- 消费合作社

商店群
- 城市中心商业区
- 城市交通要道商业街
- 城市居民区商业街
- 郊区购物中心

(二) 激励渠道成员

虽然生产企业和中间商的权利和义务都规定在合同中，但是企业仍需对中间商进行鼓励。

有观点认为，中间商往往偏向顾客一边，认为自己是顾客的采购者，其次才考虑供应商的期望；中间商总是想把出售的商品搭配成组，向顾客销售，而较少注意单项产品；中间商一般不按品牌做销售纪录且不注意积累有关改进产品、定价、包装及宣传推广的情报。有时还有意识地对生产者保密。生产者应当根据中间商的这些特点，考虑鼓励中间商的措施。

有的企业对中间商采取软硬结合的激励办法，先用提价、特价折扣、各种奖金、广告补贴以及展销津贴等办法给予鼓励。如果不见成效，就用减低毛利、推迟交货、缓给服务、中止合同等办法给予警告。这些方法的缺点是没有真正了解中间商，简单地套用刺激—反应模式，实际上，收益甚微。

最有远见、最先进的办法，就是与中间商结成长期的伙伴关系，使之与企业利害相关，成败与共。例如，设法使生产商的商品系列在中间商的商品构成中占有重要比重；发展分销渠道一体化，建立工商联营或联合销售等合作方式；工商双方共同规划目标市场、定价策略、利润分配、销售指标、宣传计划、存货水平、商品陈列、职工培训等工作，使工商双方密切合作，共同从扩大销售中取得更多的利益。

（三）评价渠道成员

生产者要经常以一定的标准对中间商的表现进行检查和评估。

1. 评价渠道成员的标准

销售指标完成情况、平均存货水平、向顾客交货快慢程度、对公司促销与培训计划的合作情况、货款返回的状况，以及中间商对顾客提供的服务等。

2. 评价渠道成员的方法

评估渠道成员的方法有三种。

(1) 生产者每经过一段时期把各个中间商的销售情况列表排名，进行横向比较，激励那些销售量少的发奋努力，鼓励那些名列前茅者保持声誉。

(2) 每一个中间商的销售量与前期作纵向比较，看销售量是增加了还是减少了。

(3) 根据每一个中间商所处的市场环境和它的销售实绩，分别计算出其可能实现的销售定额，把中间商的实绩与定额作比较，集中精力对那些没有完成定额的中间商进行个别诊断，予以推动。

通过以上内容，鉴别出那些对企业的销售量和利润贡献最大的中间商，以便给予这些中间商重点激励和推动。对于表现较差的中间商，要分析其原因，给予必要的帮助，或者中止合同。

二、营销渠道改进

（一）营销渠道改进的内容

1. 增减个别渠道成员

这就是决定增减渠道中的个别中间商。增减渠道成员时，需要具体考虑增减这个中间商对企业盈利有何影响以及其影响的程度。比如，有些中间商的销量很低，企业在该中间商身上的投入可能已超过它们因销售企业产品而为企业创造的利润。从企业自身的角度考虑，应该剔除这些中间商，但剔除这些中间商可能会引起渠道中其他成员的波动，打消其他成员的销售积极性；或者被剔除的中间商被企业的竞争者利用，从而削弱了本企业在这一市场的竞争力。如果在某一地区增加中间商，除增加中间商给企业带来的销售量的增加以外，企业还要考虑因增加了中间商对该地区其他中间商可能产生的影响。

2. 增减特定市场渠道

当企业的某一目标市场只通过增减个别中间商不能解决实际问题时，就要采取增减某一分销渠道的做法。如果企业规模有了急剧增加,而原来的分销渠道销售不畅,就应取消。如果企业生产规模有所压缩,也要相应减掉一些渠道。作这样的决定需要广泛地对可能带来的直接、间接反映及效益进行系统的分析。

3. 调整整个分销渠道

即企业对原有的分销体系、制度进行通盘调整。这是调整渠道决策中最难的一种,比如企业原来使用中间商,后来改为直接销售。这种调整不仅要改变原来的渠道,还会带来企业营销组合策略的一系列变动,一般应由企业最高管理机构慎重决策。

(二) 营销渠道改进的步骤

营销渠道的改进步骤可以分以下四步。

(1) 分析调整的动因。

(2) 重新界定渠道目标。

(3) 对旧目标进行评价从而决定是否需要调整。

(4) 新渠道设计与评价。

三、营销渠道冲突管理

渠道冲突是指某一渠道成员从事阻碍或者不利于其他渠道成员实现其自身的目标或有效运作,甚至损害其他渠道成员的利益等活动,从而发生矛盾和纠纷。渠道成员之间要进行合作,冲突就难以避免,这就要求企业了解冲突的类型、引起冲突的原因,掌握如何进行渠道冲突管理。

(一) 渠道冲突的类型

1. 垂直营销冲突

又称纵向冲突,是渠道内不同层次的成员之间的冲突,如零售商和批发商、批发商和生产商,生产商和零售商之间的冲突,如同一家生产商使用的零售商和批发商可能由于生产商的发货一个渠道政策而引发冲突。

2. 水平营销冲突

又称横向冲突,是同一渠道层次成员间的冲突,例如,同在一个批发商采购商品的零售商之间为了抢占市场而引发的冲突;一家超市与另一家超市之间的竞争冲突;同一连锁企业的不同分店由于销售区域的重叠、交叉导致的水平冲突。渠道内冲突是任何企业都会面临的一种冲突,而且横、纵向冲突之间经常交错在一起。

3. 多渠道营销冲突

顾名思义,是指两种或两种以上的分销渠道之间发生的冲突。如今,多渠道冲突常常发生在新旧渠道之间,如以家电行业为例,大、中、小商场及电器专营店等传统零售商与综合性连锁、家电类连锁、电器城、品牌专卖店、集团采购、网上定购等新兴销售形式并存于同一个市场,对制造商而言,就有可能选择对连锁终端的直达分销、对传统终端的代理分销、对集团采购的直接销售等多种渠道类型,必然存在渠道间的种种矛盾和纠纷。渠道间冲突可能使各渠道的获利能力都降低,也可能发展成企业和中间商之间的纵向冲突，如浙江某集团公司，在杭州使用的是大中型零售商和企业在专业市场自设销售分支机构两种渠道，这两种渠道因零售价的差异产生冲突，矛盾激化，大中型零售商要求生产商放弃专业市场，最后公司不但没有放弃专业市场，反而从几家零售商场撤出。

（二）渠道冲突的原因

1. 目标不一致

产生渠道冲突的原因很多，渠道成员之间的目标不一致是渠道冲突的主要原因之一。比如，生产商和批发商或零售商之间的利益目标不同，追求各自经济利益最大化，必然导致渠道冲突。

2. 不明确的权利和任务

生产商通过自己的销售队伍向大客户提供货物，而它的授权经销商也在努力地向大客户提供货物，有可能因销售信贷产生混乱而导致冲突。

3. 增加了新的渠道

新渠道的增加，必然会导致渠道成员之间的冲突的产生。

4. 知觉差异

知觉差异是指渠道成员之间对经济前景等的看法与态度存在分歧，例如，制造商可能看好眼下的经济前景，要求经销商备货，但经销商觉得产品会滞销。由此而产生了冲突。

5. 制造商与中间商之间的相互依赖性

经济利益与社会分工将制造商和中间商联系在了一起，使它们相互依赖，它们这种依赖关系需要相互合作。但是，制造商和中间商都力图获得最大限度的自主权，于是，它们间的相互依赖就带来了利益的冲突。

窜货管理

一、窜货的定义

窜货又称倒货或冲货，指经销网络中的公司分支机构或中间商受利益驱动，使所经销的产品跨区域销售，造成市场倾轧、价格混乱，严重地影响厂家声誉的恶性影响现象。

二、窜货的原因及对策

窜货的类型有三种：其一，同市场内部的窜货。如甲乙两个批发商相互倒货，或将货物倒出市场；其二，不同市场内部的窜货，主要是两个同级别的总经销之间相互倒货或同一公司不同分公司在不同市场上倒货；其三，交叉市场之间的窜货，即经销区域重叠。

企业如果任由窜货、低价倾销现象在渠道中蔓延，受影响的不仅仅是利润，更重要的是影响企业的声誉，甚至于会将企业送至“万劫不复”的境地。因此，企业务必采取有效的治理措施。

（一）发往不同市场的货打上不同的编码。

（二）要求经销商缴纳市场保证金。

（三）实行级差价格体系，保证渠道每个环节都有利润可赚，要充分考虑一批出手价、二批出手价、终端出手价；每一级别的利润空间设计要合理。

（四）控制促销全程，防止促销过后的降价后遗症。

（五）明确经销、代理合同双方的权利和义务，保证信守合同。

（六）设立市场总监，建立市场巡视员工作制度。

（七）建立严格的惩罚制度。

（三）渠道冲突管理

渠道冲突是不可避免的，但不是所有的渠道冲突都是百害而无一利的。一定的渠道冲突还能产生积极的作用。所以，并不是要积极地消除渠道冲突，而是要很好地管理它，下面介绍四种管理渠道冲突的方法。

1. 认同目标

建立共同的目标，使渠道成员们认清它们是个联合体，共享利益，共担风险。个人的利益并不能长存，只有团结合作，共同发展，才是长久之计。

2. 互换人员

使渠道成员之间通过经常接触，互换人员，加深对对方工作的理解，以致双方能够更加容易地理解对方的观点，减少冲突的发生。

3. 合作和联合

使渠道成员之间彼此尊重，经常沟通合作，有利于较少冲突的产生。例如，渠道成员经常邀请其他重要渠道成员参加自己的委员会和董事会，这样，在相关问题上更容易达成共识，减少冲突的发生。

4. 协商、调解和仲裁

当冲突变得日益尖锐时，冲突双方必须通过协商、调节和仲裁来解决。

协商是指渠道成员用说服的方式，使另一个渠道成员对一些重要问题的看法或者决策标准与自己达成共识。

调节是指第三方在双方已有的共同利益的基础上调节矛盾。

仲裁是指发生冲突的双方，统一把纠纷交由第三方，并接受他们的仲裁决定。

第四节　数字时代的新零售管理

一、新零售的内涵

新零售(New Retailing)是指以消费者体验为中心的数据驱动的泛零售形态。企业运用大数据、人工智能、物联网等先进技术手段,改进商品生产、流通与销售等环节,并对线上服务、线下体验以及现代物流进行深度融合,真正实现消费方式逆向牵引生产变革。2014 年是中国网上零售迅猛增长的起点,电商渠道逐步吞噬传统实体零售,门店受到巨大冲击。但 2017 年以来,中国消费者开始回归实体店,线上渠道与实体渠道之间的界限不断模糊。传统实体零售亟需迈入新零售管理时代。

二、新零售的特征

(一) 多渠道融合

线上购物虽然方便,但其仍然无法完全替代实体店的一些特定功能,如零距离接触商品、试穿和试用、现场观看商品功能演示、即买即取等,这些需求目前只能通过实体店购物实现。此外,中国消费者正在越来越多地将实体店购物体验与线上研究购买相结合。2018 年以来,在实体店内用手机搜索商品的消费者越来越多。对于在店内用智能手机研究商品的消费者来说,只要店内体验良好,超过半数的消费者会购买该品牌商品,甚至会直接在门店购买。

渠道融合在"双 11"等大促活动中对中小城市的消费者尤具吸引力。"线上购买+门店自提"是当前较流行的渠道融合模式。如果当地物流服务不佳,消费者便可前往居所或公司附近的门店体验和自提购买商品。实体渠道为消费者提供了线上享受不到的便利。然而,当供货商供货速度跟不上消费者需求,或渠道融合模式下服务体验较差时,消费者很可能放弃这种购物方式。另外,两种全渠道服务模式也悄然兴起,即店内扫描二维码查看线上信息以及差异化物流服务,如提供多件商品送货上门试穿。

(二) 门店数字化

新零售强调人、货、场组合,其中人(消费者)的体验被提到最重要位置。归根结底,门店数字化就是为了提升消费者的体验感。

门店数字化是实体与数字化相结合的一种新型零售模式。在这种模式下,很多零售商在门店内增加扫码设备、电子互动屏幕、增强现实(AR)设备等,通过交互式购物,提高企业的效率、效能,同时提升顾客体验。例如,进行商品自行扫码实现自助收银,消费者可以全程自助购物,最大化地缩减时间。京东无人超市里的感应器可以省去店员的重复工作,提高补货效率。优衣库、ZARA 店里的电子互动屏幕也可以帮助顾客搭配衣服,缩短顾客挑选货物的时间。虽然门店数字化这种新型零售模式还不成熟,但它无疑对消费者的购买决策产生了积极影响。

(三) 业态多样化

随着国家出台多种鼓励消费新模式新业态发展的措施,以及新基建和数字经济对零售业技术的赋能,零售场景越来越多样化。其中,直播电商和以微信为代表的私域流量两种新零售业态最受关注。

1. 直播电商

中国直播电商首创者蘑菇街 2016 年就在全行业率先上线了视频直播功能。随后,淘宝、各综合电商平台、跨境电商、母婴电商等纷纷加入直播行列。2020 年的新冠疫情将直播电商这一新消费方式推上了风口浪尖。截至 2020 年 6 月，中国电商直播用户规模达 3.09 亿人，网络零售用户规模达 7.49 亿人，占网民整体的 79.7%，市场连续七年保持全球第一。除了直播用户和网络零售用户规模的壮大，直播电商的主播也遍及各行各业，从早期的达人主播，到明星和知名企业家，再到如今的大小商家以及各大社交平台的大 V，都纷纷踏入直播带货领域。同时，直播带货的商品品类也日益丰富和多样化，除快消品、美妆和农产品等传统的直播商品外，旅游、理财等服务类商品也正通过直播走向消费者。

2. 私域流量

根据杭州电子商务研究院发布的官方学术定义，私域流量是指"从公域、它域(平台、媒体渠道、合作伙伴等)引流到自己私域(官网、客户名单)，以及私域本身产生的流量(访客)。私域流量是可以进行二次以上链接、触达、发售等市场营销活动的客户数据。私域流量和域名、商标、商誉一样，属于企业私有的经营数字化资产。"

与传统电商的消费流量不同，在私域流量渠道中，商家可以通过微信、支付宝或其他在线购物小程序跳过平台，直接与客户进行交流、创造流量。也正是因为相比公域流量，私域流量获客成本更低，因此，中小商家更重视对私域流量的经营，力争由此获得更大的利润。目前，生活服务及移动购物已成为各平台布局的热点领域，同时，中国互联网公司三巨头各自的平台在行业分布上也有一定差异，其中，微信小程序覆盖领域更加丰富，支付宝小程序金融及线下服务场景占比突出，百度智能小程序在移动视频行业优势明显。

思考题

1. 什么是营销渠道？它的特点及功能是什么？
2. 什么是间接渠道和直接渠道？
3. 渠道设计的影响因素有哪些？
4. 渠道管理有哪些内容？
5. 渠道改进的内容有哪些？

古代营销故事

兵马未动，粮草先行

古代军队在打仗的时候的粮草运输方式多种多样，这要看作战区域的不同来调整。粮食运输大致分为游牧民族军粮运输方式和农耕民族军粮运输方式，前者又可以分为远出纯骑兵作战、攻城作战、灭国之战。游牧民族的军粮运输大多是原地自筹以及自带一部分粮食，打下目的地后获取之后的粮食。而这两种方式大多是在远出纯骑兵作战以及灭国侵略作战的时候才会采用的方法，毕竟这两种作战都是兵贵神速，所以都是自筹或者带干粮远程奔袭，而且他们的粮食大多是晒干的肉干，所以耐饥较为轻便，省吃俭用可以用比较长的一段时间，而在游牧民族攻城之时则是驱赶羊群、牛群作为自己的粮食，随军队一起前往。这些方式常见于游牧民族攻击中原地区。还有蒙古王朝时期的作战。

第二大类：农耕民族军粮运输方式，这个大多数在影视剧中都有过接触，大致分为五类：陆运、漕运、海运、就近筹买或征用抢夺。陆运：最开始都是使用驴车、马车、牛车、羊车，还有人们用双肩生生挑到前线，当然这种方式由于消耗极大，只有在没有水运条件且国家商业不发达、国力不强盛的条件下才会用了。当然在之后发明除了手推车，陆运效率也得到了提升，一些险峻之地也可以运输粮草了。

漕运：即利用运河和河流进行运输粮草，最出名的就是隋炀帝开凿的大运河了。它为南粮北运提供了渠道，也节省了大量的成本。海运：即运用海船来运输粮草，大多适用于国家海运发达的时候，而且战事在沿海附近的时候。这以运输方式直到了宋朝才开始盛行。就近筹买：主要出现于宋朝，他们利用当时的商人遍地且国家民众物资丰足的特性，就近买商人的物质，让商人运送至指定地点，最后国家再给予商人一部分好处来实现军粮的运输。征用抢夺：这个已经不算运输了，就是饿极了或者权衡之下的方法，再者就是远攻游牧民族时军粮筹集的方法。

种世衡的“免费策略”

北宋名将种世衡，刚做官时在泥地县做知县。朝廷让他修葺当地的一座寺庙，不过经费不够。差役中有人擅长武术，就提议可以教武术收学费，以学费来补充修庙的经费。消息发出后，报名的人寥寥无几。

原来有钱人家里都请了武术教师，而穷人想学武术的掏不起学费。种世衡想了个办法，让差役剃短头发，换上僧袍，说该庙来了个外地和尚，武功高强，且愿意免费教大家武术，地点就在庙里。

消息很快传开，四面八方赶来想免费学武术的人。不过庙里砖瓦遍地，根本没有空地，差役建议想免费学武术的人，把庙收拾好了就开教。于是大家一哄而上，很快把庙宇修好。最后一算修庙宇的人工费用，远远超过教武术应收的学费。

案例分析

盒马鲜生新零售样本，驶往何方

没人知道盒马最终会变成什么样子，就像没人能说清新零售到底是什么。

进入第六年，盒马这个新零售样本仍在持续变化。

7月，盒马正式成立盒马邻里事业部，也就是盒马 NB(Neighbor Business)。在盒马事业群总裁侯毅的描述中，这并不是社区团购，“模式不一样，经营方式不一样，打法也不一样。”

盒马邻里是直营，没有所谓的团长角色，用户前一天下单，盒马连夜从中心仓配送至自提点，第二天用户自提。盒马邻里更像此前的生鲜电商呆萝卜，侯毅曾三次到访合肥求经，学习呆萝卜的模式。

2021 年 4 月，盒马邻里开出第一家店，目前在全国有约 400 家。接下来，盒马邻里将快速下沉，迅速复制。

侯毅甚至说，这将是未来十年盒马最重要的业务。当然，如果你了解侯毅，会知道这并不一定。以前他说过盒马不做前置仓模式，但后来盒马小站做了；他一度认为盒马 mini 是生鲜电商的终极目标，但被盒马邻里代替。

“我从来没说，我讲过的话能管一辈子，今年讲错了，明年再改嘛，很正常。有可能我们今天讲过的事情，过两天就会被推翻掉。市场在变化，你肯定也要变。”侯毅很坦率。

从盒马鲜生爆红算起，盒马先后推出 9 种业态，包括盒马小站、盒马 mini、盒马菜市、盒马 F2、盒小马、盒马 X 会员店等。有的仍在扩张，有的已被终止，新的还在摸索。

侯毅说过，不会把盒马预先设想好，“而是边做边改，不行就改，改了再看。”

盒马一路摸索，一路蜕变。

一、很多坑要填

变化出现在 2019 年。

当年 5 月，盒马鲜生位于江苏昆山的一家门店关闭，对于红极一时的盒马来说，这无疑是一枚深水炸弹。同时，自 2018 年年底开始，盒马的一些门店相继爆出食品安全问题与管理问题。

这与过去两年市场的追捧形成了反差。2016 年 1 月，盒马在上海金桥广场开出第一家门店。第二年 7 月，马云与阿里集团 CEO 张勇现身这家门店，并坐下来一起吃海鲜。至此，外界才知道，盒马原来是阿里的手笔。

盒马被奉为阿里新零售的样板，模仿者相继出现，美团有小象生鲜，永辉做超级物种，京东是 7FRESH。包括盒马在内，这些所谓的新物种的基本模式是线上线下一体化的生鲜超市＋餐饮，堂食大海鲜是标配。

舍命狂奔成为一众玩家的选择。盒马的节奏是“打下山头更重要”，必须把生鲜赛道先占下来。2018 年，盒马进入 19 个城市，开出 100 多家店。

进入 2019 年，随着品质、管理、关店等种种问题的出现，侯毅意识到，还有很多坑需要填。比如，全包装食品是否适合所有场景；要不要一直把大海鲜作为门店主力；餐饮与门店如何搭配；线上物流成本能否被覆盖；一种业态能否全国通用。

侯毅说，“如果这个坑你填不过的话，你只好退出这个市场。”

盒马填坑，做精细化运营，调整大海鲜、包装食品的比例，新开门店也更多在人流量密集的区域选址。侯毅解释，精细化运营是希望能回归零售本质，以盈利为目的，去审视成本到底是否合理。盒马要跟传统零售中做得比较好的企业对比，一项一项对比，看看到底哪里还有优化空间。甚至，门店装修时地砖买得是否合理这些细节都要抠。

侯毅也发现，“一套武功打天下的时候已经过去了”，针对不同区域、不同客群，需要摸索更多业态，服务更多消费场景的需求。盒马 mini、盒马 F2、盒马小站、盒马菜场、盒马 X 会员店等业态先后出现。

简单地说，盒马 mini 就是缩小版的盒马鲜生；盒马小站是前置仓模式，以生鲜商品为主；盒马 F2 类似于便利店，主打办公楼与商圈人群的餐饮；盒马菜市是以面销为核心的菜场形式电商，没有餐饮区；盒马邻里是数字化的社区购物中心。

诸多业态中,值得注意的是盒马 mini 与盒马小站。用侯毅的话说,盒马鲜生最大的弱点是规模大、投资大,对门店的要求很高。所以,盒马的发展速度快不起来,找门面很难。

2019 年盒马开始填坑之战以后,重点发展的是盒马小站与盒马 mini 两种模式。相比盒马鲜生,盒马 mini 的投资只有其十分之一左右,且门店可以从市中心扩展至近郊社区。盒马小站一般也就 300—500 平方米,成本低、速度快,甚至一家盒马鲜生就可以覆盖整个城市的前置仓成本,通过盒马小站可以快速覆盖城市。

本来,侯毅计划 2019 年盒马小站在核心城市全覆盖,比如北京至少要开几百家。但很快,新冠疫情之后,2020 年侯毅决定停止盒马小站,全部升级为盒马 mini,一些特别偏僻的或者纯粹仓储的门店退出市场。

侯毅的逻辑是:盒马小站只是一个仓,只有线上没有线下,局限性很大。此外,只有依靠促销、烧钱不断拉新,才能维持一定的销售,而且客单价低、损耗巨大,很难实现盈利。

2021 年 6 月,前置仓模式的每日优鲜与叮咚买菜先后在美国上市。上市前,两家公司均多轮融资,投资人不乏红杉、软银、老虎基金、高盛、腾讯等机构与巨头。

依据双方的招股说明书,2018—2020 年,每日优鲜净亏损分别为 22.32 亿元、29.09 亿元、16.49 亿元,2021 年一季度净亏损达到 6.1 亿元。叮咚买菜的数据是,2019 年、2020 年净亏损分别为 18.73 亿元和 31.77 亿元,2021 年一季度亏损 13.85 亿元。

在侯毅看来,盒马 mini 坪效在小站的 4 倍以上,具备了盒马鲜生的品类丰富性,线下门店还具有引流与品牌影响能力。

当然,这还远不是终点。

二、盈利不是首要问题

盒马邻里取代了盒马 mini 的重要性。

侯毅坦承,"去年认为盒马 mini 是最好的商业模式是认识不够。"盒马一直在寻找下沉的机会,但都没有找到。盒马 mini 的投资很大,无法加盟。盒马邻里投资很轻,可以充分利用盒马的物流供应链优势,更容易快速增长,实现下沉,未来也容易加盟,经营空间很大。

盒马邻里是在盒马小站与盒马 mini 的基础上出现的,继承了二者的积累与能力。比如,盒马小站的前置仓形成了活鲜的配送能力,今天盒马邻里才能送活鱼。

按照侯毅的说法,目前盒马形成了盒马鲜生、盒马 X 会员店和盒马邻里三条增长曲线。盒马 X 会员店首家店 2020 年 10 月出现在上海,主打仓储式购物,直接对标 Costco 与山姆会员店。盒马 X 会员店今年将新开十家,目标是在上海超越山姆。

背靠阿里,盈利并不是盒马考虑的首要问题。2016 年盒马首店开业之后,张勇不问盈亏,关心的是客户增长率、复购率、留存三个指标。五年过去,盒马所有业态关注的还是这三个指标。

"盒马探索新零售,这是条从未有人走过的路,面临的问题一定不会少,而且其中很多是没有人遇到过的,这很正常,这正是机遇所在,所以,我们要保持不断反思和快速迭代创新的能力。"侯毅说。

随着市场变化,盒马可能还会出现更多业态与模式。盒马也有不变的东西,其不同业态积累的能力相互叠加,盒马诸多业态背后的供应链、物流与研发体系是统一的。

盒马向蓝洞商业提供的数据显示，盒马在全国建立了冷链物流网络，有3个产地冷链仓，6个销地鲜活暂养仓，41个销地常温和冷链仓，16个销地加工中心；全国有550多个直供直销基地。

盒马也开始在多个区域自建供应链中心，首个落地武汉，预计明年初投入使用。盒马自建的供应链中心，除了仓储、包装、配送分布式作业方式，还增加了暂养、生鲜加工、中央厨房等功能。

在产品端，盒马形成了自有品牌体系，包括盒马工坊、盒马日日鲜、盒马蓝标等。数据显示，2020年盒马推出的新品超过2万款，其中的6 000多款为盒马自有品牌商品。拿盒马工坊来说，2021年前几个月，推出了1 400多款商品，一个月左右要更新超过30款熟食、面点、半成品菜。

盒马有一个20多人的研发团队，其中一半多此前都是五星级酒店的厨师。每一个创新产品都要经过反复测试，经常会超过一百次，最低限度也在三四十次。

三、最大的心结

盒马不是阿里内部自然生长出来的业务，因此早期阿里味并不浓。

2019年，盒马遭遇种种问题时，在当年的组织部大会上，张勇坚持把烂草莓奖给了侯毅。阿里组织部大会每年给各业务评奖，服务客户有卓越贡献的团队会颁发红草莓奖，烂草莓自然是做得差劲的团队。

当年3月，张勇还罕见地参加了盒马的月度经营管理会，他此行的目的当然不是谈业务，而是谈组织与文化建设。

张勇提了一个要求："以后在盒马不准叫老板，谁对谁都不要叫老板，直接叫花名，花名没有叫本名、英文名都可以。也不要叫老大，能把一个老板做成老大是不容易的，老大放在心里，不要叫出来。"张勇的意图是，在盒马倡导简单、透明、开放的文化。

当时，面对媒体，侯毅剖析了自己的性格。

他认为，自己直率，是技术专家，长板在于超强的商业能力，商品的创新和他的商业敏感有关系；缺点是在公司层面重管理、轻文化。因此，他曾经恶补各家企业文化，思考阿里文化与沃尔玛的文化，逐渐将工作重心转移到盒马的文化与团队建设。

在组织方面，盒马形成了总部、分公司、门店三层管理结构，但盒马有多种业态与模式，组织创新与人才激励是挑战。必须慎重考虑如何协调总部、分公司、门店之间的关系，既要保证销售与管理的统一性，又能给分公司充分的权力。盒马也在尝试推广门店经营制，把权力给店长，让每个门店成为好的经营者。

侯毅坦承，"要解决灵活性问题，又要解决各地差异性问题，同时还要保证总部统一管理的有效性和竞争性，这对我们来讲是很大的问题。"

组织与文化归根结底都要依靠人，侯毅一直以来的心结是人才。

"盒马这五年，我自己认为最大的挑战是没有人才。我们用了大量传统零售的人，到今天为止，还有很大的局限性。"在侯毅看来，这主要表现在，传统零售出身的人自我驱动能力不够，自我学习能力很弱。盒马要成为真正的互联网公司，需要一批知识驱动的年轻人。

新成立的盒马邻里事业部负责人龚也，美国哥伦比亚大学硕士毕业，盒马刚成立即加入，一直负责盒马供应链。侯毅特意选择龚也带队，希望在他的带领下，能够形成一支年轻的代表盒马未来的团队。

“我们希望把‘85后’的年轻人真正推到一线，给他们更多的责任，给他们更多的历练。”侯毅说。

盒马还在摸索。

资料来源：微信公众号“蓝洞商业”(ID：value_creation)

讨论题：结合盒马鲜生的发展历程，评述新零售的发展方向。

第九章

促 销 策 略

学习要点

- 理解促销决策过程;
- 了解广告媒体的选择;
- 了解销售促进的实施步骤;
- 了解公共关系的活动方式;
- 了解直接营销的各种工具。

市场营销不但要求企业提供满足消费者需求的产品、服务,制定足够吸引目标受众的价格便于销售产品,而且要求企业塑造企业自身的形象、设计并传播产品以及产品品牌,这就是一系列的促销活动。本章主要阐述广告、人员推销、销售促进、公共关系和直接营销等促销方式。

第一节　促销决策过程

一、促销的内涵

(一) 促销的定义

促销是指企业将其产品或服务信息,通过各种方式传递给目标顾客,促进目标顾客作出购买行为,扩大产品或服务的销售。促销的实质是信息传播,其传播过程如图 9-1 所示。

其中,发送者(又称信息源或沟通者)是把信息发送给另一方的人或机构。编码是把沟通内容编成符号形式的过程。信息是发送者传播的一组符号。媒体是发送者向接收者传播信息所通过的沟通途径。解码是接收者确认发送者所传递的符号含义的过程。接收者(又称视听群众或信息传播重点)是接受另一方所发送的信息的人。反应是接收者在获得信息后所作出的一系列反应。反馈是接收者向发送者传送回去的那部分反应。噪音是沟通过程中非计划的干扰或歪曲。

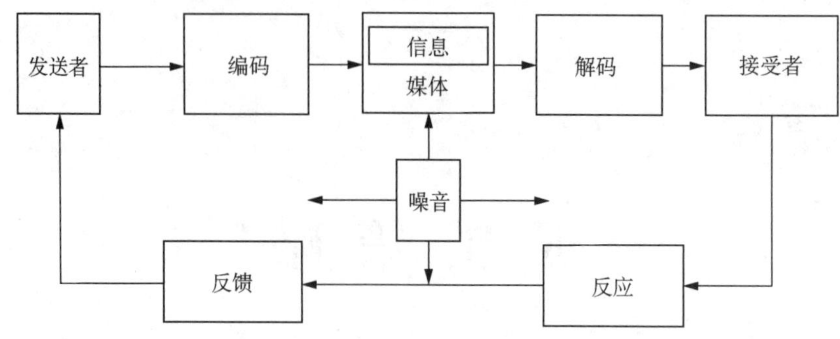

图 9-1 促销传播图

(二) 促销组合

企业可以采用的促销组合主要有以下六种。

(1) 广告。企业为扩大销售、获取盈利,以付酬的方式利用各种传播媒体向目标市场的受众传递商品或服务信息的经济活动。

(2) 人员推销。企业派推销人员直接同目标市场的顾客建立联系、传递信息、促进商品和服务销售的活动。

(3) 销售促进。企业在某一段时期内采用特殊的手段对消费者实行强烈的刺激,以促进企业销售迅速增长的策略活动。

(4) 公共关系。主要利用新闻传播的手段对企业或产品进行宣传,以树立良好形象的策略活动。

(5) 直接营销。使用邮寄、电话、传真、电子邮箱和其他非人员接触工具,争取特定顾客订货的营销体系。

(6) 新媒体营销。主要指通过微信、微博、小红书、短视频直播等方式,来传播企业产品及形象信息,促进产品销售。

各种促销工具的优缺点如表 9-1 所示。

表 9-1 各种促销工具的优缺点

	优 点	缺 点
广告	覆盖面广、传播迅速、影响力大、形式多样、相对费用低	间接性、单向性、盲目性、效果不易测定
人员推销	针对性强、双向性、直接性、灵活性、效果明确	费时、费钱、费工
销售促进	影响力大、刺激性大、效果直接	信任度低、不宜长期使用
公共关系	影响面广、易取得信任	见效慢
直接营销	迅速直达销售对象	客户数据库管理难,客户容易有逆反心理
新媒体营销	传播成本低,速度快	受年龄局限

二、促销决策的具体过程

在有效的促销传播过程中，要求市场营销人员必须作出如下决策：确定目标沟通对象、确定传播目标、设计信息、选择传播渠道、编制总促销预算。

（一）确定目标沟通对象

在传播信息之前，营销信息的传播者必须识别目标沟通对象，掌握其特点。在整合营销传播中，目标沟通对象一定是对传递来的信息感兴趣的人或者组织，他们可能是企业产品的潜在购买者或者现实使用者，也可能是消费者在购买决策过程中的主导者、决策者或影响者。目标沟通对象的确定一般是市场营销人员根据细分原理确定的。在确定目标受众的过程中，营销信息的传播者应该注意寻找与目标沟通对象可说服程度相关的个人和心理的特点。

（二）确定传播目标

在决定购买某一产品前，目标对象大多会经过认识、情感、行为三个阶段。所以，当确定了目标沟通对象后，营销人员必须确认目标对象对广泛、迅速和连续接收到的信息的认知、情感、行为反应。营销传播的目标是把目标沟通对象从他们目前所处的阶段推向更高的准备购买阶段。

图 9-2 反映的是消费者从接触外界营销信息到完成购买行为所经历的认知反应过程。其中，AIDA 是指根据消费者反应程度的不同，把消费者的购买行为划分为注意（attention）、兴趣（interest）、欲望（desire）和行动（action）四个连续的阶段。企业营销传播的目的是以下几种中的一种或组合：引起了消费者的注意、激发了他们的兴趣，刺激了他们的愿望、改变了

模式

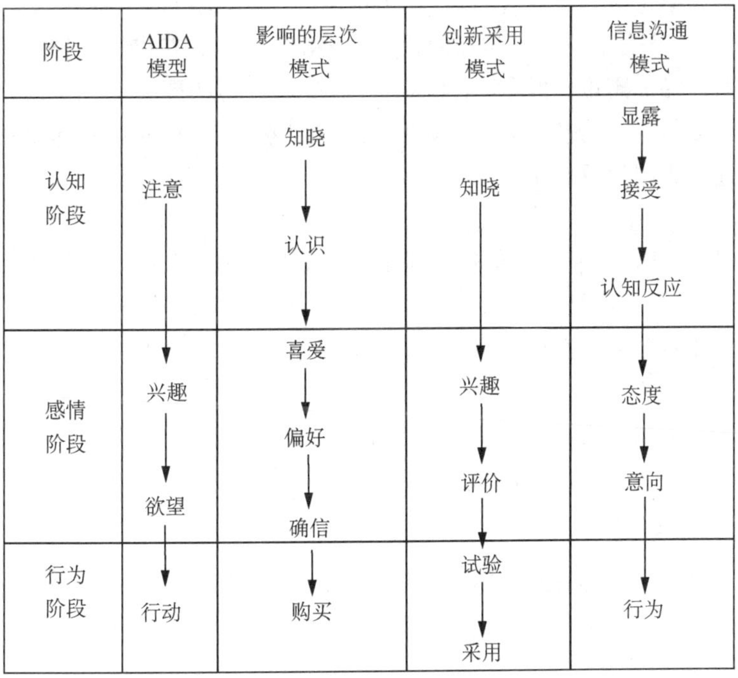

阶段	AIDA 模型	影响的层次模式	创新采用模式	信息沟通模式
认知阶段	注意	知晓 ↓ 认识	知晓	显露 ↓ 接受 ↓ 认知反应
感情阶段	兴趣 ↓ 欲望	喜爱 ↓ 偏好 ↓ 确信	兴趣 ↓ 评价	态度 ↓ 意向
行为阶段	行动	购买	试验 ↓ 采用	行为

图 9-2 消费者反应层次模式图

他们的行为或者行为意向。

在网络时代，随消费者购买模式的改变，传统的AIDA模型，逐渐转变为AISAS模型。AISAS模型是指注意（Attention）、兴趣（Interest）、搜索（Search）、行动（Action）、分享（Share）。在互联网时代，特别是移动互联网时代，搜索和分享变成消费者认知反应过程的重要节点，企业需要花更多精力在搜索和分享方面来管理营销传播。

（三）设计信息

在信息设计时，要考虑信息是否能引起目标受众的注意，引发他们的兴趣，触发他们的购买欲望。设计信息需要解决四个问题：确定信息内容、确定信息结构、确定信息格式和确定信息源。

1. 确定信息内容

企业在设计信息时，要考虑诉求问题，即企业必须了解消费者、用户或公众的想法，这样才能设计与其认知、情感和行为相一致的信息内容。一般来说，决策最佳信息内容时，企业决策人员是在寻求诉求、主题、构思或独特销售主张（USP）。它就是制定某种利益、动机、认同，或目标对象应该做某些事情的理由。

诉求可以分为理性诉求、感情诉求、道义诉求。理性诉求是目标顾客或公众自身利益要求，它们显示产品的功能利益，反应产品质量、经济、价值或性能；感情诉求是试图引起消费者某种肯定或者是否定的感情，以激起消费者对某产品的兴趣和购买欲望；道德诉求是广告信息的接收者从道义上分辨什么是正确的、什么是适宜的、什么是符合自身行为的。

2. 确定信息结构

信息结构包括提出结论、论证方式以及表达次序三个问题。提出结论是指向信息接收者提供一个明确的结论，用以诱导消费者作出预期的选择，也可以留待信息接收者自己去归纳结论；论证方式可分为单向论证与双向论证，采用哪种论证方式使广告更具说服力，取决于信息接收者对产品的态度、知识水平和受教育程度；表达次序要求在单向论证时，首先提出最强有力的论点，可以即刻吸引目标顾客注意并引起兴趣；在采用双向论证时，应考虑先提出正面论点还是先提出反面论点。

3. 确定信息格式

设计信息时，要选择最有效的信息格式来传递信息内容，表达信息结构。信息格式通常受到传播媒介的制约，比如报纸、杂志等只能用文字传播，广播等只能用声音传播。针对不同的传播信息使用不同的信息格式，使其最具吸引力。

4. 确定信息源

信息源是指信息传播的源头。信息源通常分为直接信息源和间接信息源，前者通常指产品或服务的品牌代言人；后者指的并非直接传递信息，而是靠增加广告出现的频率来吸引人们注意。

（四）选择传播渠道

市场营销人员必须选择有效的信息传播渠道来传播信息。传播渠道可以分为人员渠道和非人员渠道。

1. 人员信息传播渠道

指两个或两个以上的个人相互直接进行信息的传播，沟通，他们可能通过电话、电视媒介或者邮件等进行信息传播沟通的。人员信息传播渠道还可以进一步分为提倡者渠道、专家渠道和社会渠道。提倡者渠道由企业的推销人员组成；专家渠道由向目标对象做宣传的专家组成；社会渠道则由朋友、家庭成员、同事、邻居等组成。

2. 非人员信息传播渠道

指无需人与人的直接接触来传递信息或信息反馈的媒介。非人员信息传播渠道还包括有选择的媒体、气氛和事件。媒体主要有报纸、杂志、广播、电视、网络、广告牌、招牌等；气氛是整体配套的环境，这些环境可以产生或加强购买者对购买产品的了解以及购买倾向；事件是为了对目标对象传播特别信息而特别设计的活动，如公共关系部门安排的新闻发布会或盛大的开业典礼等。

（五）编制总促销预算

促销预算是企业用于整合营销传播活动而支出的费用，费用预算的多少关系到整合营销传播活动的实施以及所能达到的效果。在实际业务中被广泛采用的预算方法主要有量入为出法、销售百分比法、竞争对等法和目标任务法。

1. 量入为出法

是在估计了企业财务的承受能力后确定的促销预算。这种方法的优点是：使用在经济繁荣时期，可以充分利用市场机会，扩展产品市场。这种办法的缺点是：完全忽视促销对销售量的影响，容易导致年度促销预算不确定，给制定长期市场计划带来一定程度上的困难。

2. 销售百分比法

是以特定的销售量或销售价的一定比率确定促销费用。这种方法的优点是：促销费用可以因企业的承受能力差异而变动；鼓励企业决策人员依据销售成本、产品售价和销售利润之间的关系为先决条件，考虑经营决策方面的问题；有利于保持企业的竞争能力。这种办法的缺点是没有考虑到市场中的竞争因素。

3. 竞争对等法

企业按照竞争对手的大致促销费用来预算自己的促销费用。以确定自己的预算支出足以保持自己的市场份额。

4. 目标任务法

根据企业特定的目标制定促销费用。这种预算方法在理论上有较强的科学性，但是在实际业务的操作中实行难度较大。

第二节　广　　告

名人名言

如果我能重新选择职业，我想我会进入广告界。若不是有广告来传播高水平的知识，过去半个世纪各阶层人民现代文明水平的普遍提高是不可能的。

——富兰克林·罗斯福

一、广告的概述

(一) 广告的概念

广告有广义和狭义之分。广义的广告即广而告之。一切传递信息的手段和工具都称为广告。狭义的广告即营销活动中的广告，是商业性组织和个人通过一定的媒体，面向目标市场和社会公众，以公开、付费的方式宣传商品、劳务以及其他信息的促销行为。

狭义的广告有以下几个要点：要有明确的广告主，即由特定的企业或个人进行；广告要支付费用；必须通过一定的传播媒体，如电视、广播、报刊、告示等；广告必须有特定的对象，即消费者、用户及其他社会公众；广告要有明确的主题内容，即商品、劳务及其他信息。

(二) 广告的种类

广告的种类很多，根据不同的标准可有不同的分类：

(1) 根据目的分：介绍性广告、提示性广告、说明性广告、比较性广告等。

(2) 根据对象分：消费者广告、工业用户广告、中间商广告等。

(3) 根据内容分：企业广告、产品广告、产品—企业广告。

(4) 根据媒体分：报刊杂志广告、影视广告、邮寄广告、户外广告、展示广告等。

(三) 广告的作用

广告作为一种有效的企业促销手段，已成为现代社会离不开的一项活动，广告对生产者、消费者乃至整个社会都大有好处，主要表现为：

1. 传递信息，沟通顾客

广告通常涉及面广而及时，深入到社会的各个角落，渗透到千家万户。广告通过各种媒体向各种可能的顾客介绍企业和产品性能、特点，便于用户充分地挑选和购买满意的商品。特别对于新产品，通过广告可以使新产品迅速进入市场，打开销路。

2. 激发需求，增加销售

广告的最终目的在于促进销售。广告常以生动活泼的形式和丰富多彩的内容吸引人们的注意，使人们对广告的商品发生兴趣，引起欲望，诱发购买行为，从而创造需求。广告也可以使一些原来不打算购买某种商品的单位或个人产生购买愿望并采取购买行动，从而扩大产品的销售量。

3. 树立声誉，促进竞争

广告是企业花钱向社会宣誓，向消费者表态。企业要维护和扩大声誉，就要坚守信用，表了态，就要努力实现。同时，广告也是企业之间进行竞争和争夺顾客的一种重要工具，它可以促使企业尽力提高产品质量，不断创新产品，改善服务态度。

4. 介绍知识，指导消费

现代社会，新技术突飞猛进，新产品层出不穷。广告可以针对不同的对象介绍各种商品信息，指导消费者选择符合自己需求的产品。同时，通过广告对商品使用和保养知识的介绍，可以更好地指导消费者做好商品的维修和保养工作，给消费者带来方便和利益。

5. 丰富生活，造福社会

优美的街头广告、霓虹灯广告、橱窗广告，美化了环境和市容；形式活泼、内容健康的广播广告、电视广告丰富了大众的文化生活；广告业增加了国家税收，创造了就业机会，促进了相关产业的发展，推动了社会进步。西方国家，电视、广播、报纸等经费基本来自广告。我国也正向这一方向发展。欧美国家和日本的广告费支出，一般占国民生产总值的2%—2.5%。我国约占0.2%。

二、广告的目标

广告目标也叫广告功能。虽然企业做广告的总目标是促进销售，增加利润。但是，不同的广告在促进销售、增加利润中有不同的目标。

(一) 传递名声

通过广告把企业的名称、产品的名称和商标、出售的时间和地点等信息传递给消费者，使人们对此留下印象。例如，通过比赛场上出现的企业标志和产品名称，利用电视的黄金时间和报刊杂志的显要位置，借助足以引人注意的明星等方式来传播企业及产品信息。英国一家生产阿扑杜拉牌香烟的公司，与一家铁路公司合作，在车箱内“禁止吸烟”的字样下面写了一行带括号的小字：“连阿扑杜拉也不许。”这就是一个以显露为目标的广告。

(二) 增强认识

让顾客进一步了解商品的性能和特点，对产品有较多的认识，获得消费上的指导。

(三) 改变态度

主要用于改变顾客对产品的态度，从怀疑到肯定，从不满意到欣赏，促使用户下决心购买这种产品。如有的广告天天做，每天反复做，目的是不断强化，改变人们的旧有态度，坚定人们的购买决心。

(四) 促进销售

每种广告的目的都有销售的因素，只是有的表露得更明显一些。在1990年北京第十一届亚运会期间，广东健力宝集团公司以1 500万元的巨资大做广告，掀起了亚运健力宝浪潮。“健力宝”占据了几乎所有最佳的广告位置，大出风头。在随后召开的全国糖酒秋季交易会上，健力宝集团一举赢得8.5亿元的订单。健力宝集团公司总经理李经纬在回答新闻界的提问时自豪地说，如果有谁还对由1 500万元掀起的亚运健力宝浪潮不理解的话，这8.5亿元订单已经说明了一切。

三、广告的设计

为使广告取得预期效果，除了恰当地选择媒体，制定好广告预算外，还要精心设计和制作广告。

(一) 广告设计的基本要素

广告作品一般由主题、创意、语言、形象四个要素组成。

(1) 广告主题。是广告的中心思想和基本观念，主要根据不同产品及不同的广告对象确定。广告主题最重要的是突出产品对买主的利益。不同的广告主题决定了不同的广告表达方式。对此，有人提出以下原则。如表 9-2 所示。

表 9-2 广告主题与表达形式

有关内容	广告主题	表达形式
关于产品	产品本身 产品比较优势 产品售价较低 产品的资料 产品的一般性能 产品的突出特点 产品的附加用处	直接报道 引起联想 与其他产品比较 示范 静物 渲染 比喻
关于消费者	为消费者提供服务 节约费用、时间等	现身说法 提供证据
其他	企业对社会的责任	情感、理性

(2) 广告的创意。这是表现广告主题的构思过程，是指创设意境和塑造形象的过程。一个好的广告创意就是一个创造，一个发明。广告创意是一种艺术创作，要有新构思、新格调，要新奇、独特、别致、引人入胜。不能人云亦云，雷同他人。好的广告创意，不仅能激发消费者的购买欲望，还要能取得良好的社会效果。国际广告协会曾经提出过“优秀广告”的五条标准：给消费者一种愉快的感觉；显示出首创、革新、改进的精神；展示产品及服务的真正优点；有明确的质量承诺；有潜在的推销力量。

(3) 广告语言。广告语言要生动、有趣、亲切、幽默、易理解、有感染力和说服力。

(4) 广告形象。运用语言艺术、绘画艺术、音乐艺术，塑像艺术，装潢艺术等。通过图案、声像、色彩、造型等表现出来。

(二) 广告设计的原则

(1) 广告内容要真实。广告内容一定要实事求是。广告内容的真实性不仅关系到生产厂商、批发商、零售商以及广告媒体单位的信誉，而且关系到消费者的实际利益。任何欺骗性的广告虽有可能取效一时，但最终会引起广大用户的反感，只能导致企业失去信誉甚至失败。

(2) 广告主题要明确。要特别强调企业产品对顾客的特殊利益，并联系企业的市场策略和产品生命周期来决定广告的内容。例如，不同市场中的客户对自行车的需求及购车动机不同，广告主题就不同。自行车在国际市场上做广告时，应当强调自行车是一种良好的健身工具。在国内市场，对城市顾客应当突出造型美观、轻便灵巧，对农村市场应侧重宣传自行车的载重能力和耐用度。同时，不同的消费者群具有不同的偏好和习俗，对广告中人物的选择、动物的运用、颜色的配制以及语言搭配都要符合广告对象的特点和要求。

(3) 广告的设计要新颖。广告不但是一种宣传，而且还是一种艺术。广告应当给人以很高的艺术享受，使公众得到启发，受到感染。广告构思要不断创新，力求独特，既能指导消费，又能丰富人们的精神生活；广告语言要生动、有趣、幽默；形式要多种多样；图案要美观大方；色彩要和谐明快。

(4) 广告思想要健康。广告的内容和形式必须健康向上，切忌运用低级趣味的东西来迎合一些不健康的要求，达到推销产品的目的，而应该反映健康的时代特色和道德风貌，传播精神文明。

(5) 广告效果要明显。广告效果是广告设计的落脚点，在设计时必须考虑到。要达到好的效果，广告设计必须做到四步：第一步，引起注意，只有引起注意，才能达到广告宣传的目的。广告的制作要通过色彩和音响的刺激、图案和色彩的对比以及中心突出的构图，力求引起顾客的注意。第二步，诱发兴趣，要通过广告语言、氛围、造型，通过强调产品优点，引发消费者的关注和好奇心。第三步，激起愿望，广告设计要从理智和情感触动消费者对某一产品的需求，诱发其购买动机。第四步，诱导行为，必须使消费者深信企业的产品确实可满足个人需求，并使其态度倾向于广告提示，从而诱导其购买行为。

四、广告媒体的选择

广告所发出的各种信息，必须通过负载到一定的媒介载体上才能传达到消费者。广告媒体是在广告主与广告接收者之间起媒介作用的物体。现在，广告媒体越来越多，几乎把所有的物质、手段、空间甚至名人都用来做广告了。广告媒体有五大类传统媒体。

(一) 报纸广告

其优点包括：覆盖面积大，读者稳定、广泛；可长期保存，如遗忘或过后需要，可以查找翻阅；广告制作简便、灵活，成本低；可信度高。

其缺点在于：广告有效时间短，注意度差；不能形象地表现产品外观。

(二) 电视广告

其优点是：能综合运用各种广告艺术表现手法，直观、生动，形声兼备；覆盖面广，深入家庭；信息传递迅速。

其缺点是：电视画面有瞬时性，广告信息不易留存；广告费用高；针对性不强。

(三) 杂志广告

其优点是：选择性强，增加了广告的针对性；时效长，易于保存；版面集中，印刷精美，表现力强，能提高广告的感染力。

其缺点是：发行间隔期长，实效性差；因专业性强导致传播范围有限。

(四) 广播广告

其优点是：传播速度最为迅速；传播空间最为广泛；制作简便，成本低廉。

其缺点是：听众过于分散，广播时间短暂；注意度低；内容不够形象具体，只闻其声，不见其形；信息不易留存。

(五) 网络广告

网络广告是广告业中新兴的一种广告媒体形式。店铺可通过两种主要方式做广告：一是建立公司自己的网址；二是向某个网上的出版商购买一个广告空间。

1. 网络广告的优点

随着时代的发展，网络广告的优势越来越明显，主要表现在以下几个方面：

(1) 网络广告可以根据更细微的个人差别将顾客进行分类，分别传递不同的广告信息。

(2) 网络广告是互动的。网上的消费者有反馈的能力，广大消费者渴望及时得到信息，因此，互动式广告要求广告把要说的信息作为与受众“对话”的一部分层层传递，一旦个人开始对起初的信息感兴趣，广告商就转向下一步骤，传递专门针对此人的信息。

(3) 网络广告利用最先进的虚拟现实界面设计来达到身临其境的感觉。网络广告所提供的虚拟现实世界，会给受众带来全新的体验。

(4) 网络广告的用户构成是广告商们愿意投资的因素。这些用户多是学生和受过良好教育的人，平均收入较高。最成功的网址有办法留住回头客，同时又不显得过于商业化，为了使自己的网址更具有吸引力，一些公司自己成了网上出版商。

2. 网络广告的缺点

(1)网络广告的范围还比较狭窄。(2)价格问题。

五、广告预算

美国纽约最大的百货公司创造人对他自己的公司做广告是很坚定的。但是，广告对公司销售究竟有多大作用，他也不知道。他曾说，我明知广告费里有一半是浪费的。由此可知，制定合理的广告预算，对企业是非常重要的，又是困难的。

(一) 广告收益递减律

根据国内外企业多年来利用广告宣传的经验，广告的费用效益有一定的规律，称为广告收益递减律，其具体内容是：广告以前，企业也总会有一定的销售额；在广告以后，销售额就会随广告费用的增加而逐渐大幅度地增长；当这种增长达到一定程度后，尽管广告费用持续增加，销售额的增长却逐渐减缓。原因是市场已趋近饱和，市场对产品的需求总是有一定限度的。

(二) 广告预算的方法

1. 销售额百分比法

是按照企业或产品销售收入的百分比来制定广告预算的方法，一般是按照预期或上期实际完成的一定百分比提取。一般而言，生产资料的百分比来制定广告预算的方法，一般而言，生产资料的百分比低，消费资料的百分比高。国外，不少企业以销售收入的 3%—5%作为广告费用，有的高达 30%。我国企业一般大大低于这一数字。

这种方法的优点是，广告费用与销售收入保持密切关系，简便易行。缺点是倒果为因，忽视了广告对销售的主要促进作用。本应销售额不理想时要多做广告，但现在销售额越少，广告费也越少。

2. 目标任务法

根据目标任务制定广告预算。首先确定企业广告所要达到的目标。其次，决定达到目标所要做的广告工作。最后确定广告费用。这种方法有逻辑性和系统性，但费用不易控制。

3. 力所能及法

是企业按照自身财力来确定广告费用的方法，能拿多少钱就做多少广告预算。这种方法简便易行，但无长期规划，缺乏稳定性。一般是财力不雄厚的中小企业采取这种策略。

4. 竞争对等法

按照竞争者的情况决定广告费用，与其大体相当。

$$本企业广告预算=\frac{竞争者广告预算}{竞争者市场占有率}\times 本企业期望的市场占有率$$

这种办法：采用同行业的惯用广告标准，有一定合理性。但由于各企业情况不同，也容易形成攀比广告，引起广告战。

（三）广告预算的分配

在广告总额预算确定以后，就要制定预算分配方案。包括：

(1) 在不同媒体之间分配。广告常常是多种媒体配合使用的。

(2) 在广告管理系统的各环节分配。如调研费、制作费、媒体传播费、控制管理费等。

(3) 在不同目标市场的不同地区之间进行分配。

(4) 在不同产品之间进行分配。

广告预算分配要统筹安排，突出重点。

六、广告效果的评估

常用的广告效果评估方法有两种：一是广告预试法，二是广告测验法。

（一）广告预试法

这种方法是在广告公之于众以前，邀请专家和顾客对广告样本进行评价，以便改进和择优选用。具体做法有：

1. 直接评价法

请专家和目标顾客对样本进行直接评价。可对广告的吸引力、注意力、辨认力、理解性、记忆性等方面进行评价。

2. 邮寄广告检查法

将要预试的广告缩印后寄给目标顾客，请被测人员回答后寄回。这种方法排除了相互干扰和环境影响，成本低。但准确性低，收回率也低。

（二）广告测验法

主要测验销售效果和传播效果。

1. 销售实绩法

广告发布一段时间后，调查销售量的变化。

$$广告效果比率=\frac{销售额增加率}{广告费用增加率}\times 100\%$$

同一地区销售量增长短时间内很难测定。为确切起见,可将不同地区的销售量进行比较。如甲地做广告,乙地不做。或甲地多做,乙地少做。

由于广告具有滞后性,加之销售量是各种因素影响的产物。因而,单纯测试广告对销售量的影响有困难。

2. 询问调查法

广告播出后,发生兴趣的购买者就会来询问厂商,可调查向有关经销商询问的人次来衡量广告效果。

3. 注意度测定

通过打电话或发调查表的方法调查测算广告的收看率、收听率或阅读率。目前,许多国家在一些电视观众的遥控器上安装记录器,该仪器记录观众在何时间观看哪个电视台。企业可凭记录,估算多少人看到了这项广告。

4. 记忆度测定

通过抽样调查和典型调查等方法,测定广告观众或听众对广告主要内容的记忆情况。如产品名称、企业名称、商标、产品特点、销售地点等。

5. 理解度测定

测定消费者在收看、收听广告后,对企业和产品有何认识,是否同广告设计者所想的一致。

6. 购买动机形成测定

这是一种直接检查广告效果的方法。目前,很多企业已采用,如在产品包装中附有用户调查表,询问顾客如何知道、为何挑选本产品等,或在购买时请顾客当场填写,或请顾客寄回。

名人名言

不要过度承诺,但要超值交付。

——戴尔

第三节　人员推销与销售队伍管理

人员推销是企业派推销人员或委托推销人员向中间商或目标顾客介绍、推广、宣传、销售产品,使其采取购买行为的促销方式。

人员推销是最古老的促销手段。远在小商品经济时代,商人沿街叫卖、上门送货就属于人员推销的性质。在商品经济高度发达的现代社会,人员推销这种古老的形式更焕发了青春,成了现代社会最重要的促销方式。尤其是在生产资料的销售中,人员推销占有更重要的地位。

名人名言

推销活动真正的开始在成交之后而不是之前。

——吉拉德

一、推销人员的工作职责

(一) 情报工作

推销人员要搜集本公司各类顾客和竞争对手的特点的情报,了解并掌握本公司以及竞争对手的战略和政策,及时反馈顾客的有关情报。

(二) 销售工作

推销人员要懂得如何在一定的条件和环境下做好销售工作,利用搜集到的情报,制定合适的销售计划,以及利用有效的方法拟定有效的销售渠道等。

(三) 服务工作

推销人员必须从顾客的需要出发,站在顾客的立场为顾客着想,顾客除了对产品的需要外,肯定还有对与产品相关的服务的需要,如运送服务,售后服务等。因此,满足顾客的服务需要,是推销人员不可推卸的工作职责。

(四) 宣传工作

将本公司的产品和服务信息直接传递给客户,做好公司与顾客间的桥梁工作,为销售工作打好基础。

二、销售队伍的设计

销售队伍的设计对企业来说至关重要,销售队伍的好坏直接影响到产品的形象。推销人员是企业与消费者联结的纽带,一方面,对消费者来说,推销人员的形象就是产品的形象;另一方面,销售人员又可以从消费者身上获得对企业许多有用的信息。因而销售队伍的设计对企业的作用不言而喻。

(一) 销售队伍的目标

企业需要在销售前仔细确立期望销售队伍要达到的目标。目标定下来,才可以进一步地制定销售队伍的结构。

(二) 销售队伍的结构

为了更有效地发挥销售队伍的作用,必须对推销人员进行合理地组织。一般可以按区域、产品、顾客及这三个因素的结合来设计,下面介绍三种销售队伍的组织结构。

1. 区域推销结构

这是一种最简单的推销组织。它规定每一个推销员专门负责某一区域的推销。这种组织结构的好处是:

(1) 推销人员责任明确,有利于激励推销员努力工作。

(2) 有利于推销人员与目标市场建立良好的关系,便于推销工作连续开展。

(3) 相对节省往返旅途费用开支。这种组织结构最适合于那些同质产品及目标市场大致相同的企业。如果企业产品的种类多,推销人员需要用较长时间来适应,推销工作就会变得十分复杂和费力。

2. 产品推销结构

这是按产品线来组织的推销结构,推销员负责一种或一类产品的推销工作。这种组织结构的最大好处是推销员熟悉产品,能更好地满足目标客户的需求。这种组织结构适宜于产品技术性强和产品种类繁多的企业。但这种结构会出现多个推销员向同一顾客推销产品,很不经济。

3. 顾客推销结构

即企业按照顾客的类别分配推销人员,如产业类别、用户规模、个别公司等、这种组织结构的好处是:有利于推销员深入了解顾客的需求,有的放矢,建立友谊,提高工作效率。这种组织结构适宜于集中的目标顾客。否则,会增加推销费用。

4. 复式推销

当企业在广泛地区向很多不同类型的顾客推销产品时,运用复式结构。包括区域-产品结构、区域-顾客结构、产品-顾客结构、区域-产品-顾客结构。在这种情况下,一个推销员往往要对几个产品经理和几个部门同时负责。管理协调难度大。

三、销售队伍的管理

(一) 销售代表的选拔和培训

1. 销售代表的素质

人员推销的关键是销售代表。销售代表的素质直接关系到推销绩效以及企业的形象。一般说来,推销人员应具备以下素质:

(1) 高度的敬业精神和良好的品格。销售代表肩负着联系企业和消费者的重任,并且要不断地创造新顾客。因此,销售代表应热爱本职工作,对企业和产品有高度的热诚,有坚忍不拔的进取精神和扎实的工作作风。销售代表的工作往往困难重重,环境艰苦,因此,销售代表要有坚定的信念、勤劳的习惯、任劳任怨的精神和克服困难的勇气。由于销售代表工作的特殊性,要求销售代表襟怀诚实、不谋私利、乐于奉献。

(2) 富有爱心,服务精神好。销售代表一方面是企业的代表,另一方面也是顾客的顾问。既要为企业推销产品,又要为顾客购买提供可行的建议,是企业与顾客的桥梁。销售代表不应只考虑企业的利益,而应更多地想到顾客的要求与困难,想顾客之所想,急顾客之所急,帮助顾客获取利益。只有这样,才能促使顾客购买,同顾客建立深厚的友谊,有利于企业的长远发展。

(3) 求知欲强、知识面广。丰富的知识是销售代表做好推销工作的重要条件。一个好的销售代表必须有旺盛的求知欲,善于学习推销工作所必备的知识。这些知识主要包括:①企业知识。熟悉企业的历史及其在同行业中的地位;熟悉本企业的经营特点、经营方针以及企业产品种类、服务项目、企业的定价策略、交货方式、付款条件及保管方式等。②产品知识。了解产品的性能、用途、价格以及竞争者产品的情况等。③用户知识。了解用户的购买动机和购买习惯、采购条件、方式和时间以及谁掌握购买的决定权等。④市场知识。了解目标市场的供求状况，了解竞争企业的现状等。⑤应掌握市场营销的原理与实务，学习心理学、经济法等知识，掌握必要的推销技巧。

（4）要有良好的个性。举止适度、谦恭有礼、仪表端庄、态度从容、热情诚恳、性格外向、思维敏捷、善于判断、谈吐文雅、口齿流利、平易近人、不卑不亢，这些都是一个出色推销员所必备的个性品质。

2. 销售代表的选拔

由于对销售代表的要求比较高，因此，选拔销售代表人员显得十分重要。企业营销管理者的重要任务之一，就在于识别人才、选拔人才。

销售人员的选拔，可选自企业内部，也可对外公开招聘。一般地说，企业内部人员熟悉企业的政策及经营计划，已具有企业产品技术知识，能较快地适应工作，迅速扩充销售力量。

选拔的过程一般包括以下几个步骤：

（1）表格筛选。通常由应聘人员先填写应聘表格，包括年龄、性别、教育程度、健康状况、工作经历等基本项目，据以判断是否符合候选人的基本条件。符合条件的可进入下一步。

（2）笔试。主要考察应聘者的文化程度、产品技术、营销知识、外语等基础知识。成绩合格者可进入下一步。

（3）面试。主要了解和测试应聘者的口才、风度、工作能力、推销态度、反应灵敏度、对问题的理解力、面临窘境的处置方法、知识的广度和深度等。在这一阶段配合一定的心理测验是必要的。

3. 销售代表的培训

现代销售代表是一批知识渊博、锐意进取的专家。企业对新选拔的销售代表要进行一定时间的系统培训，对原有的销售代表也要进行轮训。培训内容一般应包括：

（1）企业的历史、战略目标、职能机构、财务状况、主要产品销售地区、企业的主要设施等。

（2）本企业产品的生产情况、技术情况及产品的功能。

（3）目标顾客的不同类型及其需求特点、购买动机和购买行为。

（4）竞争者产品的地位和营销措施。

（5）推销技巧、良好品格、责任心、事业心、公共关系、人际关系等。

（6）推销工作的程序、如何合理地分配时间、有效地使用推销费用、尽可能多地接触客户等。

（二）销售代表的评价

企业营销管理人员必须对推销人员的工作业绩建立科学的评估、考核制度，以此作为分配报酬的依据。

1. 建立推销员定期报告制度

由于推销工作的特殊性，企业必须建立推销人员定期报告制度。推销员撰写定期报告，有利于加强对推销员的管理，促进推销员自觉地提高自己的业务水平，而且有利于企业系统地掌握市场动向，提高企业的市场决策能力和经营水平。同时，管理者必须对报告作出及时反应，才能使报告制度坚持下去，并发挥应有的作用。

推销员定期报告制度的主要内容有：工作计划、访问进度报告、费用报告、新顾客报告、失去顾客报告、一般营业情况报告、市场调查分析报告等。上述报告的内容十分丰富。为节省撰写时间，企业应事先拟出一份表格，便于推销员填写。

对推销员业绩的科学评估，首先需要阅读和分析推销员的定期报告。

2. 推销员业绩评估标准

可供企业选择的销售业绩标准的主要计算公式如表 9-3 所示。

表 9-3 销售业绩标准计算公式

项目	公式	项目	公式
销售计划完成率	$\frac{\text{实际销售额}}{\text{计划销售额}}\times 100\%$	顾客平均销售额	$\frac{\text{实际销售额}}{\text{销售额顾客总数}}\times 100\%$
销售额增长率	$\frac{\text{本期销售额}}{\text{前期销售额}}\times 100\%$	新顾客销售额比率	$\frac{\text{新顾客销售额}}{\text{实际销售额}}\times 100\%$
销售数量完成率	$\frac{\text{实际销售数}}{\text{前期销售数}}\times 100\%$	老顾客销售额比率	$\frac{\text{老顾客销售额}}{\text{实际销售额}}\times 100\%$
销售价格保持率	$\frac{\text{实际销售价}}{\text{计划销售价}}\times 100\%$	平均访问销售额	$\frac{\text{实际销售额}}{\text{总访问次数}}\times 100\%$
销售毛利润率	$\frac{\text{销售毛利润}}{\text{实际销售额}}\times 100\%$	平均每日访问次数	$\frac{\text{实际销售额}}{\text{销售额顾客总数}}\times 100\%$
销售费用率	$\frac{\text{直销费用}}{\text{实际销售额}}\times 100\%$	访问成交率	$\frac{\text{成交件数}}{\text{总访问次数}}\times 100\%$
欠款回收率	$\frac{\text{本期回收金额}}{\text{本期应收款额}+\text{本期销售额}}\times 100\%$	顾客意见发生率	$\frac{\text{顾客意见总数}}{\text{销售额顾客总数}}\times 100\%$
欠款回收效率	$\frac{\text{回收次数}}{\text{催收次数}}\times 100\%$	新顾客开发率	$\frac{\text{新顾客增加数}}{\text{访问新顾客数}}\times 100\%$
人均销售额	$\frac{\text{实际销售额}}{\text{销售员总数}}\times 100\%$	老顾客保持率	$\frac{\text{本年老顾客销售额}}{\text{上年老顾客销售额}\times\text{本年增长率}}\times 100\%$

3. 推销业绩评估方法

(1) 横向比较。即推销员之间的比较，综合运用各种指标比较不同推销员一定时期的业绩。当然，这种比较必须建立在各城区市场地销售能力、工作量、竞争环境、企业营销组合大致相同的基础上，否则，可比性较低。

(2) 纵向比较。即同一推销员过去和现在工作实绩的比较。这种评估方法有利于衡量推销员工作的改善状况。

一般情况下，应将两种方法综合运用，客观公正地评估推销员的工作业绩。

4. 推销人员的报酬

(1) 薪金制。即固定工资制。优点是：销售部门对销售人员能够灵活指挥、调度，可以统一安排推销人员的工作；推销费用容易控制；推销人员有固定收入，有安全感，能比价认真地完成填写销售记录工作。

(2) 佣金制。即从销售额中按一定的比例提取佣金。这种方法的优点是：收入与工作成绩好坏成正比例，能激励推销人员辛劳苦干，提高业务能力。这种方法的缺点在于：营销部门对销售人员的管理、调度和控制较难；推销人员缺乏安全感，因此，对企业极为有用的工作报表、销售情况记录、市场动态以及售后服务等事务性工作，不能很好地完成，从而影响企业长期的营销业绩。

(3) 混合制。即同时采用薪金制和佣金制的报酬制度。由于有部分固定薪金，推销人员必须按规定做好市场调查、市场预测和销售技术服务等方面的工作。这种方法兼有上面两种的优点，是企业对推销人员使用最普遍的一种报酬制度。

第四节　销 售 促 进

一、销售促进概述

(一) 销售促进的含义

销售促进又称营业推广、促销，是指在一个比较大的目标市场中，为了刺激购买者需求而采取的能够迅速产生购买行为的促销方式。它是由一系列具有短期诱导性的战术性促销方式所组成。

(二) 销售促进的特点

1. 优点

第一，刺激需求的效果明显。许多销售促进手段有某种吸引力，似乎告诉顾客这是失不再来的一次机会，购买该产品可以得到额外的好处，可以打破顾客对购买某种特别商品的惰性，起到立竿见影的效果，比较快的提高销售额。这实际上暗含了一个行为主义心理学的道理："刺激—反应"。即消费者通过强烈刺激，就可以做出某种迅速购买的反应。二是销售促进所花经费较少，而在局部市场中收益却很大。

2. 缺点

销售促进的缺点是较易引起误解。由于销售促进的很多方法都呈现强烈的吸引氛围，有些做法显出卖者急切出售商品的意图，可能有损于商品的形象。如果频繁使用某种方法或使用不当，很可能使消费者产生逆反心理，使消费者怀疑其产品质量、价格或品牌。

二、销售促进的方式

销售促进的形式多种多样，变化较快，而且不断有所创新。根据目标市场用户和促销任务的不同，销售促进有以下三种不同的基本类型。

（一）对消费者的促销

通常是现场鼓励购买的措施，目的在于通过各种方式的诱导，刺激消费者立即采取购买行动。具体方法有：

（1）赠送样品。向消费者赠送样品，让其试用。企业有目的地选择一些用户，通过他们的使用和宣传，打开产品销路。赠送样品是介绍新产品最有效的方式，费用也高。

据报道，上海市有一年出生的数以百计的婴儿，离开产院回家后拒绝吃沪产鲜牛奶或国产奶粉，一吃就腹泻过敏，有的甚至连母乳都不愿吃。他们患了非进口奶粉不食症。其原因是，一些国外奶粉推销商，为了打开国内销售市场，用馈赠形式搞促销，向一些产院赠送进口奶粉。由于进口奶粉质量高于国产奶粉，又是免费，所以各产院都乐意接受。吃惯高质量进口奶粉的婴儿，对国产奶粉和鲜牛奶产生了排斥反应。这种促销方式既增加了产品的知名度，又使消费者对其产品产生了依赖。

（2）代价券。即给持有人一个证明，证明他在购买某种商品时可以享受一定的优惠。代价券可以，附在商品之中，或印在报纸广告上，或凭借某种有效证件购买等。例如，教师节期间，教师可以凭借工作证到某商店购买某种商品，可享受优惠；“六一”儿童节，某点心店给儿童的优惠券；“三八”妇女节，妇女可凭代价券优惠购买某种化妆品。

（3）赠送印花。按每次购买金额的多少，商店给予一定数量的交易印花，当印花累积到一定数量时，就可以以优惠价格购买商品或兑换某些商品。

娃哈哈果奶在销售时，其包装内附有一张纸片，上面分别印有十二生肖中的一种动物图案，当消费者将十二生肖图案组合集全后，可得到奖励。儿童为了集全十二生肖图案，就不得不断地购买娃哈哈果奶，这无疑会大大促进销售。

（4）附赠礼品。赠送购买者小礼品。有时单独设立附赠台，也有的直接将礼品置于商品包装中。例如，“家家乐”儿童食品袋中附赠小玩具，有的小朋友购买“家家乐”更主要的是想得到玩具。

（5）有奖销售。顾客在购买一定金额的商品后获得一定数量的奖券，开奖后，凭中奖券享受一定实物或现金的奖励。《中华人民共和国反不正当竞争法》规定：经营者不得从事下列有奖销售：①采用谎称有奖或者故意让内定人员中奖的欺骗方式进行有奖销售；②利用有奖销售的手段推销质次的商品；③抽奖式的有奖销售，最高奖的金额超过 5 000 元。

（6）以旧换新。消费者凭商品换取或者优惠购买新商品。口香糖的创始人美国人里力想出一个奇招：回收口香糖纸。孩子们为了多得糖纸，就动员大人也大嚼口香糖。这样，大人小孩一起嚼，口香糖居然被“嚼”成了畅销世界的热门货。

（7）发现质量问题进行奖励。

陕西省大同市肉制品厂，采取种种措施提高肉制品的数量和质量。从 1989 年起，该厂在一些报刊和电视上做如下广告：“凡买到本厂生产的劣质（有杂质、异味、夹生等）肉制品者，除退回本金外，还可以得到 10 倍的奖金”。一个顾客在一大块熟肉中切出一小块骨头渣，得到了 300 多元的奖金。另一个顾客在火腿中发现一小截猪毛，领了 120 元奖金。在 1989 年和 1990 年的两年中，他们共售出 7 000 多万元的近万吨熟肉制品，只发了 10 000 余元这种奖金。为消费者负责的决心，大大促进了消费者的购买，同时，也大大促进了产品质量的提高，为企业带来了好的经济效益。在熟肉制品市场竞争十分激烈的情况下，他们产品畅销于华北地区。

(8) 廉价包装。商品不变，包装便宜，则商品价格低。往往在包装上注明减价数额和减价原因，以刺激讲求实惠的消费者购买。

(9) 保值销售。当人们怀疑商品将减价而不愿意购买时，商店保证如在一定时间内减价将退还多付的钱。

(10) 现场示范、商品现场实地介绍产品用途、性能和使用方法，显示商品的作用和优点，吸引消费者购买。

另外，如退换自由、商品保鲜、买一送一、各种服务、保证折价优惠、分期付款等都属于对消费者的促销。

(二) 对中间商的促销

通过各种优惠条件，刺激中间商大量进货及提高购销效率。

(1) 交易折扣。包括现金折扣、数量折扣、季节折扣。

(2) 促销津贴。包括广告津贴、陈列津贴等。

(3) 退货自由。特别是残次品和易损品。

(4) 组织竞赛。对中间商及推销人员组织推销竞赛，并进行奖励。

(5) 中间商名单推广。在做广告时，指出中间商的名单，以便购买。实际上也是为中间商做广告。

(三) 针对推销人员的推广

面对本企业推销人员，通过采取奖励性激励措施，刺激推销人员积极开展推销活动，导致更大的销售量。常采用的措施有红利提成、有奖竞赛、接力推销等。

三、销售促进的实施步骤

销售促进大多是临时的促销活动，这种活动的特点是声势大、手法新、吸引力强，容易形成轰动效应，并能引起媒介关注，从而成为热点。企业销售促进的实施步骤如下：

(一) 确定促销的目标

这主要是要明确营业推广所要激励的对象及企业的销售目标。具体包括两方面的目标：

(1) 明确为谁推广，是针对消费者、中间商还是针对推销员。

(2) 明确推广什么产品以及要达到的销售目标。

(二) 选择销售促进的工具

销售促进的方式层出不穷，五花八门，企业要根据促销目标、竞争环境、各种促销方式的费用和效率以及各种销售促进工具的特点、成本、经济效益等来进行选择。

(三) 制定销售促进方案

1. 刺激的规模

确定销售促进的规模时，需要考虑企业成本与效益的最优相对比例，销售促进的规模不宜过大也不能太小。

2. 参加者的条件

控制提供优惠条件对象的数量，以此来排除不可能成为该产品消费者的个人。当然，在实际操作中，参加者的条件不能太苛刻了，不然会影响市场占有率。

3. 促销信息和利益的发配途径

促销信息传播可以通过电视，报纸、杂志广告，巴士广告，路牌广告，包装，人员发散等。选择一种适合企业的发配途径，对销售促进的成功与否起着相当大的作用。

4. 促销时机的选择

促销时机的选择，即合适选择进行销售促进为最佳时机。有时要考虑天气因素，考虑当时的环境条件。

5. 促销时间的长短

促销时间的长短也要控制好，时间太长，消费者会觉得是产品滞销、质量下降等原因；时间太短，又不能起到刺激消费的作用。

6. 促销活动预算

销售促进方案的最后一步，也是企业最需要严格控制的一步。

(四) 效果评估

为了改进销售促进的方法，需要对销售促进的结果进行评估。一般的方法有：比较销售促进前后销售额的变动情况；顾客调查，其中包括顾客的现场反映、顾客的构成、顾客的建议、评价等；考察原定销售目标的实现程度。

第五节 公共关系

一、公共关系的内涵

公共关系(Public relations)也称公众关系，是一个组织与公众间为了增进信任和理解而进行的各种交往的总称。具体地讲，指一个组织为改善与社会公众的联系状况，增进公众对组织的认识、理解与支持，树立良好组织形象而进行的一系列活动。

二、公共关系的作用

公共关系作为一门经营管理的艺术，它有着非常重要的作用，主要表现在以下五个方面。

(一) 收集信息

企业运用公共关系收集相关信息，主要包括：(1)产品的形象信息，它包括公众特别是顾客对产品的价格、质量、性能、用途等方面需求的信息，以及对该产品评价和改进的建议等。

(2)企业的形象信息,它包括公众对本企业组织的评价,如机构是否健全、设置是否合理、人员是否精简、运转是否灵活、办事效率如何等;还包括公众对企业管理水平的评价,如企业的经营是否科学合理、生产计划是否完善恰当、市场预测是否科学准确、定价是否合理、人事管理是否恰当等。(3)企业内部公众信息,包括职工的期望评价以及企业外部环境如政治、经济、文化、科技等方面的信息。

(二) 咨询建议,为企业决策提供参考

对进行分析、整理,可以了解企业的决策及其效应,并及时向企业决策者提出合理化建议。公共关系的内容涉及企业知名度、可信度的评估与咨询,公众的心理分析咨询,企业方针政策方面的评估与咨询,有利于企业决策目标的确立,有利于获取准确及时的信息,同时反馈方案实施效果的信息。

(三) 信息沟通,创造良好的舆论氛围

将企业有关信息传递给特定的公众对象,为企业创造良好的舆论氛围。信息沟通的任务包括:争取建立公众对本企业的良好印象,可以招揽人才,筹措基金;建立自己独特的风格,如企业的产品名称、商标等;在企业遇到问题的时候,如果是公众对本企业的误解或他人的陷害,要及时纠正对企业不利的公众舆论,如果是企业自身危害公众,要及时提出改进措施并公布于众,避免扩大不良影响,使恶劣影响减到最小程度。

(四) 交往沟通,有利于协调关系

企业是一个内外相互联系、相互作用的开放系统,所以,交往沟通显得异常重要。通过交往,有利于实现信息沟通,从而使企业内部关系、外部关系以及内外关系得到协调。

(五) 培训引导,教育公众

公共关系通过细致广泛的劝服性教育和优惠的赞助性服务来引导企业的意识与行为。对于内部公众而言,有利于使职工重视企业的整体形象;对于外部公众而言,有利于使社会公众对企业的行为产生认同。

三、公共关系的活动方式

企业公共关系的直接目标是协调企业内部关系,树立良好的社会形象。一方面,企业要在生产中创造名牌,以优质产品树立形象;在经营中重合同,守信用,诚实、热忱地对待有关客户。另一方面,企业需要广泛地开展公共关系活动,提高企业的知名度和美誉度。企业的公共关系工作应该作为一件经常性的大事来抓。不少企业都设有公共关系部,它们承担了企业的公共关系的基本职责。

(1) 广泛收集社会各界对企业经营方针、产品质量、服务水平、人事政策、环境保护等方面的意见和要求,及时向领导反映并提出改进措施,提醒领导早日落实。

(2) 建立社会公众接待制度。友好地接待任何来访人,反复耐心地听取他们的要求,迅速礼貌地答复来电、来信。最大限度地消除公众对企业的不满和怨言。公关人员必须树立公众永远正确的观念。

(3) 建立与社会各界的联系制度。经常向政府机关、社会团体、中间商提供有关情报资料,介绍企业的经济和经营情况,争取他们的理解,并通过他们宣传企业。

(4) 拟定宣传方案,编写宣传材料,定期向新闻媒介投稿。通过广播、电视、报纸、杂志、网络等宣传企业精神,宣传企业的好人好事,宣传企业的社会贡献。

(5) 同有关专家学者、有名望的人士交朋友,请他们撰写有关产品特点和性能的文章。这比付费广告更有可信度。

(6) 积极主动地与企业的协作单位(功能性公众)建立友好关系,比如供电局、工商局、环保局、银行、原材料供应单位、中间商等。

(7) 做好本企业职工的公共关系工作。建立企业文化氛围,优化企业环境,提高企业职工的素质;激励职工爱厂如家、以厂为荣、全心全意地为顾客服务,主动向社会宣传企业成绩和优点,增强员工对企业的凝聚力。

(8) 积极参与社会活动。企业是社会的一分子,在主要从事生产经营活动的同时,也应积极参与广泛的社会活动,在广泛的社会交往中发挥作用。

(9) 组织宣传展览。指企业组织编印宣传性文字、图像材料、拍摄宣传音像资料等,组织展览活动。通过展览,向社会公众宣传企业历史、企业成就、企业技术实力、企业名牌产品等,使社会各界认识企业、理解企业,从而达到树立企业形象的目的。

(10) 策划组织企业公共关系主题活动。通过公共关系主题活动,传播企业信息,促成公众与企业之间的互相理解,影响和改变公众的态度和行为,建立良好的企业形象。

四、公共关系的实施步骤

要做好公共关系工作,应坚持“四步工作法”。

(1) 公关调查。这是做好公共关系工作的基础。通过各种调查方法,对组织面临的内外公众(包括政府部门、新闻媒介、消费者、内部员工和股东、社会团体等)作定性和定量分析,就企业和组织的社会环境、社会舆论、公关状况发展趋势等进行研究,提出公关中的问题。

(2) 公关策划。这是确定公共关系计划和方案的阶段。有关部门及其决策者在公关机构的咨询和参谋下作出决策,根据实际情况,由公关部门或有关机构制定出组织的公共关系目标,并制定出组织的公共关系计划。公共关系目标体系分为长期目标、近期目标和短期目标。长期目标是围绕企业长期目标的要求而制定的公共关系具体实施目标,如年度工作目标。它根据每年度的日常工作、定期活动、专题活动的内容确定,对一年的公共关系工作有实际的指导意义。短期目标是针对某一具体公共关系活动而制定的最近目标。公共关系目标实现的顺序是传播信息、联络感情、改变态度、引起行为。公共关系计划的编制为公共关系提供了工作蓝图、策略技巧和进度安排。制定一个尽可能完整而周密的公共关系计划或行动方案,是公共关系工作的一个重点。

(3) 公关实施。公共关系过程实际上是一个传播过程,组织与公众之间是通过传播媒介沟通的。采用和传播公共关系信息是公共关系的核心工作。在实施与传播阶段,公共关系机构协助组织及其决策层运用公共关系的各种专业技能和手段,利用各种媒体和丰富多彩、新颖别致的公关专题活动,取得计划的效果。

(4) 公关评估。通过公众的信息反馈,总结和评估前阶段公关工作的效果和情况。要判断某项公关活动的成效,就要运用调查研究的方法,收集公众的各种信息,进行科学、严肃、认真地比较、分析、鉴定,以测定活动的实施效果,并准确及时地将分析结果以正式评估报告的形式反馈给企业的决策层,使企业及时修改公关计划,改进工作,调整公共关系战略。

以上四个步骤是统一的有机体,缺一不可。“四步工作法”是长期公关实践探索和总结出的公共关系的基本规律,需要在公关工作中认真遵循。

第六节 直接营销

一、直接营销的内涵

直接营销协会(DMA)给直接营销作出的正式定义为:“直接营销是一种互动的营销体系,它运用一种以上的广告媒介,可以在任何地方实现某一可测定回复或(和)交易。”

直接营销具有很多优点:对顾客而言,直接营销的形式多样,内容丰富、有趣,购买起来也比较方便,可以享受及时购买,节约了时间;对营销者而言,直接营销,成本较低,效果较理想,有了一定的体系后,操作起来也比较便利。

二、直接营销的主要工具

直接营销的主要工具有直邮营销、目录营销、电话营销、电视直复营销、电台、杂志、报纸直接邮寄、网上营销、定制营销、销售访问、购物厅营销和数据库营销等。

1. 销售访问

比如安利、雅芳、玫琳凯等公司就直接聘用专职直销人员,将公司的产品交给这些直销人员代为销售。也有很多公司、拥有自己的销售队伍,这些销售人员的作用是访问潜在客户,并将其发展成为客户。

2. 直邮营销

直邮营销是借助邮件直接向目标市场传递产品或者服务信息,以实现销售目的的营销活动。随着通讯业的发展以及快递、空运速递等行业的猛增,直邮营销被广泛地运用。

3. 目录营销

目录营销指公司向消费者派送或邮寄商品目录手册,传递产品或服务方面的信息,实现产品销售的活动。商品目录手册含有大量图文并茂的产品或服务信息。有的公司为了达到宣传的目的,经常会在邮寄时附上商品的小样,开设免费热线电话回答顾客的各种问题。

4. 电话营销

这是通过电话销售产品或服务的直销工具,由于现在电话的普及,有越来越多的公司采用电话营销的手段，直接联系客户，传递商品信息，达到促销的目的。

5. 电视直销

电视直销通过无线电视网和有线电视频道传递信息促进购买，其具体形式有三种。一是电视广告，这种广告长度通常为60秒—120秒，电视广告的一个主要特点便是通过理性诉求进行说服。顾客可以通过拨打免费电话来订购其需求的商品。二是家庭购物频道，这种有线频道一天24小时连续不断地播放。这种形式经常会提出某种产品或服务较低的价格，顾客可以通过拨打免费热线，第一时间购买到该产品或服务。第三种形式是视频信息服务，它是一种双向装置，通过电缆或者电话线联结消费者的电视机和销售方计算机信息库。消费者只要装上一种专门的装置，就可以直接订购商品。

无论是哪种形式的电视直复营销，它们都会在传播信息后附有直销商的免费咨询电话，一般还会有截止的优惠销售时间，用来刺激消费者消费。

6. 数据库营销

菲利普·科特勒对顾客数据库作过如下解释：顾客数据库被用于有组织地收集关于个人顾客或预期顾客的综合数据，这些数据是当前的、可接近的和营销目的所用的，它引导产生名单、审核资格、销售产品或服务，并维持客户关系。

数据库营销将数据库技术和分析技术与直接营销方法结合起来，对现有与潜在的顾客进行系统的数据收集与全面分析，以达成直销商长期的营销目标。直接营销的数据库不同于一般的顾客邮寄单。在顾客邮寄单中仅有关于顾客的姓名、地址、电话、邮编等一般信息，而在顾客营销数据库中不仅包含上述顾客的一般信息，更含有现有及潜在顾客的人文经济特征、爱好、心理及购买历史状况等方面的系统而又全面的信息。

直销商可以通过对数据库资料进行数据分析，将顾客细分成不同部分。根据各细分部分的资料，则可在恰当的时机采用恰当的营销方法，给顾客提供及时的服务，同时又将顾客的反应再度存入数据库，如此这般循环，直销商要做的不仅是销售产品或服务，更是要通过创造顾客满意，培养品牌忠诚。

第七节　数字时代的新媒体营销

在数字化浪潮的影响下，移动设备、社交媒体、数字视频快速兴起，这一变化除了对消费者购买行为产生影响，也深刻地影响了企业的营销方式。

一、新媒体营销的内涵

新媒体(New Media)是一个相对的概念。相比电视、广播、报纸和杂志四大传统媒体，随着网络技术和数字技术的发展而兴起的其他媒体都可称为新媒体。有学者认为，凡是利用数字技术、网络技术，通过互联网、宽带局域网、无线通信网等渠道，以及计算机、手机、数字电视机等数字或智能终端，向用户提供信息和服务的传播形态，都可以看作新媒体。

新媒体营销是指利用新媒体平台进行营销的方式，在这一产业链中，MCN(多频道网络，即网红孵化器)机构挖掘、培养 KOL(关键意见领袖)，而后 KOL 作为主体，在社交平台、内容平台、短视频平台等新媒体平台上开展内容化营销活动，满足广告主、营销服务商的营销需求。

二、新媒体营销策略

新媒体营销策略的本质是融合各大平台的优势、开展多平台整合营销，借助内容传递和社交属性达到强化营销效果的目的。

(一) 内容传递策略

依据新媒体平台营销内容的传递特征，商家会采取不同的营销策略。中国新媒体营销开展的主要平台大致分为三类：社交平台、视频内容平台和具有内容社区频道的电商平台。

1. 社交平台

以新浪微博、微信等为代表。在这类平台中，内容扩散性强，营销信息呈现度深，熟人裂变能力强，KOL 通过图文、公众号软文、内容长图等形式引发讨论，消费者参与度较高，容易打造话题并推动营销内容的传播。

2. 视频内容平台

以哔哩哔哩、抖音、快手等为代表。这类平台生活化、泛娱乐化内容属性较强，内容展现模式多元化，用户需求多以日常休闲为主，KOL 或 UP 主将品牌或商品的宣传信息融入视频内容，通过推荐和测评的方式，借助粉丝效应，向用户传递营销信息。

3. 具有内容社区频道的电商平台

以小红书和淘宝等为代表。这类平台的用户具有较强的购物需求，平台通过内容分享布局消费属性，KOL 在分享推荐或直播展示中融入品牌或商品信息，借助自身影响力，提高转化率，同时提高消费者的决策效率。

(二) 社交电商策略

中国消费者每天花费在移动互联网上的时间超过 7 个小时，在这 7 个小时中，约有 2/3 的时间都花在社交或内容应用上。社交媒体、KOL/KOC(关键意见消费者)和朋友等对消费者决策过程和购买行为的影响越来越深入。除了传统的 KOL 和 KOC 将客户引导至电商品牌店的社交电商策略，又兴起了 4 种新型社交电商平台，这 4 种平台融合了不同的社交属性，从而推动了品牌的销售。

1. 社交引流型平台

这种营销策略注重客群的培养，KOL 和 KOC 通过丰富的内容和互动加强消费者参与度，从而将消费者引导至新兴的电商平台或品牌商店，这部分消费者通常具有较高的品牌忠诚度。

抖音、小红书是典型的社交引流型平台。美食和生活博主李子柒的做法是平台引流应用的典型例子。她通过发布传统生活和烹饪艺术视频，建立了庞大的粉丝基础，而后开始经营同名的传统中式包装食品品牌，同时推广第三方品牌食品，并通过其经营的天猫网店将上述商品直接卖给关注者。李子柒在2019年的产品销售额逾一亿元人民币,她的成功证明了将社交内容转化为商业成果的力量。

2. 社交砍价型电商

在这种模式下,现有顾客每带来一名新增客户都可享受更低的价格,对于电商平台来说,社交砍价不仅加深了与老顾客之间的关系,同时也通过激励社交分享行为捕获了更多价格敏感的潜在顾客。

拼多多是典型的社交砍价型电商平台。在这一平台上,很多品牌都通过社交折扣成功地吸引了大量消费者。例如纸巾品牌植护,在拼多多平台,只要消费者能够凑齐足够多的朋友一起购买,它就为消费者提供比同行低30%的价格,从而在短短两年内成长为中国四大纸巾品牌之一。同样,美妆品牌韩束也通过为拼多多平台的团购提供高达40%的折扣,成功实现了滞销或即将过保质期库存的清理。

3. 社区团购/S2B2C(大供货商-渠道商-顾客)

这种营销策略是改进后的数字化直销模式,品牌通过平台销售,平台则通过奖金或佣金激励消费者和小企业向朋友圈或社交圈销售产品。值得关注的是,消费者和个人销售的激励机制从长远来看是一把双刃剑,一旦激励机制不再起作用,这种营销策略的效果将大打折扣。

在S2B2C模式下,以会员制的云集为例,平台销售精选的高性价比产品,平台和团长完全在线上运营。在社区团购模式下,例如兴盛优选的日用品平台,团长通常是线下住宅社区中心的小店老板。品牌和平台可以将商品直接批量发货给小店主,后者进一步将商品分销给更广泛的客群。可见,这种模式大大降低了品牌的物流成本,目前,其已成为小金额商品(如生鲜农产品)的主要线上销售模式。

4. 社交DTC(顾客直达)

这种模式下,品牌和KOL/KOC在品牌运营的微信群中直接与消费者互动,并通过品牌自有平台或微信小程序实现销售转化。

美妆品牌完美日记是这一策略的最大受益者之一。完美日记的销售几乎全部都在线上,微信群和小程序的社交DTC运营是其管理消费群体的核心环节,约占销售额的1/4。完美日记通过将会员拉入微信群,让其积极参与品牌管理的虚拟形象、生活内容和美容窍门等活动,创造品牌与会员之间的双向互动。得益于强大的社交DTC运营能力,完美日记在三年时间内就成为化妆品领域的新兴头部玩家。

三、新媒体营销中KOL/KOC的作用

随着新媒体营销的兴起,品牌开始与各大社交平台的网红联手,一起提升品牌认知度。这些网红可能是具有较高知名度、拥有大量粉丝的名人和KOL,也可能是拥有适量粉丝的KOC。

对于品牌来说,KOL/KOC的影响力极强,能够创造强大的“粉丝经济”,选择与企业匹配的KOL/KOC,是提高品牌形象和知名度的有效途径。同时,他们也是产品接受市场检验的第一道关卡。对于粉丝来说,KOL/KOC具有一定的权威性,他们通常不直接宣传品牌或

产品，而是将推荐或测评融入图文、视频或直播中，表达真实的感受。相比品牌自己的营销宣传，消费者对 KOL/KOC 传播的营销内容信任度更高。

本章小结

有效的市场营销传播沟通，要求市场营销人员必须作出如下决策：确定目标沟通对象、确定传播目标、设计信息、选择传播渠道、编制总促销预算。

广告有广义和狭义之分。广义的广告即广而告之，一切传递信息的手段和工具都称为广告。狭义的广告即营销活动中的广告，是商业性组织和个人通过一定的媒体面向目标市场和社会公众，以公开、付费的方式宣传商品、劳务以及其他信息的促销行为。

销售促进又称营业推广。是指在一个比较大的目标市场中，为了刺激购买者需求而采取的能够迅速产生购买行为的促销方式。它是由一系列具有短期诱导性的战术性促销方式所组成。

公共关系，也称公众关系，是一个组织与公众间为了增进信任和理解而进行的各种交往的总称。具体地讲，指一个组织为改善与社会公众的联系状况，增进公众对组织的认识、理解与支持，树立良好组织形象而进行的一系列活动。

直接营销是指卖方和卖方之间进行直接交易的行为。没有中间商的接入，直接营销通常能获得直接的效果。是一种直接的信息交流，融合了商业目的信息交流。

思考题

1. 什么是促销？简述促销组合中各种工具的优缺点。
2. 广告设计的原则是什么？
3. 合格的销售人员应具备哪些基本条件？
4. 简要阐述企业销售促进的实施步骤。
5. 公共关系有哪些活动方式？
6. 简要分析直接营销的主要工具。
7. 分析新媒体营销的主要策略。

古代营销故事

汉代女名人也做“促销女”

现代广告喜欢使用漂亮的女明星代言做广告，古代亦然。过去女性喜欢用的一种叫玉搔头（也叫玉挠头）的首饰，能得以流行，便与一位汉代名女人有关。

汉武帝刘彻的宠妃李夫人很漂亮，她喜欢用玉簪修饰发型。有一次刘彻去看望李夫人，他走近李夫人身边时，取下李夫人的玉簪挠头发。此事传出后，宫妃纷纷用玉料来打制簪子，希望获得皇上的宠幸。玉挠头由此在汉代流行起来，玉料的价格因此成倍上涨。

此故事见于《西京杂记》“挠头用玉”条。玉价成倍上涨，或是玉器商人利用了当时李夫人受宠故事大做广告的结果。

李夫人的“代言”行为，严格说起来并不具备真正的商业广告性质。但在汉代，女明星、女名人参与商业活动确已不新鲜。

汉代餐饮业已很繁荣，街头酒店受到普通消费者的欢迎。这时的酒店经营者颇有创意，在店前面垒起高台，即所谓的垆，然后把大酒坛子放置于垆上，还让一名漂亮的女子站在旁边，以吸引眼球。这样的女子在现代叫促销小姐。当时名声远播的大才女、大富商卓王孙之女卓文君便曾当过“促销女”。

《史记·司马相如列传》记载，当年大才子司马相如与当时17岁的卓文君私奔后，为了谋生，在四川临邛盘了一家酒舍，开了个小酒店。司马相如洗盘子，卓文君则站到店前的酒坛旁边揽生意，“文君当垆，相如涤器”的典故由此而来。

“文君当垆”虽然是不得已而为之，却是古代女明星参与商业活动的经典案例。现代流行的女星为某一品牌的商品站台，无非是“文君当垆”的现代版。

孟洛川营销策略——按质论价，分层获利

孟洛川名继笙，字洛川，山东省章丘市旧军镇人，著名商人。孟洛川的祖辈为地主兼商人。1869年，18岁的孟洛川开始经商，到北京负责庆祥、瑞生祥等企业的经营，从此一生掌管孟家企业。他在瑞蚨祥向以“货真价实、童叟无欺，按质论价，分层获利”为原则，经营方法主要有以下四点。

(1) 精品高档独占市场。凡为少数人所需要的珍贵商品，一般小字号无力经营，大字号又因积压资金而不肯经营的，瑞蚨祥往往依靠自己雄厚的资金，千方百计地搜罗，居奇牟利。1930年以前，北京、天津的皮货中4 000—5 000元一件的貂褂、1 000余元一件的海龙领子，最好的金丝猴、玄狐、窝倒、白狐、白狐崽等稀有皮货，常常是瑞蚨祥所独有。济南由于这些珍贵的皮货销路不好，一般不备，但600余元一件的葡萄肷，400余元一件的海龙领子则为瑞蚨祥所独有。在绣货中，清代高级官员的服装，别家难寻，瑞蚨祥则应有尽有。民国以后，一些名演员如梅兰芳、荀慧芳等人所用的舞台幔帐、桌椅绣花披垫、门帘等，也多委托瑞蚨祥代办。

(2) 定机货。瑞蚨祥对于一些高级绸货都有定织货，谓之定机货。定机货质量高于一般，如熟罗最好的为11丝，而瑞蚨祥的定机货则有13丝、15丝的。又如纺绸，一般是用四合成丝织，而瑞蚨祥的定机货是用六合成丝织，而且用的是上等丝，花样品种也多。1921年前后，绸货中有一种“漳绒”很流行。原先是大团花，有些陈旧，瑞蚨祥便改为小团花，很受顾客欢迎。瑞蚨祥还独创了一种“高丽纳”，是用好洋绉或物华葛作表，中加衬绒，以白布为底，用丝线纳成。这种货是专供上层人物在秋冬之交做衣服用的。这些定机货质量高，花样新，售价高，因别家没有而独占市场，获取的利润也就十分可观了。

(3) 自染色布。瑞蚨祥后来虽是以销售高级商品而著名的商店，但其布匹的销售在各店中仍占一定比重，布匹的销售额在营业总额中始终占优势。瑞蚨祥对各种色布也极力经营。1930年以前，机器染厂还不发达，阴丹士林等色布还很少，绸布业(包括批发店)所经营的各种色布都是自买白布交手工染坊加工染色出售。瑞蚨祥为了创自己的牌子，获得垄断

利润，在各个时期都采用优良布坯，购用最好的染料，委托染坊加工精染，加盖自己的印章。从不为贪一时之利，与同业竞一日之长，而轻易更换布匹与染料。瑞蚨祥从来都是坚持选用名牌，用优质染料加工精染，绝不以次充好。瑞蚨祥所售各种色布都具有不褪色的特点，特别是青蓝色布与众不同，尤其是在农村有很高的信誉，很多地方的农民非瑞蚨祥的布不买。瑞蚨祥在这些地方有着很大的市场。白布属大路货，利润不能隐藏。瑞蚨祥就把它作为与同业竞争的手段，价格定得很低，利润不过百分之几，有时甚至亏本。而自染的色布由于质量高于一般市货，利润高达12%—15%，瑞蚨祥则垄断了市场。

(4) 货真价实。瑞蚨祥从不采取大减价、大甩卖、大赠送、打折扣等一般商家所采取的促销方式。瑞蚨祥极少甚至从不靠刊登广告来宣传自己。但瑞蚨祥不登广告并不是不注重宣传，它另有一套宣传方式。主要的是对顾客童叟无欺、态度和蔼、殷勤招待、量布放尺，让顾客自己去宣传。

案例分析

完美日记立体式数字传播

一、国内化妆品市场状况

自2010年以后，我国的化妆品市场不断地扩增，近十年以来，一直保持相对稳定的趋势增长。放眼全球，中国已然成为全球第二大化妆品消费国，化妆品年产值仅次于美国。国内化妆品企业中，市场占有率排名前三的均为一线国际品牌。但国内化妆品企业众多，多数还是以中小企业为主，一般中小企业的产品主要占据三、四、五线以下城市的市场。对于这些中小企业来说，产品想要在二线以上城市占据一定地位，短期内有一定的困难。

二、完美日记发展历程

2017年3月，完美日记(Perfect Diary)正式成立，推出淘宝店，是广州逸仙电子商务有限公司旗下品牌。作为这届国货美妆中影响力最大的“出圈者”，完美日记的成绩有目共睹：三年时间跑出40亿美元估值；去年“双11”力压MAC，成为十一年来首个登上彩妆榜首的国货品牌。从品牌正式成立到公司登陆纽交所上市，年收入从6亿元增长至52亿元，完美日记只用了三年。这个速度也让“完美日记”式打法一时成为业界竞相效仿的对象。

完美日记致力于探索欧美时尚趋势，同时结合亚洲人群的面部和肌肤特点，用心为新生代女性研发一系列高品质、精设计、易上手的彩妆产品。

完美日记品牌定位为生活态度品牌，品牌核心价值围绕“时尚、分享”，倡导对待自己和对待他人的生活理念：热爱时尚，尝试更多自我角色的演绎，因多变而美丽，实现自我突破；乐于分享，提倡人与人之间更亲切的交流及互动，感悟惊喜，传递乐趣。“平凡中彰显个性、个性中寻求变幻、变幻中享受精彩”！完美日记品牌遵循“今日女生、明日女人”的品牌定位。

三、完美日记立体式数字传播

2017年，大多数美妆品牌还在沿用线下铺货加传统媒体广告的模式，完美日记则选择了从社交媒体上发家，完美日记让人们再次感受了社交媒体的“造神”力，也让人们看到了美妆品牌在广告、代言、线下渠道之外的另一渠道——做美妆品牌，从玩转社交媒体开始。

那时候的小红书还不是今天的“国民种草机”，但完美日记恰恰抓住了社交媒体兴起的红利，采用KOL、KOC、素人全面带货的模式，完美日记在招股书中论述自己优势的时候，也花了大量篇幅去论述这一块。

当然，完美日记的阵地不止于小红书，其对抖音、微博等各大社交媒体都做了全面的覆盖。截至2020年9月30日，完美日记已经与近15 000个KOL进行了合作，其中有800多个是百万粉丝级的。

截至2021年9月23日，小红书上与完美日记相关的笔记超过33万篇，相关商品超过600件。正因如此，完美日记2020年11月上市时也被称为“小红书第一股”。在小红书搜索完美日记，有“29万+”的种草笔记，而国货前辈卡姿兰、玛丽黛佳也就只有“3万+”。所以，你知道一个起初没有线下店的完美日记，是为何能做到人人皆知了吧。

与小红书互相成就的完美日记自己也早已是大V了，如今完美日记的小红书粉丝已达到195万，而国际大牌们呢，雅诗兰黛20万、欧莱雅28万，完全不是一个量级。

同时，完美日记还是玩转粉丝经济的好手，比如在在偶像练习生大火的时候，曾推出了朱正廷同款小黑钻，5万件一经上线立马抢空，可以说对粉丝的应援心理拿捏得死死的。

此外，完美日记在私域流量方面也做得很好，“小完子”形象开路，用微信群把粉丝进一步运营起来，一来借助微信群做新品首发推广，二来通过福利进行裂变获客，这样一来，用户粘性又得以增强。

跨界联名是完美日记的另一大杀手锏，另一个以性价比著称的品牌，前不久我们谈到名创优品上市，也提到两家品牌同样深谙此道。不过相比之下完美日记的联名策略更加卓越一些，一开始就跳出了那些国际知名卡通形象的范畴。

从最早与时装设计师和时装周秀场联名，到后来首创与博物馆联名。2017年、2018年先后与Pom&Co、Masha Ma、大英博物馆等进行联名。

2020年3月，其又和discovery探索频道推出十二色眼影盘(俗称动物盘)；6月与大都会艺术博物馆推出联名口红；9月与中国国家地理联名推出16色眼影；今年2月和李佳琪的狗never合作推出了小狗盘；3月又和奥利奥推出饼干气垫……

不只是借力知名IP，完美日记还在逐步打造自己的IP矩阵，比如“小完子”已经作为独立品牌进行了备案；卸妆水白胖子上市的时候，白胖子这一形象也被做成了表情包。

从饭圈到时尚圈、文化艺术圈，再到萌宠和国潮，完美日记可以说是全面覆盖了，如今又赶在上市前宣布周迅成为其首位全球代言人，这意味其将进一步打入主流市场，从学生党、职场小白走向更具消费力的人群。

四、完美日记的隐忧

1. 产品研发投入有限

完美日记目前在产品创新方面的发力似乎还不够，其招股书显示，2018—2020年研发费用率均不超过1.27%，尽管2021年Q1和Q2的研发费用率有所增长，分别为1.92%和2.3%，但与同期72.1%和63.8%的营销费用率相比差距明显。另外，根据国家企业信用公示信息系统，完美日记成立三年以来取得了38项专利，而且还都是外观专利。

2. 营销费用高启

2018年、2019年及2020前三季度，逸仙电商的毛利率分别为63.5%、63.6%及63.1%。但欧莱雅在2019年和2018年的毛利率分别为73.0%和72.8%，比逸仙高出了十个百分点。根据2021年Q1财报，完美日记实现营收14.4亿元，净亏损高达3.2亿元；到了Q2，营收微涨到15.3亿元，净亏损则进一步扩大到3.9亿元，矛头都直指高营销费用率，2021Q1、Q2的营销费用率分别为72.1%和63.8%。完美日记曾引以为傲的DTC打法(直接面向消费者的营销模式)，可以通过用户运营，从目标人群的视角建立品牌和客群的持续互动关系，但随着一季季财报披露，“烧流量换销量”的弊病逐渐显现，其DTC客户数量增长乏力，被指流量趋近天花板。

当流量越来越贵，完美日记代表的互联网品牌阵营需要支付的营销费用水涨船高，能给品牌引入的流量增量却越来越有限。部分用户表示已经开始麻木，完美日记们频繁的雷同操作下，对它们请的KOL和明星代言人“傻傻分不清”。

上文中提到的“15 000+”KOL、联名各个都是要砸钱的，反映在数据上，逸仙在2018年、2019年、2020年的前9个月，营销费用分别为3.093亿元、2.093亿元、20.338亿元，占整体费用的比例分别为48.7%、41.3%、62.2%。60%是什么概念，欧莱雅在去年上涨了60%的情况下，这个比例也仅为20.3%。再对比逸仙0.8%的研发占比，这62.2%就显得更为刺眼了。

3. 重资产的线下店

完美日记在广州落地第一家实体店后，截至2020年9月30日，已经在全国90多个城市开出200多家体验店，单今年大半年就开了163家，惊人的拓店速度带来将近2亿元的巨额支出，而同期线下门店并没给完美日记带来太多收入，其90%的收入仍然来自线上渠道。

确实如逸仙所说，线下店能增加与消费者的互动、提供个性化服务，但这样一个重资产模式所要付出的代价也是很大的，且对于完美日记也提出了更加综合的能力要求，如选址、铺货、陈列等。

4. 竞争者的模式复制

在内忧之外，还有外患，完美自己在舍命狂奔，竞争者们也没闲着，花西子、橘朵、colorkey……还有更多的品牌在复用完美日记的模式快速成长。完美日记选的是眼影盘，其它的品牌和明星单品有花西子的空气散粉、Colorkey的空气唇釉、橘朵的单色眼影……大单品一经选出，便合作KOL/KOC，发力小红书、抖音等平台，截至目前，上述品牌在小红书上都有几万甚至十几万篇笔记，而且都非常钟情于薇娅、李佳琦等头部主播的直播间。KOC、KOL还不够，给品牌找明星代言人也是必须走的一步。Colorkey找孟美岐、迪丽热巴；橘朵的代言人是黄明昊、章若楠；花西子更是官宣过五位代言人，分别是杜鹃、时代少年团、鞠婧祎、周深、阿朵。

其中，花西子应该是完美日记最强劲的对手。有数据显示，2021年5月份，花西子的GMV超过完美日记，其爆款的月销售量达45万，是完美日记爆款TOP1的两倍。而且，自去年9月李佳琦成为花西子的首席推荐官后，更是开口不离花西子，在其推荐下，花西子的散粉、雕花口红都被推成了爆款，2021年1—7月，李佳琦总共直播118场，其中的45场华西子都参与过。这样强劲的对手，也是够完美日记焦虑的了。

另外，化妆品大牌资生堂、欧莱雅、雅诗兰黛等也迅速切入数字传播领域。在发力小红书、抖音及合作 KOL 后，2020 年资生堂、欧莱雅、雅诗兰黛的销量增幅均超过 60%，而同期完美日记的销量增长仅为 22%。以珀莱雅为代表的传统日化品牌，是先从 CS 渠道（以化妆品店、日化店、精品店为代表的终端销售网络，如屈臣氏、丝芙兰）取得销量和知名度后，再完善线上销售渠道。以完美日记为代表的互联网品牌则是，先通过线上营销和大主播带货的形式从线上渠道突破，接着开线下门店补充线下体验场景。传统日化和互联网品牌在投入和盈利路径方面也有所差别。传统日化企业的路径是先追求盈利，再把利润投入到研发上，完美日记们则是典型的互联网消费品运作模式，将投入和盈利的顺序倒置，重在聚拢流量、打造品牌，一开始并不急于追求盈利。

资料来源：36 氪 https://36kr.com/p/953127736047237

讨论：评论完美日记在数字化时代的数字营销模式。

第四篇

营 销 创 新

第十章

市场营销创新

学习要点

- 了解市场营销创新的主要脉络；
- 理解市场营销理念创新；
- 理解市场营销技术创新；
- 掌握市场营销细分市场创新；
- 掌握市场营销应用领域创新。

社会需求推动着市场营销的不断发展，市场营销自身的创新同时也惠及社会众多领域。在21世纪的今天，营销创新成为社会各界关注的一个热点问题。只要稍加留意就会发现，各大书城营销类书籍越来越多，而且很多都冠以"创新"之名。市场营销的"新"书可谓林林总总，"新"市场营销也是层出不穷，很多丛书的题目就是"21世纪营销前沿"等。这些前沿营销主要有：全球营销、战略营销、绿色营销、营销伦理、共生营销、生态营销、关系营销、服务营销、文化营销、体验营销、网络营销、女性市场营销、奢侈品营销、银色市场营销、快速消费品营销、工业品营销、汽车营销、金融营销、房地产营销、医院营销、会展营销、非营利组织营销、高校营销、国家营销、区域营销、城市营销等，不一而足。

在以上市场营销的创新"丛林"之中，是否存在营销创新的逻辑体系呢？通过对各种"创新型"营销书籍、资料的归纳、整理，我们发现，在纷繁杂乱的市场营销创新之中，营销创新系统大体可以归纳为五个层次：营销理念创新、营销技术创新、营销策略创新、营销细分市场创新和营销应用领域创新。

营销创新的系统模型有一个严密的逻辑体系，该系统由脑、心、手、脚几个子系统组成。这几个子系统相互制约、相互影响，构成营销创新的几大支柱。创新体系的大脑是理念创新，是指营销核心理论随着经济、社会的发展而不断自我创新，是智力之源。创新体系的心脏是技术创新，主要是指在新经济中，特别是在网络时代，企业实施的营销根本性变革，是动力之本。创新体系的手是策略创新，是指企业在市场营销运营过程中，不断采取新的营销策略来实现自身的营销目标，是行动之师。创新体系的脚是细分市场创新和应用领域创新，细分市场创新是营销的深化，应用领域的创新是营销的拓展，是扩张之伍。

名人名言

任何企业都有、也只有两项职能：营销和创新。……(企业)不创新就死亡。

——彼得·德鲁克

第一节 市场营销理念创新

市场营销首先是一种理念，其功能是改变人们的思维方法，其次才是一种方法，其功能是改变人们的行为方式。所以，理念创新成为营销创新的灵魂，是营销创新的本质所在。近年来，市场营销领域出现的重要的创新理念主要有以下五种。

一、从营销战略到战略营销

一个公司的营销战略，主要是指公司的营销发展方向，公司应该决定哪些需要保护，哪些需要建立，哪些需要收获或淘汰。企业的市场营销开始重视营销战略的内容，公司的高层管理人士对营销战略有较大的需求，这明显有别于只重视营销战术策略的4Ps。在环境变化更不可捉摸的乌卡时代，营销战略需要向战略营销转变。战略营销是指从企业发展战略的视角看待营销战略，营销需要跳出一个个的业务单位。各公司特别是大型跨国企业越来越把营销战略转变到战略营销上来。

二、全球营销与本土营销

全球化已经盛行几十年了，在新冠疫情蔓延、民族主义抬头的影响下，世界经济、政治等开始了全球化与本土化的竞争。全球营销给希望在全球市场崭露手脚的企业创造了好的机会。在全球营销中，没有单一的全球标准化，也没有单一的本土化。全球化营销和本土化营销是成功的跨国公司并行不悖的原则。“思考全球化，执行本地化”将会是处理全球营销和本土营销中一个较好的原则，科特勒博士描述的“双枝营销”将在相当长的时间内持续下去。

三、数字时代的液态营销

社会学家齐格蒙特·鲍曼提出，“液态化”是数字时代的最大特征。在液态社会中，消费者追求商品的使用而不是拥有；消费者对瞬时消费的追求取代了对持久的期待；流动性与速度成为社会分层的决定性因素；既有的规则与标准正快速液化，不再存有稳固的单一权威。

在液态数字时代，流动是消费者的重要特征之一。消费者的需求具有流动性，他们在某一领域享受到的产品/服务，很容易流动到其他领域形成更高的期待。数字时代信息收集的快速和消费的便捷性，使得消费者品牌死忠变得更难，品牌转换更容易产生，任何一个环节的不足都可能令一次购买体验变成差评，从而劝退消费者。数字支付的便利性，使得消费者更容易产生冲动性消费行为，这也对品牌死忠造成冲击。在线评论的便捷，使消费者的卷入度更高，消费者变得更愿意分享和口碑传播，产品体验信息的流动更加通畅。消费者分享的需求，使得购物体验越来越社交化，消费者既会通过各类社交平台、内容平台、电商平台等浏览其他用户的口碑评论，也会将自己觉得不错的产品和服务推荐给聊天软件中的好友。消费者可以在手机 App 操作中快速完成多重身份切换，边吃饭、边购物、边评论。

在液态社会环境下，企业无休止地推送内容、无节制地侵犯用户隐私，这样行事方式往往适得其反。企业需要利用数字技术准确地把握流动消费心理，积极策划并执行品牌的特有的战略，给目标消费群体带来更多价值，提供“液态化”的消费需求解决方案，如商品共享、即时消费、直播在场等等。

四、价值共创

价值共创(Value Co-creating)思想起源于 19 世纪的服务经济学研究，在这一领域，学者们指出，服务过程需要生产者与消费者共同合作，服务结果和服务价值由生产者和消费者共同创造。

现代价值共创理论主要包含两大分支：一是普拉哈拉德(Prahalad，2000，2004)从企业竞争视角提出的基于消费者体验的价值共创理论，他们强调价值网络内成员互动是实现价值共创的根本方式，共创顾客体验是实现顾客企业间价值共创的根据目标；二是瓦果(Vargo)和拉曲(Lusch，2004)基于服务主导逻辑(Service-Dominant Logic，SDL)提出的价值共创理论，他们认为服务是一切经济交换的根本基础，价值共创建立在服务普遍性的基础上。同时，消费者是价值的共同创造者，在价值创造过程中，他们投入自己的知识、技能、经验等操纵性资源，为企业创造竞争优势。他们还指出，使用价值而不是交换价值才是 SDL 强调的共创价值，使用价值产生于消费者使用产品或接受服务的过程中与生产者之间的互动，在价值共创系统中，消费者通过整合利用各方资源的方式实现价值共创，使系统在消费与互动活动中不断产生动态价值。

如今，市场环境日新月异，消费者复杂性也在不断加深，基于 SDL 的价值共创理论在这一环境下不断发展，演化出服务科学、服务生态系统等更宏观的研究视角。

五、1P 理论

1P 理论由我国学者王建国首次提出，是对传统 4P 营销理论的突破和发展，是以价格战略为核心的营销理论。传统的 4P 理论认为，产品、价格、渠道和促销对消费者和企业的影响同等重要。1P 理论指出，产品、渠道和促销是企业的成本，价格才是为企业带来利润和收益的关键要素。在企业营销过程中,3P 问题都可以归因于企业的成本问题,而成本问题又是定价策略的一部分,所以,传统的 4P 或多 P 营销战略都可以归结为 1P 战略。

1P 理论研究采用何种商业模式和营销模式,可以使定价不受高于平均成本才能盈利的约束,即高于意愿价格定价还能促销,也不受产品价格低于平均成本就会亏本的约束,即低于平均成本但大于零定价,等于零定价即免费,或负价格定价,而仍然可以盈利,并且可以远比高于平均成本定价更盈利。1P 理论把营销模式和商业模式的焦点聚在了如何达到产品自由定价以实现促销和更多盈利的企业目标。

1P 营销理论实质上是一种第三方营销理论,其目的是通过企业与消费者之间构建第三方来分担成本或支付价格,形成网状经济运行模式,其中,各节点的主体相互影响,产生极强的外部效应,把行业内部的竞争转化为一种合作、多赢的战略模式,从而改变单一的以价格为基础的粗放型竞争模式。

第二节 市场营销技术创新

技术是营销领域变革创新最重要的力量之一,在进入新世纪之际,技术的震撼力已经达到百年来的最高点,而这仅仅只是开始(卢泰宏,2004)。经济的发展、技术的变革对市场营销产生了深远影响,技术创新是市场营销创新的重要内容。市场营销技术创新从近几十年来看主要表现在数据库营销和网络营销上。

一、数据库营销

1980 年代以来,企业花费力气来研究每一个顾客,以此更好地了解顾客,为顾客提供个性化的顾客价值,从而建立良好的顾客关系,这就是数据库营销的产生背景。数据库营销(Datebase Marketing)是 1990 年代开始兴起的一个热门话题,而关于数据库营销的定义可谓众说纷纭,大多未能跳出促销的圈子。我们认为,数据库营销是企业通过搜集和积累大量的市场信息建立起动态的数据库管理系统,根据数据库中的信息制定并实施营销策略的过程。数据库营销把顾客当作一项资产来管理和开发,数据库可以成为产品调研、沟通、交易和售后服务的主要工具。开发和管理数据的能力成为企业未来市场竞争的关键因素。

数据库营销与传统的营销方式相比,其独特的功能价值主要表现在以下四个方面。

(1) 帮助企业准确找到目标消费者群体。在市场细分理论下的营销,企业根据人口统计及消费者共同的心理特点,把仍不知名的顾客划分归类。现在,新一代高速计算机和数据库技术可以使企业能够集中精力于更少的人身上,最终目标集中在个人身上,实现准确定位。

(2) 能够探测市场,发现新的市场机会和提供新产品、新服务。首先,顾客数据库的存在为营销者发展一个可以控制的研究样本提供了可能。其次,营销者可以调查和观察特定的顾客,追踪个体层次上的顾客需要和欲望,并从已有的有关顾客的数据中发现新的机会,赢得新的效益。最后,数据库营销要求营销者不断地与特定的顾客互动,从顾客的反应中找出解决顾客问题的新产品与新服务。

(3) 与常客建立起长期、高品质的良好关系。根据建立起来的数据库,营销者结合最新信息和结果制定出新策略,使消费者成为本企业产品的长期忠实用户。

(4) 根据数据库建立先期模型,使之能够做到:于适当的时机以合适的方式将必要的信息传达给适当的顾客;有效地赢得顾客的欢心;让营销支出更有效益;建立品牌忠诚度;增加利润。

二、网络营销

1990 年代末,互联网营销利用全球网络为平台展开营销活动,是有史以来营销领域的最大创新(卢泰宏,2004)。网络营销是数据库营销在互联网时代的发展。网络营销所引发的营销变革是全方面、多样性、层出不穷的。网络营销在市场细分、顾客参与营销、提高渠道效率、提高传播精确度等方面都产生了革命性的影响。毫无疑问,网络营销成了 21 世纪营销创新的一个焦点。

(一) 网络营销的含义

网络营销又称互联网营销,美国学者约翰·弗劳尔在《网络经济》一书中提出,网络营销是借助(计算机)联机服务网络、电脑通信和数字交互式多媒体的威力来实现营销目标。也有学者认为,在互联网时代,网络营销是在虚拟的互联网基础上为目标顾客制造、提供产品或服务,与目标顾客进行网上沟通的一系列战略管理过程。不管如何定义,网络营销都不同于网上销售,网络营销也不仅仅局限于网上,网络营销还必须建立在传统营销理论之上,不能离开传统营销而单独成立,但是网络营销又同传统营销有很大的区别。

(二) 网络营销的特点

1. 营销环境的特点

(1) 市场更趋自由化。生产消费之间的距离大大缩短,中间商的作用削弱,一对一营销迅速发展,定制营销成为主要行为之一。

(2) 市场不确定性大大减少。互联网信息量的增加将减少营销的不确定性。

(3) 中间商的作用将受到削弱,社会服务系统将迅速发展。

(4) 高速信息处理与传输将彻底实现企业营销全球化。

2. 消费者行为的特点

(1) 消费者彻底从消费大众中分离出来,消费者将主动参与市场营销过程。

(2) 消费者与生产商及其服务企业共享营销信息控制权,并形成平等关系。

(3) 消费者购买行为将更趋复杂灵活。

(4) 网上消费者一般以男性居多,中青年为主,具有较高的文化水准,收入一般在中等以上。

3. 企业运作方式的特点

(1) 企业内部协调化将转向外部社会化。企业将从专注于考虑内部资源优化配置转为注重与外界联合，从外界更广泛的来源获取更为优化的资源。

(2) 企业将把速度放在首位。互联网将迫使企业对市场机会作出迅速反应，而强大的沟通能力必将提高企业的反应速度。

(3) 信息技术将使企业有条件充分利用外部资源，低成本、快节奏地开发利用市场机会。

(4) 企业营销结构更直接和高效。互联网导致中间商和制造商、消费者和制造商直接联系，形成单一的、连续的经济活动业务流。这将大大提高企业营销过程的效率。

三、大数据营销

在数字时代，消费者每天创造数以万计的数据点。通过这些数据点，商家将能够更深入、更准确地了解目标受众。品牌将能够与消费者建立更密切的联系，更准确地预测消费者的行为。然而，大数据并不是万能的，只有将大数据转化为智能数据，才能为企业创造价值，赢得市场契机。所谓大数据营销，就是充分利用从市场中获得的全面、完整的消费者数据，通过数据分析，更准确地发现消费者的需求，从而制定出有效的营销模式和营销组合，为企业智能决策提供支撑。未来的商业胜利一定属于那些能够充分调动大数据能量，了解并切入消费者触点的企业。

四、机器学习以及虚拟助手

由于复杂的算法能够进行人类无法进行的比较和关联。在全新的世界中，消费者将不再需要搜索信息，信息会主动找到他们。家庭操作系统会检测到运行缓慢的产品，并自动订购替换件。虚拟助手将会推荐餐厅、新节目或最新时装。随着可穿戴技术的日益普及，消费者将能够随时随地接收到这些消息。机器学习能够加速产品迭代和测试流程，帮助品牌了解市场真正需要哪些产品。

五、机器人、无人机和无人驾驶

机器人和无人驾驶汽车将革新物流和供应链，自动化机器将帮助制造商降低成本、缩短生产时间、提高生产效率。在机器人时代，交货时间将会大幅缩短，无人机可以迅速地把货物送到指定地点，而无人驾驶汽车将缓解大城市的交通拥堵状况，所有这些都意味着未来的网络购物者能够更好地享受即期消费。自动发货将开辟新的消费者市场，产品运输将不再受到地区或物流的限制。新兴品牌将能够以比以往更快的速度涌现出来。

六、虚拟现实和增强现实

虚拟现实和增强现实将会给消费者的模拟体验增加一个数字维度。层出不穷的新应用将丰富他们的感官，并渗透到他们生活的方方面面，包括购物、娱乐、学习和旅行。政府支持和市场竞争将降低硬件成本，让虚拟现实设备在消费者可承受的价格范围内。借助虚拟现实眼镜、屏幕和头盔的数字图像叠加，消费者将能够触摸产品并与之交互。沉浸式体验将重塑品牌与消费者之间的互动方式，帮助两者建立更深入、更持久的联系。

七、新型支付技术

新型支付技术的出现将加速无现金社会的到来，二维码支付等智能手机激活支付将被自动人脸和视网膜识别所取代，从而让交易变得更顺畅和快捷。生物技术也是一种新兴的安全防护方法。目前，支付宝已经在杭州少数快餐门店开启人脸识别支付，高端的 3D 扫描仪支持用餐者用微笑授权交易。

第三节　市场营销策略创新

营销策略创新是指企业具体的营销手段的创新，主要表现在产品、价格、渠道和促销方面。

在产品方面，一方面，随着科技的发展，企业通过研发不断开发创新型产品；另一方面，企业越来越重视品牌营销，品牌经营管理的不断创新造就了品牌永恒和永恒品牌。对于老品牌来说，怀旧营销能够帮助企业与消费者建立情感联结，是较为有效的营销策略。

在价格方面，从价格战发展到非价格营销。如今，消费者的购买决策已不再仅仅受价格影响，年轻消费者更加看重产品或服务能否带来身份认同、自我提升，他们愿意为此支付更高的价格。企业应该关注消费者精神层面的需求，将产品角色从功能型转向陪伴型，进而在价格上获得竞争优势。

在渠道方面，渠道扁平化越来越明显，所谓渠道为王、终端致胜就是最好的体现。各种新的渠道类型不断出现，渠道管理的手法也在不断创新。社交媒体平台、短视频平台、电商直播平台等，近年来已经成为所有企业必须抢占的新兴渠道。

在促销方面，广告、销售促进、公共关系、人员推销、直接销售都以市场营销最“热闹”的形式不断地向前发展，各种新的营销技巧层出不穷，所有这些促销方式的整合也越来越受到营销人士的重视。

此外，随着顾客体验越来越受到重视，感官营销渐渐成为新的俘获消费者的营销策略。感官营销就是通过视觉、听觉、触觉、味觉与嗅觉建立感官上的体验，其目标是创造知觉体验的感觉，引发消费者的购买动机，增加产品的附加价值。

第四节　市场营销细分市场创新

1956 年，温德尔·史密斯正式提出细分市场的概念，他认为，一个市场的顾客是有差异的，他们有不同的需求，寻求不同的利益。自从细分市场的概念被提出来，营销界从来没有停止过对市场细分的研究。到最近，对于细分市场的研究更加深入，甚至每一种细分市场都成为一门学问，如从年龄细分上出现了银色市场营销；从性别细分上出现了女性市场营销；从行业细分上出现了服装市场营销、汽车市场营销、图书营销、金融营销，医疗机构营销、房地产市场营销、体育市场营销、旅游市场营销、会展市场营销等；从购买方式上分化出消费品市场营销、组织市场营销；从社会阶层上分化出白领市场营销、奢侈品市场营销等，营销者需要对不同的细分市场花更大的精力去研究。

一、银色市场营销

银色市场营销是按照年龄细分出来的一种具有特有营销特点的细分市场营销方式。银色市场一般是指 60 岁以上老人的消费品市场。

同其他消费群体相比，老年群体由于在生理、心理、经验等方面有着明显的差异，因此，老年市场的消费行为也具有其自身的特征。

(1) 消费行为习惯性。老年消费者对某些商品形成了比较稳定的购买习惯，对某些品牌更是产生了一定的偏好，具有较高的品牌忠诚度。这类习惯一旦形成就较难变更，会在很大程度上影响老年消费者的购买行为。

(2) 消费行为的理智性。老年消费者的购买决策往往是趋于理智型的，特别是对高值消费品的购买，决策的过程都会较长。

(3) 消费目标的便利性。对于老年消费者来说，其消费的目标首先定位于方便实用上。老年消费者由于生理机能逐步退化，对商品消费的需求着重于其易学易用、方便操作，以减少体力和脑力的负担，同时有益于健康，老年消费者对消费便利性的追求，还体现在对商品质量和服务的追求上。质量高、售后服务好的商品能够使老年消费者用得放心、用得舒服，不必为其保养和维修消耗太多的精力。

(4) 消费地点的就近性。就近消费也是老年消费的一大特点。由于年龄的增长，老年人的行动日渐不便，特别是高龄老年人，他们在消费时会尽量避免过多的交通劳累，通常会选择在居住地附近的商店购买商品。

二、女性市场营销

21 世纪的新女性不管是经济收入还是家庭地位、社会地位都发生了巨大的变化，女性市场的潜力巨大是无疑的。商家日益发现女性是一支不容忽视的消费力量，厂商是否从女性本位出发，如何满足女性的需要甚至创造出女性的需求，成为女性市场营销需要解决的问题。企业要想获取优异的业绩，必须时刻注意现代女性消费者的消费特征及其变化趋势，采取适宜的措施。

女性的消费行为特点如下：

(1) 注意商品的外观和情感。女性爱美、求美心理加重了对商品外观形象的注重，因此，女性大多购买软性商品(流行性装饰性强的商品)。商品的品名、款式色彩、商品美感、购物环境气氛等因素易引起女性消费者的情感变化，产生冲动性购买。在给丈夫(或男友)、子女、父母购买商品时，往往带有极强的感情色彩。

(2) 注意商品的实用性和具体利益。由于女性消费者在家庭中的地位和作用，使她们对商品的关注角度与男性大不相同。在购买商品时，她们会反复询问，对商品在生活中的实际效用和具体利益表现出更强烈的要求。特别是商品细微之处的优点，往往能迅速博得女性消费者的欢心。

(3) 注重商品的便利性和生活的创造性。目前，中青年妇女普遍是职业女性。她们既要工作，又要处理家务，所以迫切希望缩短家务劳动时间，能更好地休闲娱乐。为此，对方便性的日常消费品有强烈要求。同时，女性消费者对生活中新的、富于创造性的事物，都充满热情，如装饰居室、设计服饰等，以显示其创造性。

(4) 有较强的自我意识和自尊心。女性对外界事物反应敏感，她们往往以选择眼光、购买内容及购买的标准来评价自己和评价别人。在购买活动中，营业员的表情、语言、广告宣传及评价都会影响女性消费者的自尊心，进而影响消费行为的实现。

三、会展营销

会展营销是市场营销理论在行业细分中的特殊运用。这样的行业市场营销还有旅游市场营销、金融营销、房地产营销、服装市场营销、汽车营销、体育营销等。这里仅仅以会展营销为例，阐述营销理论在行业细分市场中的运用。

会展业是一个特殊的行业，会展项目是一种特殊的商品，这种商品在时空上具有特殊的特征，会展商品不可贮存，不可转移。因此，会展营销与一般市场营销相比，有着自己的特殊规律性。从某种意义上来说，营销对于会展业来说比其他行业更为重要。如果不能把展位销售出去，在一定的时期内它便会失去价值。

可以这样来界定会展营销：会展营销是会展主办单位对会展项目、会展服务的策划、设计、定价、招展以及展后服务的计划和执行过程，它以参展企业的需求为中心，适应会展市场环境的变化，实现会展项目的价值交换。

四、组织市场营销

组织市场营销是针对消费品营销来说的。企业营销的对象不一样，营销方式千差万别。所以，市场营销分化出组织市场营销。组织市场指工商企业为从事生产、销售等业务活动以及政府部门和非盈利性组织为履行职责而购买产品和服务所构成的市场。

五、母婴市场营销

继 2015 年 10 月全面实施“二孩”政策之后，2021 年 5 月，我国“三孩”政策和配套支持措施发布，这意味着母婴市场将迎来新一轮高速增长。相比老一代的父母，年轻一代的父母孕育观念明显不同。他们不再挑剔产品的价格，而更关注产品的质量和服务体验，也更愿意为个性化需求支付更高的价格。此外，母婴行业的消费群体也在不断扩大，从妈妈拓展至家庭全部成员。

母婴市场上消费者的购买心理主要有以下三个特征。

(1) 价格不敏感,更重视质量。目前,购买母婴产品的主要群体是"80 后"和"90 后"的妈妈,以及这些妈妈们的其他家庭成员。这一群体一般家庭生活条件较好,教育水平较高,在购买时往往不太看重价格,而是更加在意产品的质量。

(2) 名牌效应。首先,国内外知名品牌产品的可信度较高,产品质量有保障,消费者往往信任和推崇名牌产品,在母婴行业尤其如此。其次,消费者有一定的攀比心理和补偿心理,因此,在购买母婴产品时尤其看重品牌的知名度。

(3) 便利心理。母婴产品购买群体中很多是孕产妇,她们通常行动不便,一般会选择网上或附近超市购买产品,或者请朋友代购。同时,年轻一代的父母往往都有工作,购物时间较少,便利性显得格外重要。除了产品购买的便利性,产品使用的便利性,如产品性能、产品携带和售后,也是消费者是否购买产品的重要影响因素。

六、食盐市场营销

2016 年 5 月,国务院颁发的《盐业体制改革方案》是我国食盐专营体制重大改革的象征。这一改革意味着食盐从专销转变为营销,从办公室决策模式转变为以消费者为核心。随着我国经济的快速发展和居民生活水平的不断提高,防病、健身的科学用盐新观念正逐步形成。"少吃盐、吃好盐"的食盐消费新理念已取代旧的消费观念。食用盐已不再是单纯的一般调味品,集调味营养和健身于一体的多品种系列食盐将成为人们生活中不可缺少的伴侣。

目前,盐业根据消费者和使用者的不同应用场景以及已有或潜在的需求对食盐产品进行市场细分的方式如下。

(1) 对食盐产品本身进行细分。目前我国对食盐的细分主要依据盐的来源和生产工艺,简单分为井矿盐、海盐、湖盐;精制盐、一级日晒盐、二级日晒盐,粉洗盐等。参照国外食盐和市场化竞争商品的做法,对于居民直接入口食盐,根据使用人群细分为儿童用盐、孕妇和哺乳期妇女用盐、老年人用盐等;根据不同的使用场景细分为餐桌盐、煲汤用盐、腌肉用盐、泡菜用盐等。对于食品加工企业用盐,依据不同的用途细分为调味品生产用盐、蛋制品生产用盐、干货加工用盐、饼干糖果加工用盐等。

(2) 对食盐的产品功能进行拓展。食盐除了调味烹饪外,在洗涤、杀菌、美容、理疗等方面还有较好的功能和效用。目前,根据盐的不同功效和市场需求,已经开发的产品包括:果蔬洗涤盐、沐浴用盐、沐足盐、盐日化类产品、盐疗类产品等。

(3) 对食盐进行差异化生产。目前食盐主要是加碘用于补充人体所需的碘元素,还有添加氯化钾以减少钠的摄入。同时,已经有天然富含钙、钾的食盐面市,由于具备独特的卖点而受到消费者的青睐。另外,不同生产工艺获得的食盐具有不同的特点,例如,坚持古法晒制的海盐具有天然绿色味鲜的特点。

第五节　市场营销应用领域拓展

市场营销的理念已经不仅仅局限于工商企业，在21世纪这个追求服务的世纪，各行各业都需要分析、选择、设计、实现其顾客价值，市场营销已经渗透到社会的各个单元，可以说，21世纪成为营销的世纪。从仅仅为工商企业服务发展到为政府、第三部门等非营利性组织服务，市场营销成为提高各种组织竞争力的有效工具。

市场营销理论的应用领域主要有非营利性组织营销、国家营销、社会生活方式营销、区域营销、城市营销、公益组织营销、高校营销等。下面简单介绍非营利性组织营销、国家营销、城市营销、个人营销。

一、非营利性组织营销

(一) 非营利性组织的含义

非营利组织在学术界没有统一的界定。不同的学者从不同的角度给非营利性组织进行界定，其中比较具有权威性的界定是由萨拉蒙教授提出的。美国约翰·霍普斯金大学的莱斯特·萨拉蒙教授在他主持开展的非营利性组织国际比较研究项目中提出，凡是符合以下五个条件的组织即是非营利组织。这五个条件分别是组织性、私有性、非营利性、自治性和志愿性。在中国，非营利组织大体上包括社会团体、事业单位和民办非事业单位，如高校、非营利性医院、博物馆、图书馆、各类非营利协会等。

(二) 非营利性组织营销的必要性

1970年代前，西方非营利组织的管理者认为非营利组织毫无必要开展市场营销。到1970年代后期，非营利组织面临的各种问题不断地凸显出来，如顾客背弃、会员减少、成本上升、赞助金缩减等。为了实现组织的使命，一部分非营利组织开始认识到需要应用营销理论来解释和指导组织的行为，用营销方法来增强人们的认同意识，提高政治与社会对组织的支持力度。20世纪八九十年代，非营利组织营销发生了里程碑式的变化。全球的许多非营利组织都运用市场营销原理来指导其管理活动，以便更好地实现组织的宗旨。例如，美国休斯敦大学运用市场营销原理分析自己所处的环境，所面对的市场和所服务的顾客特征，根据分析结果优化课程结构，更好地满足顾客的需求，并获得了大量优秀的生源。目前，非营利组织营销思想的时代已经到来。用营销战略和战术来开展非营利组织的活动是非营利组织成功的主要因素和基本因素。

二、国家营销

营销理念与方法不仅在各种企业、非营利性组织中得到广泛地运用，现代国家也开始利用营销利器来创建国家财富，提高国家竞争力。1980年代以来，市场营销理论日益向宏观方面拓展，享誉世界的营销专家菲利普·科特勒教授的《国家营销——创造国家财富的战略方法》(The Marketing of Nations——A Strategic App roach to Building National Wealth, The Free Press, 1997)是这方面的新尝试和突破。

(一) 国家营销的内涵

论述经济发展和创造国家财富的书籍和文章真可谓汗牛充栋，在此作简要回顾：托马斯·芒(1571—1641)是最早论述创造国家财富的经济著述家之一，他明确提出了重商主义观点，把黄金而非商品看作衡量一国财富的尺度，力主英国向其他国家出售的物品必须多于从国外购买的，并认为这些处方是建立国家黄金储备的最佳途径。弗朗索瓦·魁奈(1694—1774)提出了重农主义观点。他认为财富不在于国家积累的黄金数量，而在于国家拥有的原材料数量，特别是农产品和矿产品超过其生产成本的盈余。亚当·斯密(1725—1790)在其著名论著《国富论》中提出，国家应该利用劳动分工的原则，使每个工人都在某一项工作上成为专家从而提高生产力，这样国家就能更好地创造价值和财富，亚当·斯密把交换、私人财产和自由市场看作创造国家财富的基础。卡尔·马克思(1818—1883)在《资本论》中反对亚当·斯密的观点，他认为如果剥夺私人财产并由国家为着无产阶级的利益进行管理，国家的经济将会发展得更好。约翰·梅纳德·凯恩斯(1883—1946)主张政府应当主动发挥作用，通过灵活的货币供给管理和财政政策减轻经济危机的严重性。弗雷德里希·冯·哈耶克(1899—1992)则认为，如果政府在拥有或管理经济中发挥积极作用就会无助于经济增长，最终导致国内灾难，并为极权主义铺路，将国家引向“通往奴役之路”。米尔顿·弗里德曼(1912—)是当今对政府所有制和/或政府管理经济的旗帜最鲜明的反对者，他把这些看作对整个社会的巨大扭曲和消耗的根源。

国家营销理论不是纯粹的营销理论，更不是纯粹的经济学，而是营销学与发展经济学相融合的产物，国家营销并不是就各国如何创造财富和国民福利提出单独的处方。事实上，根本不存在所有国家通适的经济发展处方，我们看到，新加坡、香港、日本和韩国的经济取得了巨大的增长，正如在上个世纪，经济增长的道路在英国、德国和美国都有不同的形式一样。因此，借用营销战略的分析方法，各个国家需要构建一个创造国家财富和促进国家经济发展的战略性框架：估计其国家战略群归属，主要机会、威胁、优势和劣势并选择其发展战略；制定国家的投资、产业集成、产业多元化、贸易、宏观经济、基础设施、体制构架等方面的策略；支持企业的发展，使战略和策略得到有效衔接并最终实现国家营销的目的——经济发展和创造国家财富。这也构成了国家营销的本质内涵。

(二) 国家营销的特点

国家营销作为营销理论在经济发展领域的应用，具有以下四个特点。

(1) 把发展经济学与市场营销理论相结合，用微观企业战略和市场管理的概念、原理和工具来指导国家财富的创造过程。运用这些概念、原理和工具，一国可以评估自身的优势和劣势，辨明机会，实施可以带来长期繁荣的全球政策和战略。

(2) 把宏观经济政策与消费者、制造商、中间商等微观单位的实际行为结合成一个整体，揭示出在当今世界市场的背景下，企业经理、战略制定者和政府政策制定者、规划者如何确定一国经济发展的最佳路径。

(3) 国家营销认为决定经济发展的因素中，除了经济外，各国的政治和文化也发挥着重要的作用，并主张国家的经济政策应与本国的文化和政治相一致。

(4) 国家营销没有提出所有国家经济发展的通适性处方，而是提出了每个国家基于自身经济文化特点的经济发展和增加国家财富的战略框架。

(三) 国家营销的内容

国家营销将宏观经济的公共政策与产业、公司及消费者的微观经济行为连接起来，试图解决政府官员在国家层面上制定政策与商业系统在地方层面上实际操作方面的矛盾，提出了从国家经济发展面临的挑战、战略愿景形成、到政府政策的制定、基础设施及体制构架、支持公司发展等一整套战略框架。国家营销的内容主要包括以下三个方面。

1. 战略选择

按照经济发展水平的差异，不同的国家分属于不同的战略群体，每一个战略国别群在世界经济中都有其竞争优势。在确定国家所属的国别群体后，国家需要分析其优势、劣势、机会、威胁，从而形成自身的国家发展战略。

2. 策略制定

在形成国家发展战略的基础上，国家需要出台主要的和辅助的政策，即策略制定。主要包括产业群体开发、产业组合开发、贸易政策，宏观经济政策、基础设施开发政策、组织框架政策等。所有这些策略性政策，对国家财富积聚来说都是至关重要的。

3. 战略实施

国家战略计划只有有效实施才能取得成效，因此，政策制定者需要将国家发展战略与策略性政策结合起来，国家还必须与公司合作，帮助公司形成财富积聚。企业也应该积极利用国家战略与政策，与国家充分协调合作，在各方面实施战略联盟，达到国家经济发展与财富增长的目的。

三、城市营销

21 世纪是城市的世纪，城市竞争成为新世纪的一个时代特征。随着城市化进程的加快，各种资源的区际、国际流通以及产业聚集把中国城市引入一场城市之争。现代市场经济使城市成为各种组织的竞争平台，城市为了自身的利益又演变为市场竞争的主体之一。传统的城市管理难以适应现代激烈的城市竞争，在此背景下，城市营销应运而生。城市营销主要研究如何打造特色城市，制定城市长远发展战略，如何建设、宣传城市，如何吸引投资者、旅游者、居民等城市顾客，最终塑造城市品牌，培育城市长的久竞争力。

(一) 城市营销的内涵

城市营销也称营销城市，是近年提出的一个新概念，城市营销就是城市营销者将城市视为一个企业，将地方的未来发展视为产品，分析它的内部和外部环境，揭示它在全球性竞争中的强项与弱项以及面临的机遇和威胁，确定它的目标市场，包括目标人口、目标产业以及目标区域，进行个性化的定位，并通过一系列的管理制度和战略控制，针对目标市场进行城市建设规划、改善城市产品(软硬环境)的质量、塑造城市品牌，运用差异化的营销策略，最终把城市销售给城市购买者，建立顾客满意的动态管理过程。城市营销概念中自然包含了城市规划建设、城市管理的内容，城市营销是城市规划、城市建设、城市管理在日益激烈的城市竞争条件下的产物，是一种全新的城市管理模式。

城市营销不同于一般的企业营销，首先，城市区位的固定性决定了城市营销是将城市区位产品与城市顾客相交换；其次，城市营销的对象（目标顾客）是（跨国）公司、投资者、高素质的生产要素、旅游与观光者等，营销的目的是吸引这些顾客参与城市发展；再次，城市营销是整体性营销，是把城市的整个形象与发展理念"捆绑"后进行的活动，营销是为了展示形象，城市形象设计为城市营销的基础；最后，城市营销是经济全球化条件下城市管理的新趋势，尤其对于那些面临发展危机的城市更是如此，因为在全球化条件下，城市的危机在于不为世界范围的能增进城市价值的要素所认识。

（二）城市营销的主要内容

营销城市就是利用市场营销的理念和方法管理城市，它必须贯穿体现市场需求导向和市场竞争驱动两个基本原则。当然，城市营销中还有很多具体问题具有特殊性而不同于一般营销。

从动态来说，城市营销是一个分析、计划、执行、控制的动态管理过程。营销城市主要包括五个相互联系方面的内容和任务：第一，营销环境分析。从一定意义上讲，营销城市就是努力让城市内部环境和外部环境相适应的过程，通过环境分析，可以知己知彼，由此可以做到避实击虚，出奇制胜。第二，对企业、居民和旅游者等"城市产品"的消费者进行分析，细分市场，确定市场定位和目标，树立城市地位和角色的品牌形象。例如，香港在近年重新审视自己在亚洲的地位和角色的基础上，在香港财富论坛闭幕式上隆重推出"亚洲国际都会"的角色品牌形象，并冠以"飞龙"标志。第三，制订营销战略，包括创造"城市产品"、占领市场的竞争战略以及产品、价格、渠道、促销和公共关系营销组合策略。第四，从时间安排、人力、技术、组织、资金等方面制定战略计划。第五，战略实施的监测、业绩评估与战略调整。

将以上动态营销管理简要提炼，城市营销基本上可以用"5W1H"理论来简要说明，即Why，Who，To Who，What，How，营销城市需要涉及并解决五大问题：为什么营销城市？谁来营销城市？城市营销给谁？城市拿什么营销给买主？如何营销城市？

四、个人营销

随着互联网技术的突飞猛进，人们之间的沟通方式发生了翻天覆地的变化，普通大众有了比过去广阔得多地了解社会、观察他人的机会。在当今这个开放的、个性化的时代里，个人营销已经不再是企业、国家、公众人物与演艺明星的专利。

在如今这个社交媒体主宰的世界中，大部分个人品牌都是在网络上建立起来的。个人品牌是自身经验和技能的组合，建立个人品牌既需要坚持不懈的努力，也需要线上和线下用心维护。个人品牌体现的是一个人在别人心目中的价值、能力和作用，影响着别人对你的看法，并会带来生意合作的机会。个人营销就是通过展现独一无二的个人品牌，获取个人成功发展的机会。

个人营销应该关注以下四个方面。

首先，选择合适自己发展的目标市场。根据自己的特征、经历、性格特点及可以利用的资源来创建发展个人品牌。

其次，进行个人品牌定位，围绕确定的目标市场，挖掘自己的独特价值，向潜在客户展示自己的核心竞争力。

再次，制定个人品牌战略。与企业战略一样，个人品牌战略的制定要结合自己的实际情况，客观分析市场需求，同时要注意长期利益和短期利益的有效结合。

最后，丰富个人品牌的内涵。个人品牌的内涵不仅包括让目标客户满意且忠诚的高水平的业务能力，还包括能够使自己获得信任的较高的道德规范。精深的专业技能是建立个人品牌的重要元素，将技能与工作风格形成特色，使自己具备不可替代的价值是长期发展个人品牌的关键。

本章小结

在纷繁杂乱的市场营销创新之中，营销创新大体可以归纳为：市场营销理念创新、市场营销技术创新、市场营销细分市场创新和市场营销应用领域创新。

市场营销理念创新是营销创新的灵魂，是营销创新的本质所在。

技术是营销领域变革创新最重要的力量之一，技术创新是市场营销创新的重要内容。

细分市场创新是市场营销学的纵深发展，标志着市场营销理论的不断细化、深化。

应用领域创新是市场营销学的广域发展，标志着市场营销理论的应用范围不断拓展。

思考题

1. 简述营销创新系统模型的逻辑体系。
2. 简述国家营销的特点。
3. 个人营销应该关注哪些方面？

古代营销故事

雕红刻翠，留连顾客

《燕京杂记》中载："京师市店，素讲局面，雕红刻翠，锦窗绣户。"有的店铺招牌高悬，入夜家家门口点起了五光十色的锦纱灯笼，把街面照得如同白昼。

有的店铺摆挂商品宣传字画，张挂名人书画，附庸风雅。以此来升华店铺的品位与提高顾客的回头率。还有些茶肆、饭馆、酒店中特意安排有乐器演奏和评书为客人助兴。

宋代京都杭州的面食店里，只要顾客进店坐下，伙计立刻前来问顾客所需，"尽合诸客呼索指挥不致错误"。

经营者们深深懂得豪华的装饰反映个店铺的实力，于是，店堂设计画柱雕梁，古色古香，金碧辉煌，极尽铺陈之能事，以迎合达官巨贾、贵妇名媛“以求高雅”的消费心理。

在服务上进门笑脸相迎，出门点头送行。这些敬客如神的做法加上高贵典雅的装饰，使众多顾客“如坐春风”，“一见钟情”，从而留连忘返、百顾不厌。

奇计胜兵，奇谋生财

兵家常说：“将三军无奇兵，未可与人争利。”“凡战者，以正合，以奇胜”。司马迁《史记货殖列传》中说：“治生之正道也，而富者必用奇胜。”

书中还列举了卖油脂的雍伯、卖肉制品的浊氏等商人，他们都是掌握一技之长经营奇物的商品而致富的。后世的“张小泉剪刀铺”亦然。

清代山西太谷县一个曹氏商人，有一年看到高粱长得茎高穗大，十分茂盛，但他觉得有些异样，随手折断几根看，发现茎内皆生害虫。

于是他连夜安排大量收购高粱。当时一般人认为丰收在望，便库存高粱大量出手。结果高粱成熟之际多被害虫咬死，高粱欠收。而曹氏商人却奇计获利。

案例分析

请你为食盐品牌做策划

近年来，工业和信息化部在促进食盐产业转型升级，推动行业高质量发展方面开展了大量工作。

一是加快行业结构调整。2018 年 4 月，印发《食盐定点生产企业和食盐定点批发企业规范条件》(工业和信息化部 2018 年第 19 号公告)，对食盐定点生产和批发企业生产经营能力、技术装备及仓储设施等条件提出了具体要求，并督促各地严格按照要求进行定点换证审核。目前，全国共有食盐定点生产企业 141 家，减少 8 家(比盐改前，以下同)；省级食盐定点批发企业 162 家，减少 8 家；省级以下食盐定点批发企业 1 403 家，减少 1 263 家。同时，通过行业内兼并重组，产销一体的经营格局初步形成，一些龙头企业正不断做优做强。

二是大力实施“三品”战略。引导企业根据生产工艺、原料来源、消费群体的不同，开发出差异化、个性化的食盐产品，丰富了不同消费群体的需求；通过完善食盐标准体系和质量控制体系，建设食盐电子追溯系统，质量安全水平不断提高；品牌建设进一步加强，产品附加值、市场影响力和消费者认可度不断提高，服务质量明显改善，消费者满意度显著增强。

三是促进行业创新发展。推动产学研合作，大力推广应用新技术、新工艺、新设备、新材料；推进盐行业智能制造、绿色制造，基本实现全行业关键工艺过程自动化，企业劳动生产率进一步提高，质量和效益不断提升。

为进一步规范食盐定点企业生产经营行为，工业和信息化部等三部门于 2019 年 12 月联合印发《关于进一步加强食盐专营管理有关工作的通知》(工信厅联消费〔2019〕92 号)，明确提出：“取得食盐定点批发企业证书的食盐定点生产企业和省级食盐定点批发企业可通过与其他食盐定点批发企业合作、自建分公司或销售网点、委托第三方物流配送等方式，以本企业名义(获证名称)开展跨省经营业务”。

在跨区经营企业逐渐增多的同时,食盐品牌效应逐步显现。除了原来市场上常见的盐业公司品牌外,更多的食盐定点生产企业以自有品牌进入市场,使得消费者的选择权和消费体验得到更好地满足。

资料来源:《工业和信息化部对十三届全国人大三次会议第6243号建议的答复》。

讨论:根据以上背景材料,并查阅食盐营销中营销环境、消费者行为、竞争者分析等相关资料,自己选取一个食盐品牌,为其制定一份营销策划书。

以下目录供参考:

一、公司简介(略)
二、市场现状分析
　　宏观环境分析
　　消费者行为分析
　　竞争者分析
　　SWOT总结
三、市场定位
　　市场细分、市场选择、市场定位
四、营销目标
　　销售利润率、市场占有率、销售量、价格水平、销售网点等
五、营销策略
　　产品策略
　　价格策略
　　渠道策略
　　促销策略
六、行动方案
七、预计的利润表

主要参考文献

1. 菲利普·科特勒. 菲利普·科特勒传:世界皆营销[M]. 魏世安,贾金红,译. 北京:机械工业出版社,2019.
2. 菲利普·科特勒,凯文·莱恩. 营销管理(第15版)[M]. 何佳讯,于洪彦,牛永革,等译. 上海:格致出版社,上海人民出版社,2016.
3. 菲利普·科特勒,何麻温·卡塔加雅,伊万·塞蒂亚万. 营销革命4.0:从传统到数字[M]. 王赛,译. 北京:机械工业出版社,2018.
4. 王永贵. 市场营销[M]. 北京:中国人民大学出版社,2019.
5. 王建国. 1P理论:第三方买单的商业模式与模式营销[M]. 北京:北京大学出版社,2015.
6. 三浦展. 第四消费时代[M]. 马奈,译. 北京:东方出版社,2014.
7. 庄贵军. 营销管理——营销机会的识别、界定与利用(第二版)[M]. 北京:中国人民大学出版社,2015.
8. 何佳讯. 战略品牌管理——企业与顾客协同战略[M]. 北京:中国人民大学出版社,2021.
9. 张义. 企业战略管理[M]. 上海:复旦大学出版社,2020.
10. 曹虎,王赛,乔林,艾拉·考夫曼. 数字时代的营销战略[M]. 北京:机械工业出版社,2017.
11. 陆学艺. 当代中国社会阶层研究报告[M]. 北京:社会科学文献出版社,2002.
12. 唐磊. 新媒体营销精华:精准定位+爆款打造+匠心运营+内容变现[M]. 北京:中国水利电力出版社,2020.
13. 乔纳·伯杰. 疯传:让你的产品、思想、行为像病毒一样入侵[M]. 乔迪,王晋,译. 北京:电子工业出版社,2020.
14. 乔纳·伯杰. 传染:塑造消费、心智、决策的隐秘力量[M]. 李长龙,译. 北京:电子工业出版社,2017.
15. 尼尔·埃亚尔,瑞安·胡佛. 上瘾——让用户养成使用习惯的四大产品逻辑[M]. 钟莉婷,杨晓红,译. 北京:中信出版集团,2017.
16. 程志良. 成瘾:如何设计让人上瘾的产品、品牌和观念[M]. 北京:机械工业出版社,2017.
17. 中国互联网络信息中心.《中国互联网络发展状况统计报告》[R]. 中国互联网络信息中心,2020.
18. 李艺铭,等.《消费型数字经济图谱白皮书》[R]. 中国电子信息产业发展研究院 & 百分点,2019.

图书在版编目(CIP)数据

市场营销学/张义主编;石华瑀,杨彬副主编. —上海: 复旦大学出版社, 2022.11
(复旦卓越. 应用型经管核心课系列)
ISBN 978-7-309-16412-1

Ⅰ. ①市… Ⅱ. ①张… ②石… ③杨… Ⅲ. ①市场营销学-高等学校-教材 Ⅳ. ①F713.50

中国版本图书馆 CIP 数据核字(2022)第 175272 号

市场营销学
SHICHANG YINGXIAOXUE
张 义 主编
石华瑀 杨 彬 副主编
责任编辑/郭 峰

复旦大学出版社有限公司出版发行
上海市国权路 579 号 邮编: 200433
网址: fupnet@fudanpress.com http://www.fudanpress.com
门市零售: 86-21-65102580 团体订购: 86-21-65104505
出版部电话: 86-21-65642845
上海华业装潢印刷厂有限公司

开本 787×1092 1/16 印张 16.75 字数 397 千
2022 年 11 月第 1 版
2022 年 11 月第 1 版第 1 次印刷

ISBN 978-7-309-16412-1/F · 2912
定价: 59.00 元